개정3판

경찰긴급대응론

박종철 지음

박영사

본 교재의 집필을 시작한 지 벌써 2년여가 지나갔다.

2012년 봄, 경찰의 긴급대응 역량을 강화하기 위한 기본서가 필요하다는 생각을 하였고 드디어 교재 집필을 위한 야심찬 계획을 세웠다. '포기하지 않으면 실패하지 않는다'라는 좌우명 아래 막상 펜을 들었지만 생각처럼 진도가 나가지 않아 많은 어려움을 겪었다. 하지만 이러한 어려움 속에서도 포기할 수 없었던 것은 '현재 경찰의 긴급대응 역량이 아직까지 국민이 원하는 수준에 이르지 못했다'는 개인적 진단 때문이었다.

경찰은 그간 수많은 현장 매뉴얼 제작과 더불어 각종 시스템 등을 도입하여 보다 효과적인 경찰 대응을 위해 노력하였다. 그러나 범죄에 대한 경찰의 대응은 경찰 창설 60년이 지난 현재 시점에도 시간의 흐름만큼 변화하지 못했다.

본서는 경찰학을 연구하는 학자들 뿐만 아니라 일선 현장 경찰관들, 그리고 경찰 관련 학과에서 경찰의 꿈을 꾸는 많은 학생들에게도 경찰활동에 대한 이해의 폭을 넓히는데 크게 기여할 것이다

국내외 적으로 많은 대형 참사가 연이어 발생하고 있는 시점에서 경찰 내외부적인 요소의 조합을 통해 경찰 긴급대응의 종합적인 지식을 제공한 것은 매우 유의미한 일이 아니라고 할 수 없을 것이다. 현대의 경찰은 범죄 뿐 아니라 각종 재난·재해 등의 대응에 대한 총체적인 책임을 지고 있으며, 안정되고 평온하게 사회질서를 유지하고 국민의 안전을 보호하는 것은 이 시대 경찰의 숙명이자 책무이다.

본서는 총 5편 12장 38절로 구성되었다. 제1편은 2개의 장으로 구성되었으며, 경찰긴급대응의 개념과 근거·한계에 대해 다룬다. 제2편은 2개의 장으로 구성되었으며, 긴급신고제도와 112신고제도에 대해 다루었다. 제3편은 3개의 장으로 구성되었

으며, 112종합상황실과 112신고처리 등에 대해서 접근하였다. 제4편은 3개의 장으로 구성되며, 현행 112신고처리의 문제점과 개선방안에 대해 살펴보았다. 제5편은 2개의 장으로 구성되는데, 지역경찰과 위급상황시 가택출입의 이해를 다루었다.

우리 속담에 '놓친 고기가 더 커 보인다'라는 것이 있다. 지난 것보다 현재 가지고 있는 것에 의미를 두라는 경계의 뜻이다. 112신고는 경찰의 현재이자 미래의 또 다른 오늘이다. 경찰관이라면 112신고에 대해서 누구가 전문가적 소양을 가져야만 한다.

본서의 출판을 위해 많은 노력을 해주신 분들이 계셨다. 교재 완성도를 위해 기꺼이 감수를 맡아 주신 한세대학교 유용봉 교수님, 한라대학교 남재성 교수님, 경찰대학교 강 선 교수님, 경찰교육원 우대식 교수님께 감사를 드린다. 특히 발간의 모든 과정을 함께 해준 대한피앤디 김광호 사장님과 김수덕 부장님께 진심으로 감사드린다. 마지막으로 항상 곁에서 물심양면으로 지속적 지원을 아끼지 않는 아내 문귀순(文貴順)과 아들 준오(埈旿)·딸 사임(師任)에게 본서 집필로 인해 오랜 기간 남편과 아빠로서의 소임을 다하지 못한 미안함을 전하며 다시 한번 사랑한다는 말을 전한다. 모쪼록 본서가 '안전강국 대한민국'을 만드는 초석으로서 활용될 수 있기를 진심으로 바란다.

2014년 5월
112신고 경찰 현장에서
저자 씀

2014년 5월 본서의 초판이 출간된 이후 벌써 4년이라는 세월이 흘러 제2판의 출간을 맞이하게 되었다. 부족한 초판이었음에도 불구하고 '조기 절판'이라는 큰 선물을 준 독자들에게 먼저 감사의 마음을 전한다. 이러한 박수와 격려가 제2판을 세상에 내놓게 되는데 아주 많은 힘이 되었다.

먼저 제2판의 내용은 초판과 달리 전면적인 개정 작업이 있었다. 그만큼 112신고 제도의 변화가 짧은 시간에 많이 이뤄졌음을 알 수 있다. 초판 출간 이후 경찰의 긴급대응과 관련된 정책은 정말 수없이 많이 변했다. 창경 이후 경찰사(史)를 볼 때 '112신고'가 이때처럼 사회적으로 회자될 때가 있었던가? 심지어 '112 청장'으로 불리고 싶다는 경찰청장까지 있었으니 말이다. 그러나 안타깝게도 112신고와 관련된 전문적 서적은 본서 외에는 찾아볼 수 없었다. 그러기에 더욱 본서의 개정이 필요하였고 개정 수준은 전면개정에 가까워야 했다.

경찰긴급대응의 핵심은 「112신고」이다. 경찰하면 '112', 소방하면 '119'가 아니던가? 저자는 현장 경찰관들과 신임 경찰교육생들이 '가장 먼저, 가장 자세히 배우고 익혀야 하는 것'에 주목했다. 최소한 그들에게 경찰의 상징인 「112」를 구체적으로 알 수 있는, 배울 수 있는 기회를 제공하고 싶었다. 이것이 가장 간단한 본서의 집필과 개정 이유다.

이번 제2판은 제1편 경찰긴급대응의 개관, 제2편 긴급신고제도의 이해, 제3편 112신고처리의 이해, 제4편 위치정보조회의 이해, 제5편 위급상황시 가택 출입·확인의 이해 순으로 기술되었다. 그 중 제2편에서 제4편까지의 내용이 대폭 보강·신설되었으며 최근 판례, 언론보도, 법령 등도 각 단원마다 충실히 반영하였다.

본서가 나오기까지 많은 분들이 도움이 있었다. 저의 멘토로서 부족한 저의 가치를 인정해 주시고 힘을 북돋아주신 박종환 前 경찰종합학교장님과 박사(博士)의 반열로 이끌어주시고 늘 지도해주신 신현기 교수님, 학계의 대선배님이시자 언제고 든든한 후원자로 무한 격려를 해주시는 장근철 교수님께 감사를 올린다. 그리고 늦은 일상과 바쁜 삶을 너그러이 이해해주고 지지해 준 사랑하는 아내와 아들·딸에게도 감사 인사를 전하고 싶다. 끝으로 본서가 세상의 빛을 볼 수 있도록 출간을 허락해주신 박영사 안종만 회장님과 원고 수정부터 교정까지 모든 과정을 함께 해준 오치웅 대리님께도 감사드린다.

2019년 2월
봄이 다가오는 문턱 보갑산 자락에서
저자 씀

2019년 2월 26일 경찰청에서는 112신고 등 전국적인 상황관리의 고도화를 위해 '치안상황관리관실'의 직제를 신설하였다. 112신고 업무가 이제 바야흐로 독립적인 경찰 업무로 인정을 받기 시작한 것이다. 2014년 본서의 초판 작업을 시작할 때만 하더라도 112신고 업무의 중요성은 크게 인정받지 못했다.

그러나 6년여가 흐른 지금, 112 업무는 경찰의 대표적인 업무로서 또 치안한류 (K−Cop)의 선두로 전 세계 속에 우뚝 섰다. 이 모든 것이 본서에 많은 관심을 보내 준 독자들의 영향이라 생각하며 서두에 감사의 인사를 드린다.

제2판이 출간된 지 1년 반 만에 다시 본서의 제3판이 출간되는 것은 그만큼 많은 변화가 있었음을 의미한다. 이미 기술의 진보는 삶의 속도를 능가하기 시작했다. 국민의 안전은 경찰의 최고 책무가 되었고, 그 안전을 지키는 중심에 '112신고'가 있다. 이러한 시대의 흐름이 본서의 조기 개정작업을 이끌었다고 해도 과언이 아니다.

먼저 제3판의 내용은 제2판을 기본으로 앞서 말한 경찰청 직제 신설에 따른 내용을 추가하였다. 또한 매뉴얼 정비에 따른 변경 사항 및 최근 판례·사례별 언론보도 등도 기술하였고, 112 기본 교재의 완전성을 위해 각종 제도의 변천과정 등에 대해서 구체적으로 파악하였다.

특히, 2020년은 경찰청 주관으로 치안상황관리 역량 강화를 위한 종합계획이 수립되었고, 국민생활안전 플랫폼인 112 시스템의 기능개선 및 고도화 작업을 위한 사업이 추진되는 뜻깊은 해이다. 또한 112 업무에 대한 교육 강화 뿐만 아니라 '준비된 치안전문가'를 위한 현장 시뮬레이션 교육이 매우 중요시되는 시점이다. 이러한 시점에 본서의 제3판 개정이 이뤄지는 것은 여러 의미로 매우 의미있는 일이다.

본서가 출간되기까지 도움을 주신 분들이 참으로 많다. 일일이 나열하기는 어렵지만 물심양면으로 많은 도움과 가르침을 주었다. 이 자리를 빌려 깊은 감사를 올린다. 특히, 남편의 바쁜 삶을 항상 이해하고 도와주는 아내에게 감사한다. 끝으로 본서의 출간을 허락하신 박영사 안종만 회장님을 비롯한 관계자 여러분께 또한 감사드린다.

2020년 8월

경찰대학 연구동 513호 연구실에서

저자 씀

차 례

제1편 경찰긴급대응

제2편 긴급신고제도

제2장 112신고제도의 이해 / 79

제3편 112신고처리

제1장 112종합상황실의 이해 / 118

제4편 위치정보조회

제 1 편

경찰긴급대응

제1장 경찰긴급대응의 이해

제1절 경찰긴급대응의 의의

1. 경찰긴급대응의 개념

시대의 변화와 더불어 경찰의 개념 또한 크게 변하고 있다. 과거 경찰의 개념이 국가 자체를 상징하는 「헌법」과 같은 것이었다면, 현대의 경찰은 국민의 안전과 사회의 질서유지 뿐만 아니라 국민의 걱정거리와 문제를 해결하는 해결사로서의 역할을 요구받고 있다. 정부는 경찰을 통해 사회 문제를 해결하려하고 국민들 또한 그들의 요구를 경찰을 통해 정부에 전달하려고 하는 성격이 매우 강하다.

사회가 발전하고 국민의식이 성장함에 따라 「경찰의 중립성·독자성·독립성」은 조직의 숙원 사업인 동시에 국정을 운영하는 정부의 핵심 주제가 된 지 오래다. 경찰은 '작은 정부'로써 인식되고 있으며, 경찰의 사소한 실수조차 사회 뉴스화되어 실시간 보도되고 있다. 이러한 측면에서 긴급 상황에 대한 경찰의 대응 능력은 국민들이 정부의 국정 능력을 가늠하는 척도가 된다.

경찰의 범죄에 대한 긴급대응은 「경찰법」과 「경찰관직무집행법」에서 규정되어 있는 것처럼 경찰의 존재 이유이자 존립 목적이다. 위의 근거에 의하여 경찰긴급대응의 개념을 정의해보면 다음과 같다고 할 수 있다. 경찰긴급대응이란 「국민의 안전을 위협하는 범죄 및 재해·재난이 발생하거나 발생할 우려가 있는 경우, 경찰 출동요소를 신속하게 현장으로 출동시키고 상급부서 보고 및 유관기관 전파를 통해 효과적으로 문제를 해결하고 국민을 보호하는 경찰활동」을 의미한다.

경찰긴급대응은 위와 같은 경찰활동을 하기 위해 타 기능과의 긴밀한 협조를 하기도 한다. 이 중 가장 많은 협력을 요하는 기능은 생활안전경찰, 즉 112신고처리를 주로 하는 지역경찰과의 관계가 무엇보다 가장 중요하다. 우리나라 경찰의 경우 일상에서 발생하는 대부분의 긴급 상황이 경찰에 접수된다고 여겨도 될 만큼 매우 많은 112신고가 접수되고 있어 경찰긴급대응의 중요성은 더욱 크다.

다음의 〈그림-1〉은 최근 10년간의 112신고 접수현황을 나타낸 것이다.

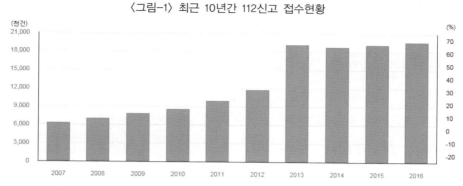

〈그림-1〉 최근 10년간 112신고 접수현황

출처 : e-나라지표(www.index.go.kr, 2019. 1. 20. 검색).

경찰은 생활안전·경비·수사·교통·정보·보안 등 많은 기능에서 유기적으로 협조하여 범죄예방 및 검거 업무를 수행하면서 국가의 질서를 유지하여 사회평온과 국민안전을 도모하고 있다. 이러한 의미에서 경찰긴급대응의 대상을 정확히 파악하기 위해 경찰의 타 기능과의 비교가 필요하다.

예로 「교통사고」의 경우, 교통 기능이 주로 하는 업무이기도 하지만 「대형교통사고」의 경우에는 교통사고처리·환자긴급후송·증거의 수집·교통관리 등 다양한 업무가 동시에 진행되어야 하므로 경찰긴급대응의 대상이 된다고 할 수 있다. 그러나 「집회 시위」의 경우에는 많은 경찰력이 동원되고 사회적 파장도 크며 이를 관리하는데 많은 경찰 기능이 필요함에도 경찰긴급대응의 대상이 된다고 볼 수 없다. 왜냐하면 경찰긴급대응이 '초기 대응성'의 특징을 갖기 때문이다. 일반적으로 집회시위의 경우 사전 신고접수를 통해 정보판단과 경비대책이 함께 이루어지는 특성을 갖고, 많은 수가 장기적인 특성을 가지므로 경찰긴급대응을 통한 문제해결보다는 경비 또는 정보 기능을 통한 해결이 바람직하다.

이를 토대로 경찰긴급대응의 업무대상을 구체적으로 살펴보면, 개인이나 단체가 저지르는 「범죄행위」, 고의나 과실에 의해 발생하는 「대형사고」, 범위가 넓고 이동하며 국민 불편과 피해·혼란을 야기하는 「불법행위」 등이 포함된다고 할 수 있다. 이러한 대상에 대해서 경찰이 직접적이고 물리적인 활동을 통해 긴급대응을 함으로써 범죄를 진압하고 사고를 처리하여 피해를 방지 또는 최소화하는 것이다.

즉 경찰긴급대응의 대상을 요약하면 '개인이나 단체가 저지르는 범죄행위 및 고의·과실을 포함한 대형사고와 국민 피해와 혼란을 야기하거나 야기할 수 있는 불법행위'라고 할 것이다.

2. 경찰긴급대응의 중요성

국민의 생명·신체와 재산을 보호하여 안녕(安寧)된 삶을 영위토록 하는 것은 전 세계 경찰의 공통된 목표이다. 국군이 적국으로부터 국가를 외적 보호한다고 볼 때, 경찰은 사회공공의 질서를 안전하게 유지하여 국민이 편안하게 살아갈 수 있는 내적 토대를 마련한다고 볼 수 있다.

국민은 자신이 위급한 상황에 처했을 때 가장 먼저 '경찰'을 떠올리게 된다. 안전이 확보되지 않는 국민의 삶은 경찰의 존립 목적에 부정적 영향을 끼친다. 그러므로 위기 관리적 측면에서의 범죄 유발 요인의 제거가 매우 필요하다. 행복한 삶은 사회적 안정 속에서만 가능한 것이므로 경찰의 범죄에 대한 긴급대응은 국민의 행복한 생활과 밀접한 관계를 가진다. 또한 국민과 가장 가까운 거리에서 함께 호흡하며 국민들의 많은 부분에 직간접적인 관여를 하게 되므로 경찰의 역할은 매우 중요하다. 때문에 경찰은 사회의 흐름을 정확히 인식하고 효과적인 업무 수행을 통해 국민의 눈높이에 맞는 질 높은 치안서비스를 제공해야 한다.

범죄 발생 이전부터 이후까지 경찰의 범죄에 대한 대응은 계속적이라 볼 수 있지만, 긴급대응은 범죄 발생 초기에 경찰력이 집중되는 특성을 지닌다. 초기에 경찰력을 집중하지 않으면 많은 사건 및 사고들이 자칫 미궁에 빠질 수 있는 가능성이 높아지기 때문이다. 특히, 사건 발생 후 초동수사의 실패는 국민 불안을 초래할 위험성이 매우 높다고 할 수 있다. 그러므로 사건 초기에 가용 가능한 경찰력이 충분한 출동하여 신속하게 사건을 해결함으로써 공중의 평온을 회복하고 경찰 업무의 정당성을 확보해야 한다. 이러한 의미의 초기 집중적인 대응을 최근에는 '112신고 총력 대응체제'라고 말하고 있다.

많은 수의 국민들이 경찰의 이와 같은 대응 노력에 많은 박수와 응원을 보내고 있지만, 여전히 아직까지도 경찰을 질타와 비난의 대상으로 바라보는 시각이 있다. 이처럼 생각이 다른 국민들을 '어떤 방식으로 포용하느냐'도 앞으로 경찰이 해결해나가야 할 몫이라고 할 수 있다.

따라서 경찰의 범죄에 대한 긴급대응은 국민 일부가 아닌 전 국민을 대상으로 이뤄져야 하며, 공정한 업무와 신속한 경찰력의 출동이 전제되어야 한다. 또한 공감받는 업무수행을 위해 사소한 절차라도 무시하지 않도록 하고 업무의 적법성과 절차적 정당성을 확보하기 위한 노력이 병행되어야 한다.

3. 경찰긴급대응의 특징

경찰긴급대응은 어떤 위기적인 상황에 대한 효율적인 경찰의 대응 방식을 말한다. 위기적인 상황이란 '생각과 판단의 제한이 따름'을 의미한다고 볼 수 있는데, 이 같은 시간적인 제한으로 인해 경찰긴급대응이 중요하다.

미국(The American Heritage dictionary)에서는 「위기」에 대해 다음과 같이 정의하였다. "위기는 ① 어떤 사건 과정에서의 중요한 시점 또는 상황 ② 어떤 전환점 ③ 어떤 불안정한 조건 ④ 돌발적인 변화 ⑤ 대립의 긴장상태"라고 하였다.[1] 또한 허먼(Charles F. Herman)은 "위기란 ① 의사결정 단위의 최우선 순위 목표가 위협을 받고 있고, ② 결정을 내리기 전에 반응하기 위한 시간이 제한되어 있으며, ③ 정책결정자들이 전혀 예기치 못한 상황"이라고 정의하였다.[2]

종합적으로 경찰긴급대응의 대상이 되는 경찰위기를 위기 관리적 측면에서 살펴본다면 "경찰위기란 어떤 사회적 긴장 속에서 불안정한 상황으로 국민에게 위협이 되거나, 예측의 불확실성 및 예기치 못한 상황으로 인한 문제해결의 장애가 발생하여 미래의 경찰활동에 장애를 가져오고 국민에게 부정적인 영향을 미치는 것"이라고 정의할 수 있을 것이다. 전술한 바와 같이 '위기' 및 '경찰위기'의 개념을 토대로 경찰긴급대응의 특성을 살펴보면 다음과 같다고 할 수 있다.

다음의 〈표-1〉은 경찰긴급대응의 특성을 나타낸 것이다.

---

1) 강영규 외, 『경찰위기관리론』, 경찰대학, 2012, pp. 6-7.

2) Ole R. Holsti, "Limitation of Cognitive Ablities in the Face of Crisis", in C. F. Smart and W. T. Stanbury (eds), Studies in Crisis Management, (Tronto : Butterworth & Company, 1978), p. 41.

〈표-1〉 경찰긴급대응의 특성

구분	구체적 내용
불확실성	돌발적인 상황으로 인한 향후 예측이 불확실하다.
집중성	사건 발생 초기에 가용 가능한 경찰력을 집중한다.
확산성	범죄행위가 주 대상이므로 피해가 점차 확산된다.
압박성	짧은 시간에 판단을 해야 하므로 시간적 압박감이 증대된다.
신뢰성	초기 경찰 대응의 실패는 조직의 신뢰성과 직결한다.

첫째, 경찰긴급대응은 돌발적인 상황으로 인한 향후 예측이 불확실하다. 긴급 범죄신고는 피해 당사자에 의한 신고보다 목격자를 포함한 제3자에 의한 신고가 매우 많아서 이후 상황에 대한 예측이 매우 어렵다. 일반적으로 어떤 상황이 생소하고 예측하지 못한 것일수록 불안감은 커지고 이에 대한 대응은 쉽지 않다.

둘째, 경찰긴급대응은 사건 발생 초기에 가용 가능한 경찰력의 집중한다. 범죄의 특성상 시간이 흐를수록 증거는 소멸되고 그 가치는 오염된다. 그러므로 범죄에 대한 경찰의 긴급대응은 상황 초기에 가능한 모든 경력을 집중하여 피해를 최소화하고 실체적 진실을 파악하려는 특성을 지닌다.

셋째, 경찰긴급대응은 범죄행위를 주된 대상으로 하므로 피해가 점차적으로 확산된다. 경찰에 접수되는 수많은 신고 중 경찰긴급대응의 대상이 되는 것은 주로 국민의 생명과 신체 및 재산에 해를 끼치는 범죄행위를 대상으로 한다. 범죄가 주 대상이 되므로 경찰의 대응은 피해 최소 및 원상 복구에 관심을 갖고 행동하게 된다.

넷째, 경찰긴급대응은 짧은 시간에 판단을 해야 하므로 시간적 압박감이 증대되는 특성을 지닌다. 긴급대응은 시간과의 싸움으로 사건 초기에 경찰 대응이 적절하게 이뤄지는지가 관건이다. 잘못된 경찰의 대응 방식은 오히려 범죄자에게 유리한 환경을 제공하여 증거 멸실 및 범인 은닉 등 문제 해결의 큰 장애요인이 된다. 즉 경찰에 노출된 범죄자는 공격이 아닌 방어의 형태를 취하게 되므로 범인 검거가 매우 어려워진다.

다섯째, 경찰긴급대응을 통한 초기 경찰의 대응 실패는 조직의 신뢰성에 큰 영향을 미친다. 일반적으로 많은 수의 국민들은 긴급 신고시에 최초로 경찰과 대면하는 경우가 많다. 그러므로 긴급대응의 질적인 측면이 경찰 조직의 신뢰도 형성에 매우 많은 영향을 끼치게 된다. 더욱이 범죄피해자는 경찰을 최후의 보루로 여기므로 질 높은 치안서비스를 제공할 수 있도록 조직 역량을 강화해야 한다.

제2절 경찰긴급대응의 근거와 한계

1. 경찰긴급대응의 근거

가. 헌법

「헌법」제37조 제2항은 「국민의 자유와 권리의 존중·제한」에서 "국민의 모든 자유와 권리는 국가안전보장·질서유지 또는 공공복리를 위하여 필요한 경우에 한하여 법률로써 제한할 수 있으며, 제한하는 경우에도 자유와 권리의 본질적인 내용을 침해할 수 없다"고 규정하고 있다.

「헌법」이 국가안전보장이나 사회질서를 위태롭게 함으로써 공공질서 유지상 불가피한 경우에는 국민의 자유와 권리를 제한할 수 있다고 규정함으로써 경찰긴급대응의 근거를 제시하고 있다. 또한 범죄에 대한 경찰의 대응은 사회질서유지 측면 뿐만 아니라 국민의 행복추구권·생명권·재산권 등 기본권을 보장하는 기능도 함으로 경찰긴급대응의 근본규정이라고 할 수 있다.

나. 법률

(1) 경찰법

「경찰법」은 경찰의 임무에 대한 전반적인 내용을 포함하고 있으며, 특히 「경찰법」제3조는 경찰긴급대응의 법적근거가 된다. 「경찰법」제3조 「국가경찰의 임무」에서 경찰의 임무를 다음 각 호와 같이 규정하고 있다.

1. 국민의 생명·신체 및 재산의 보호
2. 범죄의 예방·진압 및 수사
2의2. 범죄피해자 보호
3. 경비·요인경호 및 대간첩·대테러 작전 수행
4. 치안정보의 수집·작성 및 배포

5. 교통의 단속과 위해의 방지

6. 외국 정부기관 및 국제기구와의 국제협력

7. 그 밖의 공공의 안녕과 질서유지

(2) 경찰관직무집행법

「경찰관직무집행법」제1조「목적」①항에서 "이 법은 국민의 자유와 권리의 보호 및 사회공공의 질서유지를 위한 경찰관의 직무수행에 필요한 사항을 규정함을 목적으로 한다"고 규정하고 있다. 또한「경찰관직무집행법」제2조「직무의 범위」에서는 경찰의 임무를 다음 각 호와 같이 규정하고 있다.

1. 국민의 생명·신체 및 재산의 보호

2. 범죄의 예방·진압 및 수사

2의2. 범죄피해자 보호

3. 경비, 주요 인사(人士) 경호 및 대간첩·대테러 작전 수행

4. 치안정보의 수집·작성 및 배포

5. 교통의 단속과 위해(危害)의 방지

6. 외국 정부기관 및 국제기구와의 국제협력

7. 그 밖의 공공의 안녕과 질서유지

특히, 「경찰관직무집행법」은 불심검문(제3조), 보호조치(제4조), 위험발생의 방지(제5조), 범죄의 예방과 제지(제6조), 위험 방지를 위한 출입(제7조), 무기의 사용(제10조의4) 등 경찰긴급대응 수단에 대해서도 규정하고 있어, 경찰긴급대응 활동의 가장 주된 법률이라 볼 수 있다.

(3) 재난 및 안전관리기본법

이 법은 각종 재난으로부터 국토를 보존하고 국민의 생명·신체 및 재산을 보호하기 위하여 국가와 지방자치단체의 재난 및 안전관리체제를 확립하고,

재난의 예방·대비·대응·복구와 그 밖에 재난 및 안전관리에 필요한 사항을 규정함을 목적으로 하며, 재난에 대한 경찰긴급대응 활동의 근거이다.

(4) 전투경찰대설치법

이 법은 대간첩작전에 대비한 전담부대의 육성을 목적으로 만들어진 법으로 작전 상황시 경찰긴급대응 활동을 하는 전투경찰대의 각종 운용에 관한 사항을 규정하고 있다.

(5) 청원경찰법

이 법은 경찰인력의 부족을 보완하고 건물 등의 경비 및 공안업무에 만전을 기할 목적으로 만들어진 법으로서 청원경찰의 임용·직무·배치 등을 규정하고 있다.

(6) 위치정보의 보호 및 이용 등에 관한 법률

이 법은 위치정보의 유출·오용 및 남용으로부터 사생활의 비밀 등을 보호하고 위치정보의 안전한 이용환경을 조성하여 위치정보의 이용을 활성화함으로써 국민생활의 향상과 공공복리의 증진을 위해 만들어진 법으로서,
위치정보의 보호·긴급구조를 위한 위치정보의 이용·위치정보 기반 조성·벌칙 등을 규정하고 있다.

다. 명령

「헌법」의 정신을 구현하기 위하여 경찰긴급대응과 관련된 각종 법률을 시행함에 있어 구체적인 실천사항에 관한 내용들을 각종 시행령의 형식으로 규정하고 있는 바, 경찰긴급대응과 관련된 주요 시행령은 아래와 같다.

(1) 경찰관직무집행법시행령

이 시행령은 「경찰관직무집행법」의 시행에 관하여 필요한 사항을 규정함을 목적으로 하며, 임시영치·피구호자 인계통보·대간첩작전지역 접근통제·신분 증표·출석요구·민감정보 및 고유식별정보 처리·손실보상 등을 규정하고 있다.

(2) 청원경찰법시행령

이 시행령은 「청원경찰법」에서 위임된 사항과 그 시행에 필요한 사항을 규정함을

목적으로 하며, 청원경찰의 배치 신청·임용자격·임용방법·교육·배치·복무·징계·무기휴대 등을 규정하고 있다.

(3) 재난 및 안전관리 기본법 시행령

「재난 및 안전관리 기본법 시행령」은 「재난 및 안전관리 기본법」에서 위임된 사항과 그 시행에 필요한 사항을 규정함을 목적으로 하며,

재난의 범위·안전기준·재난관리주무기관·긴급구조지원기관·중앙재난방송협의회·중앙민관협력위원회·중앙재난안전대책본부·재난안전상황실·재난의 예방·재난의 대비·재난의 대응·재난의 복구 등 재난 관련 각종 기구와 재난의 예방부터 복구에 이르기까지의 모든 상황에 대해 규정하고 있다.

(4) 위치정보의 보호 및 이용 등에 관한 법률 시행령

「위치정보의 보호 및 이용 등에 관한 법률 시행령」은 「위치정보의 보호 및 이용 등에 관한 법률」에서 위임된 사항과 그 시행에 필요한 사항을 규정함을 목적으로 하며, 허가신청·위치정보사업 폐지·위치정보의 제공·이용 동의 요건·긴급구조 상황 여부 판단·특수번호 전화서비스·경보발송 방법·국회에의 보고·과태료 등을 규정하고 있다.

라. 규칙

(1) 112종합상황실 운영 및 신고처리 규칙

이 규칙은 112종합상황실의 운영 및 신고처리 등에 관한 기본적인 사항을 규정하여 범죄로부터 신속하게 국민의 생명과 재산을 보호함을 목적으로 한다.

(2) 경찰비상업무규칙

이 규칙은 각종 긴급 또는 주요사태의 구분에 따른 지역별, 기능별 경찰력 운용 및 활동체제의 정형화로 비상 업무를 효율적으로 수행함을 목적으로 한다.

(3) 청원경찰법시행규칙

이 규칙은 경찰인력의 부족을 보완하고 건물 등의 경비 및 공안업무에 만전을 기할 목적으로 만들어진 규칙으로서 청원경찰의 임용·직무·배치 등을 규정하고 있다.

2. 경찰긴급대응의 한계

가. 법규상의 한계

범죄에 대한 경찰의 긴급대응은 불심검문·보호조치 등 임의적 수단 뿐 아니라 무기의 사용과 같은 강제적 수단까지 포함하고 있으므로 엄격한 법률의 근거를 요한다. 경찰권 발동은 법률유보의 원칙 아래 상위 법률에 위배되지 않는 범위 내에서 행사되어야 한다. 또한 국민에게 수익적 효과가 아닌 침익적 효과를 주는 경우에는 반드시 법적근거를 요하며, 법적근거가 없는 경찰권 행사는 위법한 경찰권의 행사로서 행정쟁송 및 국가배상의 대상이 된다.

나. 조리상의 한계

(1) 경찰소극목적의 원칙

경찰권은 공공의 안녕과 질서유지라는 소극목적을 위해서만 발동되고 적극적 공공복리를 위해서는 발동되지 못한다.

(2) 경찰공공의 원칙

경찰공공의 원칙은 공공질서유지와 관련 없는 부분에 대해서는 경찰이 관여하지 못한다는 것으로, 위 원칙에는 사생활 불가침의 원칙·사주소 불가침의 원칙·민사관계 불간섭의 원칙이 있다.

첫째, 사생활 불가침의 원칙이란 경찰권은 공적안전과 질서에 관계가 없는 개인의 사생활 영역에는 개입할 수 없다는 것이다.

둘째, 사주소 불가침의 원칙이란 사주소 안의 행동의 사회질서에 직접적인 영향이 없는 한 이에 관여할 수는 없다는 것이다.

셋째, 민사관계 불간섭의 원칙이란 경찰권은 단순한 민사관계에 관여할 수 없다는 것이다. 단, 민사상 행위가 공적안전과 질서에 장애를 야기하는 경우 개입이 가능하다.

(3) 경찰책임의 원칙

경찰책임의 원칙은 경찰권 발동의 대상을 정하는 것으로, 경찰권은 원칙적으로 경찰위반의 행위 또는 상태의 발생에 직접적으로 책임이 있는 자에게 발동되어야 한다. 다만, 엄격한 법률 요건 하에서 급박한 장애 제거를 위해 장애 발생에 책임 없는 제3자에게도 예외적으로 경찰권이 발동될 수 있다.

(4) 경찰비례의 원칙

경찰권의 발동으로 달성하고자 하는 목적과 수단 사이에는 합리적 비례 관계가 있어야 한다는 원칙으로, 적합성·필요성·상당성을 내용으로 한다. 비례의 원칙은 일반·추상적인 법률을 적용하는 과정에서 구체적 타당성 있는 결론의 도출을 가능하게 하는 필터기능을 수행한다.

첫째, 적합성은 수단은 추구하려는 목표의 달성에 법적으로나 사실상으로 유용한 것이어야 한다는 의미이다.

둘째, 필요성은 최소 침해의 원칙으로, 선택 가능한 수단 중 최소 침해를 가져오는 것이어야 한다는 의미이다.

셋째, 상당성은 협의의 비례원칙으로, 공익과 사익을 비교하여 공익이 사익을 능가하는 경우에만 수단의 적법성을 인정한다는 의미이다.

위 원칙 하나하나는 비례의 원칙을 이루는 것으로서, 각 단계 구조를 이루며 어느 하나의 위반은 비례의 원칙 위반 효과가 발생한다. 즉 적합한 수단 중 필요한 수단만이, 필요한 수단 중 상당성 있는 수단만이 선택되어야 한다.

(5) 경찰평등의 원칙

경찰권은 그 대상이 되는 모든 사람에게 합리적인 이유 없이 차별을 해서는 안 되며 평등하게 행사되어야 한다는 원칙이다. 평등의 원칙은 「헌법」 제11조에서 도출되는 불문법 원리로 모든 행정 영역에서 적용된다.

(6) 보충성의 원칙

경찰긴급대응은 공공의 안녕과 질서의 유지를 목적으로 하는 공권력에 의한 활동이므로 다른 방법으로 불가능할 경우 최후의 수단으로 개입해야 한다는 원칙이다.

다. 조리상 한계 일탈의 효과

조리는 법률이 없는 곳에서 법률과 같은 기능을 하므로 조리에 위반한 경찰권 행사는 일반적으로 위법한 경찰권 행사가 되어 행정쟁송 및 손해배상의 문제가 발생하게 된다. 또한 조리를 위반하지 않았다고 하더라도 조리상 한계 일탈의 경우, 즉 조리의 해태·불행사하는 경우에 위법·부당한 행사로 인정되어 위법의 문제가 생긴다.

행정상 구제로는 해당 경찰관에 대한 징계·행정쟁송제도 등이 있고, 형사상 구제로는 해당 경찰관에 대한 형사책임·정당방위·고소·고발 등이 있으며, 민사상 구제는 「국가배상법」에 따른 행정상 손해배상제도 등이 있고, 기타 「헌법」 및 「청원법」에 의한 청원제도 등이 있다.

제3절　경찰긴급대응과 손해배상

1. 적법한 공권력 행사에 따른 손실보상

가. 의의 및 성격

과거에는 경찰의 긴급대응 업무 중 국민의 재산상 피해가 발생하는 경우 피해자인 국민이 직접 대한민국 또는 경찰관 개인을 상대로 민사소송을 제기하여 피해에 대한 배상을 받는 수밖에 없었다. 그리고 또한 경찰관 개인의 입장에서도 적법한 공무수행 중 발생하는 피해에 대한 구체적인 보상에 대한 법적 보장이 없어 적극적인 업무 수행의 장애가 되어 왔다.

경찰청은 이러한 문제점을 해결하기 위해 각고의 노력을 거듭하여 2013년 4월 5일 손실보상 규정이 포함되는 「경찰관직무집행법」이 개정되는 결과를 얻었다. 이로써 경찰관의 적법한 공무 수행 중 발생하는 모든 재산상 피해에 대해 피해자는 민사소송이 아닌 경찰에 손실보상 청구를 하면 그 피해액만큼의 보상을 받을 수 있는 길이 열리게 된 것이다.

그러나 손실보상의 대상이 '재산적 피해'에 국한되어 '생명 또는 신체상 손실'을 입은 경우에는 보상의 근거가 없어서 국민들이 피해보상을 받는데 한계가 있다는 지적이 있었다. 이에 경찰청에서는 현실상의 문제점을 타개하여 위해 많은 노력을 하여 2018년 12월 24일 「경찰관직무집행법」이 개정되었다. 개정 요지는 경찰관의 적법한 직무집행으로 재산상 손실 뿐 아니라 생명·신체 손실을 본 국민에게도 국가가 보상하는 내용이다.

아래의 〈표-2〉는 개정 전·후의 「경찰관직무집행법」상 손실보상 규정[3]을 나타낸 것이다.

〈표-2〉 개정 전·후 「경찰관직무집행법」상 손실보상 규정

구 분	「경찰관직무집행법」제11조의2(손실보상)
개정 후	① 국가는 경찰관의 적법한 직무집행으로 인하여 다음 각 호의 어느 하나에 해당하는 손실을 입은 자에 대하여 정당한 보상을 하여야 한다. 1. 손실발생의 원인에 대하여 책임이 없는 자가 생명·신체 또는 재산상의 손실을 입은 경우(손실발생의 원인에 대하여 책임이 없는 자가 경찰관의 직무집행에 자발적으로 협조하거나 물건을 제공하여 생명·신체 또는 재산상의 손실을 입은 경우를 포함한다) 2. 손실발생의 원인에 대하여 책임이 있는 자가 자신의 책임에 상응하는 정도를 초과하는 생명·신체 또는 재산상의 손실을 입은 경우 ② 제1항에 따른 보상을 청구할 수 있는 권리는 손실이 있음을 안 날부터 3년, 손실이 발생한 날부터 5년간 행사하지 아니하면 시효의 완성으로 소멸한다. ③ 제1항에 따른 손실보상신청 사건을 심의하기 위하여 손실보상심의위원회를 둔다. ④ 경찰청장 또는 지방경찰청장은 제3항의 손실보상심의위원회의 심의·의결에 따라 보상금을 지급하고, 거짓 또는 부정한 방법으로 보상금을 받은 사람에 대하여는 해당 보상금을 환수하여야 한다. ⑤ 보상금이 지급된 경우 손실보상심의위원회는 대통령령으로 정하는 바에 따라 경찰위원회에 심사자료와 결과를 보고하여야 한다. 이 경우 경찰위원회는 손실보상의 적법성 및 적정성 확인을 위하여 필요한 자료의 제출을 요구할 수 있다. ⑥ 경찰청장 또는 지방경찰청장은 제4항에 따라 보상금을 반환하여야 할 사람

---

3) 경찰관직무집행법 제11조의2(손실보상)

	이 대통령령으로 정한 기한까지 그 금액을 납부하지 아니한 때에는 국세 체납처분의 예에 따라 징수할 수 있다. ⑦ 제1항에 따른 손실보상의 기준, 보상금액, 지급 절차 및 방법, 제3항에 따른 손실보상심의위원회의 구성 및 운영, 제4항 및 제6항에 따른 환수절차, 그 밖에 손실보상에 관하여 필요한 사항은 대통령령으로 정한다.
개정 전	① 국가는 경찰관의 적법한 직무집행으로 인하여 다음 각 호의 어느 하나에 해당하는 손실을 입은 자에 대하여 정당한 보상을 하여야 한다. 1. 손실발생의 원인에 대하여 책임이 없는 자는 재산상의 손실을 입은 경우(손실발생의 원인에 대하여 책임이 없는 자가 경찰관의 직무집행에 자발적으로 협조하거나 물건을 제공하여 재산상의 손실을 입은 경우를 포함한다) 2. 손실발생의 원인에 대하여 책임이 있는 자가 자신의 책임에 상응하는 정도를 초과하는 재산상의 손실을 입은 경우 ② 제1항에 따른 보상을 청구할 수 있는 권리는 손실을 입은 날로부터 3년, 손실이 발생한 날로부터 5년간 행사하지 아니하면 시효의 완성으로 소멸한다. ③ 제1항에 따른 손실보상신청 사건의 심의하기 위하여 손실보상심의위원회를 둔다. ④ 제1항에 따른 손실보상의 기준, 보상금액, 지급절차 및 방법, 손실보상심의위원회의 구성 및 운영, 그 밖에 필요한 사항은 대통령령으로 정한다

나. 요건 및 대상

「헌법」 제23조 제3항은 "공공필요에 의한 재산권의 사용·수용 또는 제한 및 그에 대한 보상은 법률로써 하되, 정당한 보상을 지급하여야 한다"고 규정하고 있다. 또한 「경찰관직무집행법」 제11조의2에서는 "국가는 경찰관의 적법한 직무집행으로 인하여 생명·신체 또는 재산상의 손실을 입은 자에 대하여 정당한 보상을 하여야 한다"고 규정하였다.

이에 따라 손실보상의 요건은 생명·신체 또는 재산권에 대한 침해가 있어야 하고, 그 침해는 공공의 필요에 의해 행해져야 할 뿐만 아니라, 적법한 것이어야 한다. 또한 생명·신체 또는 재산권에 대한 침해는 재산권에 내재된 사회적 제약을 뛰어넘어 '특별한 희생'이 발생해야 한다.[4]

손실보상의 대상은 원칙적으로 '손실발생의 원인에 책임이 없는 자'이거나 손실발생의 원인에 책임 있는 자라 하더라도 '자신의 책임 정도를 초과하는 손실을 입은 경우'가 해당된다. 이는 반대로 말하면 손실발생의 원인이 있는 경찰 책임자의 경우에는 설사 경찰의 적법한 법집행으로 인해 생명·신체 또는 재산상 피해를 입었다고

---
4) 경찰청, 『경찰관직무집행법 해설서』, 2013, p. 127.

하더라도 경찰상 손실보상 청구를 할 수 없다는 결론에 다다르게 된다. 그 이유는 경찰상 책임자는 위험발생의 방지 및 장애 제거를 해야 하는 당사자의 지위를 갖기 때문이다.[5]

또한 위 대상에는 손실발생의 원인에 대하여 책임이 없는 자가 경찰관의 직무집행에 자발적으로 협조하거나 물건을 제공하여 생명·신체 또는 재산상의 손실을 입은 경우도 포함한다.

다. 손실보상심의위원회

손실보상심의위원회는 손실보상청구 사건을 심의하기 위하여 경찰청, 해양경찰청, 지방경찰청 및 지방해양경찰청에 손실보상심의위원회(이하 '위원회'라고 한다)를 설치한다. 위원회는 경찰의 적법한 직무수행으로 인해 생명·신체 또는 재산상 피해를 입은 사람이 제출한 손실보상청구서를 토대로 사실관계를 조사 후 심의를 거쳐 보상금을 지급한다.

위원회에서는 ① 사건의 원인행위가 경찰관의 적법한 직무집행에 따른 것인지 여부확인, ② 보상청구 금액의 적정성 심사·보상범위 금액 결정, ③ 위원회 운영에 관련된 사항 심의 등의 활동을 하게 된다. 위원회의 구성은 위원장을 포함하여 5명 이상 7명 이하의 위원으로 구성되며, 위원의 임기는 2년으로 경찰청장 등이 임명한다. 이 경우 위원의 과반수 이상은 경찰공무원이 아닌 사람으로 하여야 한다. 예로 서울지방경찰청의 경우 손실보상 심의위원회는 총 7명(외부위원 4명, 내부위원 3명)으로 구성되어 있다.

아래의 〈표-3〉은 손실보상의 기준 및 보상금액을 나타낸 것이다.

〈표-3〉 손실보상의 기준 및 보상 금액

○ 물건을 멸실·훼손한 경우에는 다음 기준에 따라 보상한다. 　1. 손실을 입은 물건을 수리할 수 있는 경우 : 수리비에 상당하는 금액 　2. 손실을 입은 물건을 수리할 수 없는 경우 : 손실을 입은 당시의 교환 가액 　3. 영업자가 손실을 입은 물건의 수리나 교환으로 인하여 영업을 계속할 수 없는 경우 　　: 영업을 계속할 수 없는 기간 중 영업상 이익에 상당하는 금액

출처 : 경찰청, 『경찰관직무집행법 해설서』, 2013, p. 127.

---

5) 김병기, "경찰상 권리구제 확대방안으로서의 손실보상제도의 법제화", 행정법연구 제22호, 행정법이론실무학회, 2008, p. 116.

2. 허위신고로 인한 손해배상의 청구

가. 개설

허위신고로 인한 경찰력 및 사회적 비용의 손실은 심각한 수준이다. 경찰청 통계에 따르면 112신고 종결코드 중 '허위코드' 건수는 2017년 4,192건, 2018년 3,959건, 2019년 3,862건으로 나타났다. 최고 수치를 기록한 2017년 이후 허위신고에 대한 경찰청의 강력한 대응으로 일부 수치가 감소 추세에 있는 것으로 보이나 여전히 허위신고의 비율이 매우 높은 수준이다. 특히, 2018년도 대비 허위신고의 처벌비율은 감소(86.4%→85.2%)한 반면 구속건수는 오히려 9건 이상 증가하여 허위신고의 질적 양상이 달라졌음을 보여주므로 이에 대한 경찰 대응의 전환이 필요한 시점이다.

다음의 〈표-4〉는 지난 5년간의 허위신고 처벌 현황을 나타낸 것이다.

〈표-4〉 지난 5년간의 허위신고 처벌 현황

구분	허위신고 처벌 현황							
	계	형사입건			경범처벌(즉심)			
		소계	구속	불구속	소계	벌금	구류	과료
2015	2,734	759	22	737	1,975	1,946	22	7
2016	3,556	947	24	923	2,609	2,580	12	17
2017	4,192	1,059	21	1,038	3,133	3,094	26	13
2018	3,959	980	23	957	2,979	2,970	1	8
2019	3,862	948	32	916	2,914	2,906	2	6
증감	97↓	32↓	9↑	41↓	65↓	64↓	1↑	2↓

출처 : 경찰청/ 경찰통계자료/ 허위신고 및 처벌현황. https://www.police.go.kr/www/open/publice/publice0210.jsp.

경찰청에서는 허위신고에 따른 경찰관들의 사기 저하와 국민 피해를 최소화하기 위해 강력한 허위신고 제재 기준을 마련하여 일선 경찰서에 하달하였다. 고의가 명백하고 신고내용(강력범죄, 폭발물설치 등)이 중대하거나 경찰력 낭비가 심한 허위신고는 「경범죄처벌법」에 따른 처벌 뿐 아니라 「형법」상의 공무집행방해로도 처벌하고 있다. 또한 특별한 내용도 없이 폭언 또는 욕설 및 장난전화를 하는 신고자에 대해 효과적으로 대응하기 위해서 접수요원이 대응하는 대신 자동응답시스템(ARS)

을 도입함으로써 보다 중요한 112신고에 대해 집중하기 위해 노력하고 있다.[6]

○ 악성신고자 대응 자동응답시스템 도입

〈ARS 안내 멘트〉
정당한 이유나 신고내용 없이 폭언, 욕설, 협박, 모욕, 장난전화를 계속 하실 경우 정보통신망 이용촉진 및 정보보호 등에 관한 법률 제44조에 의해 1년 이하 징역 또는 1천만원 이하 벌금에 처해질 수 있으니 중지해 주시기 바랍니다.

112에 허위 및 장난신고를 하는 경우 대규모의 경찰력이 낭비되는 것뿐만 아니라 그 피해가 고스란히 경찰의 도움을 필요로 하는 위급한 시민들에게 돌아간다. 또한 허위신고는 긴급신고의 신뢰도에 직접적인 영향을 미치는 것이므로 허위신고자에 대한 처벌[7] 뿐 아니라 허위신고의 위법성 홍보 또한 강화하여야 할 것이다.

아직까지 많은 국민들이 허위신고에 대해 관대한 성향을 가지고 있고 '안 되면 말고' 식의 제대로 확인되지 않은 사실을 추정하여 신고를 하는 경우가 많다. 이러한 허위신고의 경험은 경찰관 각자에게 신고처리에 대한 긴급대응의 소극성을 띠게 하는 요인이 되며, 신고에 대한 확인보다 진실여부에 더욱 많은 관심을 갖게 되는 문제점이 발생된다. 이렇듯 허위신고로 인한 경찰관 및 국민들의 피해는 실로 크다고 볼 수 있으므로 허위신고에 대한 법률과 제도의 보완이 지속적으로 보강되어야 할 것이다.

나. 허위신고의 개념

허위신고에 대해서 「경범죄처벌법」에서는 '거짓신고'로 규정하고 있으며, 거짓신고의 개념은 '있지 아니한 범죄나 재해 사실을 공무원에게 거짓으로 신고한 사람'이다.[8] 즉, 범죄나 재해의 사실이 아닌 경우에는 거짓신고가 되지 않는다고 할 수 있으며, 대법원에서도 신고 사실 자체가 형사범죄를 구성하지 않는다면 본 호의 대상이 아니라고 하였다.[9]

---

6) 경찰청, 「2019 경찰백서」, 2020, p. 90.

7) KBS 뉴스, 2020. 6. 9, "112허위신고 9천 5백여 건... 30명 적발·1명 구속", https://news.naver.com/main/read.nhn?mode=LPOD&mid=tvh&oid=056&aid=0010849261.

8) 「경범죄처벌법」 제3조 제3항 제2호

9) 2002. 6. 28 대판 2001도2707

〈관련 판례〉 2002.6.28. 대판 2001도2707

> 타인에게 형사처분을 받게 할 목적으로 허위의 사실을 신고한 행위가 무고죄를 구성하기 위해서는 신고된 사실 자체가 형사처분의 원인이 될 수 있어야 하므로 가령 허위의 사실을 신고하였다 하더라도 그 사실 자체가 형사범죄를 구성하지 않는다면 무고죄는 성립하지 아니한다.

상기 개념을 구체적으로 살펴본다면 허위신고란 '고의적으로 허위의 내용을 신고하여 다수의 경찰력을 출동시킴으로써 경찰관과 국민에게 피해를 입히는 신고'를 말한다고 할 수 있다. 여기에서 허위신고의 정의를 기준으로 개념 분석을 하면 보다 정확한 허위신고의 개념을 알 수 있다.

첫째, 허위신고는 고의적으로 허위신고를 하는 것을 말한다. 과실이나 사실판단을 잘못 알고 신고하는 오인신고의 경우에는 허위신고라고 할 수 없다. 즉 본인이 허위라는 인식이 필요하다. 그러므로 현장에 출동하는 경찰관은 신고자를 상대로 정확한 사실경위와 신고이력 등을 확인하여 신고자의 고의성을 밝히는 것이 중요하다.

둘째, 허위신고는 허위의 내용을 신고하는 것을 말한다. 허위의 내용이란 진실한 사실에 반하는 것을 의미하는 것으로써, '신고자가 허위의 내용을 진실된 것이라고 믿었다든가 허위라고 믿었더라도 진실된 사실로 판명된 경우'에는 허위신고라고 볼 수 없다.

셋째, 허위신고는 다수의 경찰력을 출동시켜 경찰관과 국민에게 피해를 입히는 손해의 결과가 발생해야 한다. 허위의 내용을 신고하였다고 하더라도 '접수석에서 상담만 하고 종결된 경우'에는 경찰력이 출동하여 손해의 결과가 발생하지 않았기 때문에 허위신고로 처벌할 수 없다. 단, 공권력의 발동을 야기시킬 수 있는 정도의 구체적인 사실을 신고하여 실제 경찰력이 출동태세를 갖춘 경우에는 허위신고라 할 수 있다.[10]

넷째, 실제 있는 사실을 다소 과장하는 정도는 이에 해당하지 않으나, 다만 그 과장의 정도가 지나친 때는 허위신고에 해당한다. 예를 들어 '사람이 넘어져 다친 것을 폭행을 당해 죽었다고 신고하는 경우' 등이 해당한다.[11]

---

10) 경찰청, 『경범죄처벌법 해설서』, 2018, p. 126.

11) 강용길·김현정·이영돈, 『생활안전경찰론』, 용인: 경찰대학 출판부, 2013, p. 112.

이를 종합해보면 허위신고의 접수를 받고 현장에 출동하는 경찰관은 신고자를 상대로 신고경위·신고이력·진실여부 등을 명확히 파악하여 허위신고 여부에 대해 판단하여야 한다.

다. 손해배상의 요건

허위신고로 인한 손해배상을 청구하기 위해서는 손해배상의 요건이 충족되어야 한다. 손해배상은 ① 가해행위, ② 가해행위의 위법성, ③ 가해자의 고의 또는 중과실, ④ 피해자의 손해, ⑤ 가해행위와 손해발생과의 인과관계라는 5가지 요건사실이 모두 충족되어야 청구할 수 있다.

위 허위신고로 인한 손해배상의 요건을 구체적으로 분석해 보면 다음과 같다.

첫째, 진실된 사실이 아닌 허위내용의 신고가 있어야 한다(가해행위).

둘째, 위 허위신고가 현행법상 위법한 행위에 해당되어야 한다. 허위의 사실을 진실로 오인한 경우나, 진실한 사실을 허위로 오인한 경우에는 위법하다고 볼 수 없다(가해행위의 위법성).

셋째, 신고자가 고의 또는 중과실로 허위의 신고를 하여야 한다. 전술한 바와 같은 단순과실로 인한 신고는 해당하지 않는다(가해자의 고의 또는 중과실).

넷째, 위 허위신고로 인해 피해자가 손해의 발생이 있어야 한다. 즉, 허위신고의 접수로 다수의 경찰력이 현장으로 출동하는 등 경력출동의 손해가 발생해야 한다(피해자의 손해).

다섯째, 허위신고와 손해발생 사이의 인과관계가 있어야 한다. 즉, 허위신고로 인한 경찰력의 출동이므로 인과관계는 있다고 본다(가해행위와 손해발생과의 인과관계).

특히 '피해자의 손해'에는 ⓐ 적극적 재산상 손해(입원치료비나 장례비 등), ⓑ 소극적 재산상 손해(휴업손해나 퇴직금 또는 잃어버린 기대 수입 등), ⓒ 정신적 손해(위자료)가 모두 포함되므로 손해배상액 산정을 하는 경우 이를 잘 판단하여야 한다.

라. 손해배상의 범위

112허위신고로 인하여 피해를 입은 사람은 대한민국과 경찰관 개개인이 된다. 대한민국의 경우 경찰차량의 유류비와 출동한 경찰관들이 초과근무 상태여서 초과근무수당을 지급하였다면 그 지급한 초과근무수당도 대한민국의 재산상 적극적 손해가 된다. 그러나 112허위신고로 인하여 대한민국이나 경찰 조직의 사회적 명성 및 신용이 훼손되었다고는 어려우므로 위자료는 청구하기 힘들다고 할 수 있다.

또한 경찰관 개개인의 경우 112허위신고로 인한 재산상 손해는 특별히 없으므로 정신적 손해에 대한 위자료를 청구할 수 있다. 위자료 산정시 참작할 사항은 출동한 경찰관의 근무상태(비번, 일근 후 퇴근, 당직 등)·계급·나이 등이 있고 근무상태와 계급이 중요하다.[12]

〈관련 판례〉112 허위신고 손해배상(서울남부지법 2013가소477694)

1. 기초사실

피고는 2013. 8. 14. 12:10경 서울 관악구 신림동 ○○ 소재 ○○ 건물에 있는 스크린경륜장(위 건물 2층부터 5층)에의 입장을 술에 취하였다는 이유로 제지당하자 이에 화가 나 12:22경 공중전화를 이용하여 서울지방경찰청 112 지령실에 신림동에 있는 경마장에 폭발물을 설치했다는 내용의 허위신고를 한 사실, 서울지방경찰청 112 지령실로부터 위와 같은 사실을 통보받은 관악경찰서 등 소속 경찰관인 원고(선정당사자) 및 선정자들이 현장출동한 후 약 2시간에 걸쳐 스크린경륜장의 내·외부를 수색하면서 용의자 및 폭발물 발견과 시민들을 대피시키는 등의 조치를 취하였다.
[인정근거] 갑 제1 내지 14호증의 각 기재, 변론 전체의 취지

2. 손해배상책임의 발생

위와 같은 피고의 행위로 인하여 40명의 경찰관이 출동하여 2시간여의 대대적인 수색, 검거활동 및 사후조사를 실시함으로써 원고 대한민국으로서는 현장출동 차량의 유류비를 지출하게 되었고, 출동 경찰관인 원고(선정당사자) 및 선정자들 또한 위 수색작업에 투입된 후 고도의 긴장상태에서 폭발물 발견을 위한 탐문수사 및 검거활동을 실시함으로써 정신적인 고통을 입었다 할 것이므로, 피고는 피고의 허위신고에 의해 원고 대한민국 및 원고(선정당사자)와 선정자들이 입은 손해를 배상할 책임이 있음.

3. 손해배상의 범위

원고 대한민국 : 현장출동 차량들의 유류비 11,613원
원고(선정당사자) 및 선정자들 : 원고(선정당사자) 및 선정자들의 당일 근무상황, 계급 및 연령과 피고의 연령, 직업 및 경제적 상황 등 제반 사정 감안하여 위자료를 별지 표

---

12) 경찰청, 『112허위신고·공무집행방해·모욕 등 관련 소 제기 매뉴얼』, 2013, p.12.

인정금액란 기재 각 금원과 같이 정함

마. 소장 작성 요령

손해배상의 소장을 작성하는 경우에는 '청구취지'와 '청구원인'을 작성하여야 한다.[13]

(1) 청구취지

청구취지는 원고가 소송 판결을 주문을 구하는 필요적 기재사항으로, 소송의 목적인 권리와 법률관계에 관해 어떠한 판결을 구하는 것인가를 표시하는 것이다. 일반적으로 소장의 청구취지 란에 소송비용에 관한 재판과 가집행선고의 신청도 기재한다.

아래의 〈표-5〉는 소장의 청구취지 예시를 나타낸 것이다.

〈표-5〉 소장의 청구취지 예시

1. 피고는 원고에게 금 5,000,000원 및 이에 대한 20○○. ○. ○.부터 이 사건 소장 부본 송달일까지는 연 5%의, 그 다음날부터는 다 갚는 날까지는 연 20%의 각 비율에 의한 금원을 지급하라.
2. 소송비용은 피고의 부담으로 한다.
3. 위 제1항은 가집행할 수 있다.
   라는 판결을 구합니다.

(2) 청구원인

청구원인은 청구취지와 함께 소송목적인 권리 또는 법률관계를 특정하여 청구취지와 같은 판결을 할 수 있도록 하는 구체적 사실관계를 말한다. 이 또한 소장의 필요적 기재사항이다. 청구원인은 주체, 시간, 상대방, 목적, 행위의 순서와 시간적 순서에 따라 기재하고, 번호매김의 순서는 1 → 가 → 1) → 가) → (1) → (가) 순으로 함이 일반적이다.

---

13) 경찰청, 앞의 책, p. 7.

아래의 〈표-6〉은 경찰의 손해배상청구시 통상의 청구원인 목차를 나타낸 것이다.

〈표-6〉 경찰의 손해배상청구시 통상의 청구원인 목차

1. 당사자의 지위

원고(경찰관)와 피고(112허위신고자 또는 공무집행방해자 등)의 지위를 간략히 기재한다.

2. 이 사건의 경위

시간 순서에 따라 112허위신고, 공무집행방해 전후 경위를 기재한다.

3. 손해배상책임의 발생

① 가해행위, ② 가해행위의 위법성, ③ 가해자의 고의 또는 과실, ④ 피해자의 손해, ⑤ 가해행위와 손해발생과의 인과관계라는 5가지 요건사실이 모두 포함되게 기재해야 한다. 특히, '④ 피해자의 손해'에는 ⓐ 적극적 재산상 손해(입원치료비나 장례비 등), ⓑ 소극적 재산상 손해(휴업손해나 퇴직금 또는 잃어버린 기대 수입 등), ⓒ 정신적 손해(위자료)가 있으므로 어떠한 손해를 입었는지를 살펴서 구분하여 기재한다.

4. 손해배상책임의 범위

구체적인 손해 액수를 기재한다.

출처 : 경찰청, 『112허위신고 등 소제기 매뉴얼』, 2013. pp. 7-8.

(3) 인지대와 송달료

인지대와 송달료의 계산은 '대한법률구조공단(www.klac.or.kr)' 홈페이지에서 '소송비용 자동계산' 탭을 클릭하면 본안사건 인지 및 송달료 계산을 자동적으로 계산할 수 있다. 이 때, 정확한 계산을 하기 위해서는 소송물가액(청구금액), 소의 종류(소장, 항소장, 상고장, 지급명령, 조정신청), 원고(채권자·신청자), 피고(채무자·피신청인) 등을 입력해야 한다.

아래의 〈그림-2〉는 대한법률구조공단 홈페이지상 인지 및 송달료 계산 화면을 나타낸 것이다.

〈그림-2〉 대한법률구조공단 홈페이지상 인지 및 송달료 계산 화면

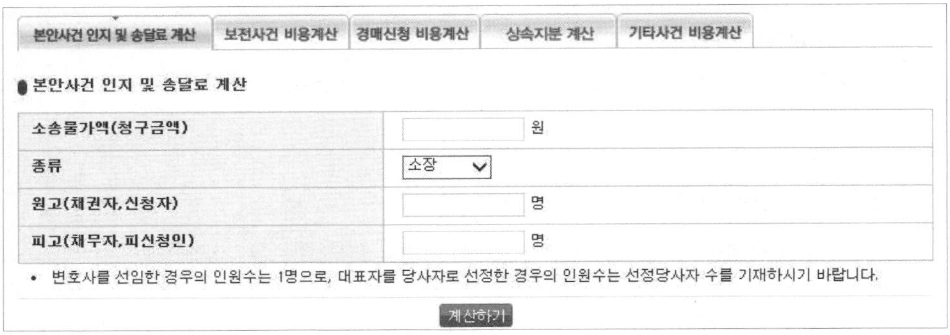

출처 : 대한법률구조공단 홈페이지(www.klac.or.kr, 2019. 1. 7. 검색)

(4) 관할

해당 경찰서에서 소제기하는 경우에 그 지휘를 담당할 검찰청은 「민사소송법」의 규정에 따른 관할 법원에 대응하는 검찰청이다. 원칙적으로 관할 법원은 피고인의 주소지의 법원이지만, 경우에 따라 피고의 사무소 또는 영업소 소재지, 불법행위지 법원을 관할 법원으로 삼을 수 있다.[14]

---

14) 경찰청, 『112허위신고 등 소제기 매뉴얼』, 2013. p. 9.

경찰긴급대응의 조직 및 방식

제1절 경찰긴급대응 조직과 업무

1. 경찰청

　　경찰청은 치안상황관리의 체계를 보다 고도화하고 인력 운용의 효율성 향상을 위해서 2018년 8월 7일자로 경찰청의 치안상황 관리체계를 개선하였다.[15] 개선의 주요 내용은 경무관급의 치안상황관리관 신설, 총경을 상황담당관으로 전종 지정, 치안상황 기획계의 운영 등이다. 경찰청에서는 치안상황관리의 효과성 검증을 위해 직제 개선안이 발표된 후 6개월간 시범운영을 거쳤고, 2019년 2월 26일자로 '경찰청과 그 소속기관 직제' 개정안이 공포·시행되어 경찰청 차장 직속기구로 '치안상황관리관'이 신설되었다.[16]

　　치안상황관리관실은 기존 경비국 소속의 치안상황실 및 위기관리 기능과 생활안전국 소속 112 기획·운영[17]을 통합하여 112신고 접수 단계에서부터 상황관리를 강화하였다. 특히 국민적 관심이 집중된 전국 단위의 중요 치안사건 및 재난상황을 24시간 실시간으로 모니터링하고 부서 및 지역간의 조정을 총괄하게 된다. 뿐만 아니라 정보통신과에서 운용 중인 112시스템 관리 인력(7명)을 이관받아 112시스템 개발·운영·관리 주체를 치안상황관리관실로 일원화하고 책임성을 강화하였으며, 향후 112시스템 운영계를 신설 예정이다.

　　이를 위해 경찰청에서는 전국의 무선망을 통합하는 통합무선망 지휘시스템을 구축한데 이어서 전국 지방경찰청의 112신고 현황을 실시간으로 확인할 수 있는 상황

---

15) 경찰청(위기관리센터—4385), "치안상황체계 개선 시범운영 계획", 2018. 8. 7.

16) 현재 '치안상황관리관실'의 구성은 치안상황관리관(경무관) 산하에 112상황기획계, 위기관리계, 상황팀(4개)을 운영하고 있다.

17) 기존 경찰청의 112 긴급신고 업무를 담당하는 부서는 생활안전국 범죄예방정책과 소속 112운영계에서 맡았다. 112 담당 근무인원은 총 4명(경정 1, 경감 2, 경위 2)으로 112기획·112시스템·112운영 등으로 구성되었다. 112운영계는 2014년 3월 지방경찰청과 경찰서의 112종합상황실이 과(課) 단위로 직제가 편성되면서 신설되었으며, 경찰청 내의 다른 계의 규모와 같다.

판들 제작하는 등 112신고통합시스템을 도입하였다. 이와 함께 향후 일선 경찰관서의 112신고시스템의 노후화 등으로 인한 다운 현상에 대비하기 위해 112신고시스템을 고도화하고 인공지능(AI) 등 신기술 적용에도 대비할 예정이다. 치안상황관리관 직제의 신설은 자치경찰제 시행 이후 전국에 표준화된 양질의 치안서비스를 제공할 수 있는 기반이 마련되었다는 점에서 의의가 크다.[18]

아래의 〈그림－3〉은 경찰청 치안상황관리관실의 체계도와 직제를 나타낸 것이다.

〈그림-3〉 경찰청 치안상황관리관실의 체계도와 직제

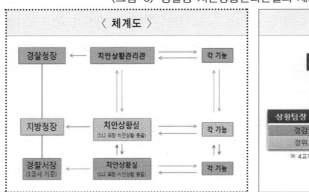
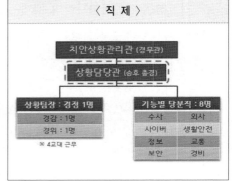

출처 : 경찰청, "치안상황체계 개선 시범운영 계획(2018.8.7.).

위의 직제를 구체적으로 설명하면 첫째, 치안상황관리관은 경무관급의 대테러위기관리관이 겸직한다. 치안상황관리관은 중요한 상황이 발생하면 주야를 불문하고 경찰청장 및 차장에게 초동보고를 하고 상황을 지휘한다. 둘째, 상황담당관은 총경으로 하며 구체적인 치안상황관리를 실시한다. 근무는 팀별로 4명(총경·경정·경감·경위 각 1명)을 편성하며 4조 2교대로 하여 경찰청과 지방경찰청간 근무체계를 통일하였다. 셋째, 상황보고의 단순화를 위해 보고 체계를 변경하였다. 치안상황실의 보고를 1차로 하고 기능별 상황보고는 2차적·보충적으로 실시하며, 이때에도 치안상황관리관과 협의 및 조정하도록 하였다.

---

18) 경찰청 폴넷(내부망), 2019. 2. 26. "경찰청 치안상황관리관 신설 관련 서한문".

아래의 〈표-7〉은 경찰청의 치안상황체계 개선 전·후를 비교한 것이다.

〈표-7〉 경찰청 치안상황체계 개선 전·후 비교

구 분	현 행	개 선
인원	7명	17명
상황실장	◆ 경정 1명 (일근)	◆ 대테러위기관리관 (경무관) 겸직
야간상황	◆ 총경급 (순번제로 지정)	◆ 상황담당관 (총경 승후) 4명 전담
팀 원	◆ 2명 (경감 1, 경위 1)	◆ 3명 (경정 1, 경감 1, 경위 1)
근무체계	◆ 3교대	◆ 4교대 ※ 본청·지방경찰청간 근무체계 통일
보고체계	◆ 상황보고 + 기능보고	◆ 1차 상황보고 + 2차 기능 추가보고

출처 : 경찰청, "치안상황체계 개선 시범운영 계획(2018.8.7.).

2. 지방경찰청

지방경찰청의 긴급대응 업무는 생활안전부장 및 제2부장 아래 112종합상황실장이 경찰청의 업무지침을 반영하여 112 긴급신고에 대한 기획 및 관리·지도하는 업무를 하고 있다. 지방경찰청의 112종합상황실장은 총경급으로 다른 부서의 과장급과 동일하며, 이는 112종합상황실의 역할을 확대·강화시키겠다는 면을 단적으로 보여주는 예이다.

서울지방경찰청의 긴급신고에 대한 대응 업무는 생활안전부(경무관)에서 담당을 하고 있다. 생활안전부에는 생활안전과·생활질서과·여성청소년과·112종합상황실·지하철경찰대가 있으며, 이 중 긴급대응의 중추적 업무는 112종합상황실에서 담당하고 있다. 112종합상황실은 구체적으로 112신고사건에 대한 접수 및 지령·종결·관리·기획 등 112신고에 대한 전반적인 업무와 함께 신고분석을 통한 사건의 진행 방향에 대한 예측 업무 등도 시행하고 있다.

서울지방경찰청을 제외한 다른 지방경찰청의 경우에는 제2부장 아래 112종합상황실을 두고 있으며, 112종합상황실의 업무는 전술한 서울청의 경우와 동일하다. 특히, 제주 및 세종지방경찰청의 경우에는 청장 직속으로 112종합상황실이 설치 운영되고 있는 것이 특색이다.

아래의 〈표-8〉은 지방경찰청 112종합상황실의 업무 분장을 나타낸 것이다.

〈표-8〉 지방경찰청 112종합상황실의 업무 분장

구분	구체적 업무
112종합상황실장 (총 경)	• 112종합상황실 업무 총괄 • 중요사건의 경찰서장 권한 대리 • 112신고사건의 총괄 지휘
상황팀장 (경 정)	• 112종합상황실장의 보좌 • 팀별 112신고사건의 상황 지휘 • 중요사건에 대한 보고 및 분석
종합지령대	• 중요사건에 대한 전파·감독·보고 • 경찰서간 112사건 공조 확인
분석반	• 112신고 제반 업무 기획 • 112신고사건 분석·통계
접수대	• 112신고사건 접수·통보 • 중요 112신고 보고

3. 경찰서

경찰서의 긴급대응 업무는 112종합상황실이 맡고 있으며, 대규모의 경우나 사회적 파장이 있는 사건의 경우에는 경비과 및 형사과 등 전종부서와 협동하여 상황에 대한 긴급대응을 실시하고 있다.

경찰서 112종합상황실장은 2014년 2월 18일부로 경감에서 경정으로 계급이 격상되어 운영 중이며, 긴급신고에 대해서는 위 112종합상황실장이 경찰서장을 직접 대리하여 경찰서의 기능 불문 모든 경력을 동원 운용할 수 있도록 하였다. 또한 112신고에 대해서는 112종합상황실장의 명령이 타 부서의 과장에 비해 우선하며 타 부서에서 지시를 따르지 않을 경우 책임을 물을 수 있는 권한도 가졌다.

경찰서 112종합상황실은 1급지 경찰서를 기준할 때, 4개의 상황팀으로 구성되며 상황팀장은 경감으로 보하고 지령요원과 상황요원을 경위 또는 경사급으로 보하여 운영하고 있다. 일반적으로 대부분의 경찰서가 상황지휘를 원활하게 하고 책임성 있는 대응을 위해 각 경찰서 지리에 밝은 경위급 경찰관을 배치하여 운용하고 있다. 또한 관리반을 통해 서무업무를 하게 함으로써 상황요원의 불필요한 행정업무를 절감시켰다.

112종합상황실의 주요 업무는 112신고사건에 대한 접수·지령·배치·종결 등이며, 경찰서 및 지방경찰청간 공조 또는 이첩사건을 접수하여 처리하고 있다. 또한 지구대 및 파출소의 공정하고 합리적인 112신고사건에 대한 감독 및 상황관리 업무를 한다. 그리고 각 지역경찰간 사건 책임자 지정을 통해 신속한 112신고처리가 되도록 하고 있다.

아래의 〈표-9〉는 경찰서 112종합상황실의 업무 분장을 나타낸 것이다.

<표-9〉 경찰서 112종합상황실의 업무 분장

구분	구체적 업무
112종합상황실장 (경 정)	·112종합상황실 업무 총괄 ·중요사건의 경찰서장 권한 대리 ·112신고사건의 총괄 지휘
상황팀장 (경 감)	·112종합상황실장의 보좌 ·팀별 112신고사건의 상황 지휘 ·중요사건에 대한 보고 및 분석
상황요원 (경위·경사)	·112신고사건의 접수·지령·종결 ·중요사건에 대한 상황보고 ·지구대 및 파출소의 112신고처리 감독·조정
관리반 (경위·경사)	·서무 업무 ·112신고사건에 대한 분석·통계 ·112신고 제반 업무 기획·보고

4. 지구대(파출소)

지구대 및 파출소의 긴급대응 업무는 지역경찰관이 담당하며, 지구대 등 지역경찰은 지구대장(파출소장) 아래 관리반을 두고 4개의 팀으로 구분하여 운영한다. 수도권의 1급지 경찰서를 기준으로 지구대장은 경정으로 보하며, 각 팀장은 경감으로 보하고 있다. 또한 파출소장은 경감으로 보하며, 각 팀장은 고참급 경위로 보하고 있다.

지역경찰의 긴급대응 업무는 통상 112신고사건으로 시작되는 경우가 대부분이므로 112신고에 대한 적극적이고 신속한 대응이 지역경찰의 긴급대응의 시작이자 끝이라고 할 수 있다. 지역경찰의 특성[19]은 ① 임무의 전반성, ② 대상의 유동성, ③ 타 부분에 대한 지원성과 작용의 다양성, ④ 관계법령의 다양성·전문성, ⑤ 주민과의 접촉성 등으로 정리할 수 있으므로, 위 특성을 고려한 긴급대응이 매우 필요하다.

제2절 경찰긴급대응의 방식

일반적으로 재난을 관리하는 방식은 두 가지(분산관리·통합관리)로 분류[20]할 있으며, 경찰의 긴급대응 방식 또한 위 재난관리 방식과 유사하다고 볼 수 있다. 경찰의 긴급대응은 범죄 등 인위적인 요소에 의한 성격이 강하므로 재난관리 방식에 따라 경찰의 대응 방식을 살펴볼 필요가 있다.

1. 분산관리 방식

가. 특징

위기관리의 분산관리 방식은 지진·수해·화재 등 자연재해 및 범죄·사고 등 인적 재난의 종류에 따라 접근 방법의 차이가 있고, 각각의 계획에 따라 책임 기관이 서로 다르다.

즉, 다수의 부처와 기관이 단순 병렬적으로 연결되어 있고 소관 분야에 대한 관리의 책임과 부담이 분산되어 있는 것이 특징이다. 때문에 재난에 대한 인지능력은 미약하며 단편적으로 볼 수 있다. 위 내용을 종합하여 분산관리 방식의 특징은 기술하면 유형별 전문성 강조, 정형화된 대응 구조, 대응계획의 비실용성으로 요약할 수 있다.

예로 분산관리 방식은 과거의 우리나라 긴급대응 방식과 같다고 볼 수 있다. 2016년 10월 이전에 우리나라의 긴급신고체계는 국정원(111)·검찰(1301)·해경(122)·소방(119)·경찰(112)에 이르기까지 각 기관별로 고유한 업무 특성을 반영한 신고번호를 운영하였다. 또한 위기대응의 방법도 환경·테러·침몰 등 각 재해 유형

---

19) 강용길·김현정·박종철·이영돈, 앞의 책, 2018, p. 14.

20) 한상대, "지방자치단체 재난관리체제에 관한 연구", 아주대학교 석사논문, 2004, pp. 17-18; 유인술, "한국의 재난관리 대책", Hanyang Med Rev, 35(3), 2004, p. 158.

별로 달라 정보 공유나 대응이 쉽지 않았다. 그러나 현재는 긴급신고번호를 통합하여 범죄신고는 112, 화재·구급신고는 119, 그 외 민원상담은 110으로 통합되었다. 현재 재난을 유형별로 별도로 관리하는 분산관리 방식을 취하고 있는 국가는 일본, 중국 등이다.[21]

나. 장점과 단점

분산관리 방식의 장점은 다음과 같다.

첫째, 한 재해유형을 한 부처가 지속적으로 담당하므로 경험이 축적되고 전문성의 제고가 용이하다. 기관의 업무 연속성으로 인해 해당 기관의 노하우가 쌓이고 다른 기관보다 고도의 전략적 접근이 가능하다.

둘째, 여러 부처가 병렬적으로 배정되어 있으므로 한 사안에 대한 업무의 과다를 방지할 수 있다. 여러 부처가 같이 대응하므로 규모가 큰 재난 발생시 각 부처가 해당 분야에 대한 업무를 수행함으로써 효과적인 대처가 가능하다.

분산관리 방식의 단점은 다음과 같다.

첫째, 재해 대응에 대한 대응이 분산되어 있으므로 복잡한 재난에 대한 대처능력에 한계가 있다. 때문에 대형 재난에 대한 대처가 미흡하고 부처별 업무가 소극성을 띠게 된다.

둘째, 각 부처 간 업무의 중복 및 연계가 미흡하다. 여러 기관들의 중복 대처로 대응 업무가 반복되어 불필요한 업무가 낭비될 수 있다.

셋째, 여러 부처의 재원 마련과 배분이 매우 복잡하다. 해당 기관의 운영 및 장비에 필요한 예산의 마련이 어렵고, 기관별로 공평하게 배분하는 방법이 복잡하다.[22]

2. 통합관리 방식

가. 특징

통합관리 방식은 재난의 대응에 필요한 기관을 지정하여 참가 기관들을 조정한다는 조정적 의미이다. 즉, 단일 부처의 지휘 하에 병렬적으로 다수의 부처 및 기관을

---

21) 유인술, 앞의 논문, p. 158.

22) 채경석, 『위기관리정책론』, 서울: 대왕사, 2004, pp. 39-40.

조정하며, 모든 재난에 대한 관리책임과 과도한 부담의 가능성을 갖고 있다.

통합관리방식은 미국의 연방재난관리청(FEMA: Federal Emergency Management Agency)[23]의 창설에 이론적 근거로 제시되었으며, 또한 영국의 국가재난관리사무처 (CCS: Civil Contingencies Secretariat)가 채택하고 있는 방식이다. 위 방식은 재난의 전 과정인 완화－준비－대응－복구활동을 종합관리한다는 의미로, 재난의 원인은 달라도 대응방식은 유사하다는 것을 전제한다.[24]

위기관리의 종합성은 재해에 대한 대응이나 긴급대응에 있어서 특히 다양한 차원에서의 결정과 각 부문이나 부서의 판단이 통일적인 활동을 하지 않으면 안 된다는 것을 의미한다. 이러한 통합관리 방식에서 강조되고 있는 점은 위기정보의 통합관리이며 이것은 정체적인 대응활동을 조정·통제하는데 있어 의사결정의 근원이 된다.

위 내용을 종합하여 통합관리 방식의 특징을 기술하면 대비 및 대응활동의 유사성 강조, 의사결정기구의 일원화, 통합지휘체계의 개발, 비정형화된 대응구조, 대응계획의 실용성 등으로 요약할 수 있다.

○ 관련 언론보도(2018.10.15., 서울신문)

【중대 재난 때 靑 컨트롤타워 기능 강화… '위기 매뉴얼' 개편한다】

중대 재난 때 컨트롤타워로서 청와대 기능이 강화되는 내용으로 위기관리 표준매뉴얼이 개편된다. 행정안전부는 15일 재난관리 주관기관별 표준매뉴얼 개정을 추진한다고 밝혔다.

박근혜 정부에서 문재인 정부로 바뀌면서 재난관리 컨트롤타워 조직은 대통령비서실에서 국가안보실 중심으로 개편됐다. 청와대는 대통령 비서실에 있던 재난관리 비서관을 국가안보실로 옮기며 국가안보실을 재난관리 컨트롤타워의 중심으로 삼았다. 그러나 재난관리 때 기관별 임무와 역할을 지정하는 위기관리 표준매뉴얼에는 국가안보실과 비서실의 기능과 역할이 명확하지 않았다. 이번 위기관리 표준매뉴얼 개정안에는 이처럼 조직이 바뀌었는데 매뉴얼은 그대로인 문제점을 바로잡았다. 결과적으로 이번 매뉴얼 개

---

23) FEMA는 미 국토안보부 산하 조직으로 연방재난긴급관리청(FEMA)은 비상시 시민 대피와 구조를 전담한다. 참고로 국토안보부는 2003년 3월(부시 행정부)에 정식으로 발족되었으며 국방부에 이어 두 번째로, 다른 부서에서 흡수한 17만 명에 이르는 대규모 인력과 함께 창설 첫 해인 당시 무려 375억 달러의 예산이 배정된 바 있다. 국토안보부의 1차적 임무는 미국을 겨냥한 국내외의 테러공격을 예방하고 국민을 보호하는 것이다. 이 같은 임무수행을 위해 국토안보부는 22개 부처를 흡수하여 통합 운영할 계획이다. 부서 내 조직들은 크게 국경안전국, 정보분석국, 인프라보호국, 생화학무기관리국, 비밀경호국(SS)을 비롯해 기존의 연방재난 긴급관리청(FEMA) 등 총 5국(局) 1청(廳)으로 구성된다; 윤성철외, "경찰경호시스템의 발전방안에 관한 연구", 치안논총 제21집, 2012, p. 90.

24) 이성용 외, 「긴급신고 통합방안 연구용역보고서」, 계명대학교 산합협력단, 2014, p. 6.

정은 청와대 컨트롤타워를 강화하고 국가안보실의 역할을 '재난 및 안전관리 기본법'과 '국가위기관리 기본지침'은 재난이 발생하면 위기관리 표준매뉴얼과 위기대응실무 매뉴얼, 현장조치 행동매뉴얼에 따라 대응하도록 하고 있다. 표준매뉴얼은 재난관리 체계와 기관별 임무와 역할을, 실무매뉴얼은 재난 대응에 필요한 절차 규정을, 행동 매뉴얼은 행동 절차를 담고 있다.

예로 통합관리 방식은 분산관리 방식의 비판을 보완한 것으로써 현재 우리나라 긴급대응시스템과 같다고 할 수 있다. 즉, 통합관리 방식은 위기상황에 따른 긴급신고를 총괄할 수 있는 통합기구를 설치하고, 위 통합기구에서 긴급상황에 대한 책임을 지고 문제를 해결하는 방식을 말한다. 현재 우리나라의 위기관리 컨트롤타워는 청와대의 국가안보실이다. 과거의 매뉴얼 등에는 국가안보실과 대통령 비서실의 기능이 명확하지 않아 책임이 약화되고 업무의 혼선이 있어 문제점으로 지적되었다. 또한 긴급신고번호를 통합·단순화하고 신고 출동 단계에서부터 유관기간간의 공동 출동도 가능토록 하였다.

또한 유연화된 대응방법으로 각 비상상황에 맞는 대응력을 강조하는 것도 특징이라고 할 수 있다. 2014년 4월 16일 서해상에서 발생한 '세월호 여객선 침몰사건'의 경우에 위 대형 사고를 책임지고 총괄하면서 대응할 수 있는 기구가 없어 사건 발생 초기 우왕좌왕하여 인명을 제대로 구조하지 못하고 잘못된 정보가 속출하는 등 국가위기관리의 미숙함을 전적으로 보여주었다. 현재 위기 대응을 종합적으로 대처하는 통합관리 방식을 취하고 있는 나라는 한국, 미국, 프랑스, 영국, 독일 등이다.[25]

나. 장점과 단점

통합관리 방식의 장점은 다음과 같다.

첫째, 재난 발생시 총괄적으로 자원을 동원하고 신속하게 대응할 수 있다. 재난 대응의 전반적인 권한 행사가 가능하여 효과적인 대처가 가능하고, 초기에 경력을 집중하여 피해 확산 방지가 가능하다.

둘째, 재난 현장의 등 가용 자원을 효과적으로 활용할 수 있다. 효율적인 업무 수행을 위해 해당 기관 근무자 뿐 아니라 자원봉사자 등 가용 인력의 활용성이 높다.

통합관리 방식의 단점은 다음과 같다.

---

25) 유인술, 앞의 논문, p. 158.

첫째, 하나의 기관이 조정할 수 있는 종합관리체계를 구축하는데 많은 어려움이 따른다. 각 분야의 업무를 정확하게 확인하고 효과적으로 통제할 수 있는 관리시스템의 마련이 쉽지 않다.

둘째, 부처 이기주의와 기존 조직들의 반대 가능성이 높고 업무와 책임이 과도하게 한 조직에 집중된다. 한 기관의 통합관리는 해당 기관의 권한 약화로 이어져 재난 대응의 효율성이 저해된다.[26]

3. HOLISTIC 방식

HOLISTIC 방식은 위 분산관리방식과 통합관리방식을 종합한 것으로써, 위기 상황에 대한 지역 및 전국 안전, 환경, 보건 등 유관기관의 동적 연계성과 협업을 통한 긴급 대응을 강조한다.

또한 각 기능별 협조 뿐만 아니라 공공분야와 민간분야의 공동 대응도 강조하며 민간분야의 안전, 환경, 보건 계획과 공적 재난 계획과의 연계성을 추구한다. 특히 자연재해 뿐 아니라 인적재난에 이르는 광범위한 요소를 이는 확대된 대응 자원의 파트너쉽(Extended Partnership)을 비상대응능력을 향상시키는 중요한 요인으로 본다.

위 내용을 종합하여 HOLISTIC 방식의 특징을 기술하면 각 지역 및 기능의 동적 연계성 강조, 민간 분야와 공적 계획과의 연계성 강조, 대응자원의 비상대응능력을 중요요인으로 인식 등으로 요약할 수 있다.

예로 HOLICTIC 방식은 통합관리 방식을 뛰어넘어 기관별·기능별 정보공유를 통한 협업을 강조한다. 이는 살인·폭발물 등 중요 범죄가 발생하였을 경우, 해당기관인 경찰만이 현장으로 출동하는 것이 아니라 휴대폰·인터넷·무전 등 유무선 매체를 통한 사건의 전파로 민간경비업체·택시기사 등 민간분야도 동시에 사건에 대응하는 협조관계를 구축하는 것을 말한다. 또한 공적 계획을 기안할 경우 미리 민간분야와의 공조를 전제하여 비상대응계획을 수립하는 것도 위 방식의 일환이라고 할 수 있다.

아래의 〈표-10〉은 긴급대응 방식을 요약 정리한 것이다.

---

26) 채경석, 앞의 책, pp. 39-40.

분산관리방식	통합관리방식	HOLISTIC방식
·유형별 전문성 강조 ·정형화된 대응 구조 ·대응계획의 비실용성	·대비 및 대응활동 유사성 강조 ·의사결정기구 일원화 ·통합지휘체계의 개발 ·비정형화된 대응구조 ·대응계획의 실용성	·지역 및 전국 안전·환경·보건 분야의 동적 연계성 강조 ·민간분야의 안전·환경·보건계획과 공적 재난계획과의 연계성 강조 ·확대된 대응자원의 파트너쉽을 비상 대응능력을 향상시키는 중요한 요인으로 봄

4. 소결

역사적으로 볼 때 '분산형'은 과거의 서방 선진국 등에서 운영하였던 전통적인 재난대응 시스템이라고 할 수 있다면, '통합형'은 현재의 미국과 영국 등에서 활발하게 운용 중인 시스템으로 각 기관 간의 조정과 협력을 강조한다.[27] 우리나라 또한 관계 법령 및 기관 통합을 통해 '통합형'의 긴급대응 시스템을 구축해나가고 있으나, 아직까지 '통합형'과 '분산형'의 혼용 체계라는 평가이다.[28]

아래의 〈표-11〉은 통합형과 분산형의 긴급대응 시스템의 특징을 비교한 것이다.[29]

〈표-11〉 통합형과 분산형의 긴급대응 시스템 비교

구분 \ 기능	통합형	분산형
효율성	– 재난유형의 통합관리로 신속·적절한 대응 – 지휘체계의 단일화로 중복성·과잉성 배제 가능 – 인적·물적 자원 활용의 효율 제고 – 복합재난에 대한 대처능력 향상 – 통합관리조직의 위상에 따라 효율성 상이	– 재난유형별 관리로 소관 재난에 대한 신속한 대응 가능 – 분산관리 및 대응으로 인한 복합재난에 대한 총체적 대응 곤란 – 각 부처 간 업무의 중복 및 협력 미흡 – 과잉대응 및 지휘체계의 혼선 – 인력 및 자원의 조정·통제의 어려움

---

27) 이성용 외, 앞의 보고서, p. 7.

28) 배영선 외, "통합재난관리체계 구축 및 활성화를 위한 소방공무원 의식조사 연구", 한국재난정보학회 논문집, 제10권 제1호, 2014, pp. 153-154.

29) 이성용 외, 앞의 보고서, p. 7.

신속성	– 상황의 통합관리로 신속·종합적 대응 가능 – 기관 간 협력과 업무 조정 위한 채널 필요	– 단순한 상황시 신속 대응 가능하나, 복합적 상황시 종합 대응 곤란
전문성	– 개별 재난유형에 따른 전문성 부족 – 반복적 대응활동을 통한 전문성 확보	소관 재난에 대한 전문성 확보 가능
의사결정의 적절성	– 기관 간 정보공유 통한 정확한 상황 파악 – 종합정보 판단에 따른 적절한 의사결정	– 소관 재난 경우 전문적 의사결정 가능 – 정보전달의 다원화로 복합재난에 대한 의사결정 지연 – 종합 판단 곤란에 따른 의사결정 한계 존재
학습성	– 종합적 대응의 반복으로 사고 대응 및 수습에 학습효과	– 소관 재난의 전문성 외 전체적 사고 대응 및 수습에 한계

제3절 재난관리과정과 경찰긴급대응

1. 재난관리과정

재난과 같은 긴급 상황 발생시 재난관리과정은 시간대별 진행과정을 중심으로 대략 4가지의 단계로 구분할 수 있다.[30] 재난 발생 전의 예방단계와 대비단계, 재난발생 후의 대응단계와 복구단계로 나누고 있다.

위 단계의 구분은 전술한 바와 같이 시간대별로 구분한 개념이기 때문에 긴급 상황의 돌발적인 변화에 따른 재난관리과정은 단계에 국한될 필요가 없다. 오히려 먼저 비상조치를 하고 추후에 보고를 하는 방식(先조치 後보고)을 탄력적으로 활용하여 긴급 상황에 대비해야 한다. 또한 재난관리과정은 각 단계는 상호 유기적으로 협조하며 최선의 결과를 얻기 위한 통합적 대응체계라고 발할 수 있을 것이다.

---

30) 김종욱·조영준, "과거 재난사례에 기초한 국가차원의 재난관리체계 확립방향", 한국건설관리학회지, 2010, p. 4.

<표-12> 재난관리과정의 4단계

재해 진행	↔	활동 단계	활 동 내 용
배양	↔	예방	중장기 계획, 장기위험 분석 및 위험지도 작성, 건축법 정비·제정, 재해보험, 토지이용관리, 안전관련법 제정 재해평가제도 도입
발발	↔	준비	비상작전계획, 비상경보체계 및 통합대응체계 구축 비상통신망 구축, 대응자원배분, 교육훈련 및 연습
진행	↔	대응	비상계획 가동, 재해 진압, 긴급구난, 위급상황에 대한 주민홍보 및 교육, 긴급의료 지원, 사고대책본부 가동 환자수용, 간호, 보호, 수색, 구조 및 이송, 비상대피소 설치
소멸	↔	복구	임시 life-line 구축, 잔해물 제거, 전염병 예방, 이재민 지원, 임시주거지 마련, 시설복구, 재개발 및 도시계획

출처 : 김종욱·조영준, "과거 재난사례에 기초한 국가차원의 재난관리체계 확립방향", 한국건설관리학회지, 2010, p. 4.

위의 〈표-12〉는 재난관리과정의 단계별 활동내용을 나타낸 것으로 다음과 같은 활동을 실시한다.

첫째, 예방(prevention)단계는 위험요인을 줄여서 재난 발생의 가능성을 낮추기 위한 활동을 하는 단계이다. 이 단계에서는 예방계획의 작성·재해보험 가입·안전관련법 제정 등의 활동을 한다.

둘째, 대비(preparendness)단계는 재난으로 인한 피해를 예방하거나 최소화하기 위해 필요한 사전 준비대책과 행위를 수립하고, 이를 준비하는 단계이다. 이 단계에서는 비상작전계획의 수립·비상통신망 구축·대응자원배분 및 교육훈련 등의 활동을 한다.

셋째, 대응(response)단계는 재난 발생시 즉각적이고 단시간에 대처하기 위한 단계를 말한다. 이 단계에서는 비상계획의 가동·재해의 진압·위급상황 홍보·사고대책본부 가동 등의 활동을 한다.

넷째, 복구(recovery)단계는 재난 후에 연속적 계획에 의해 원래 상태로 정상화시켜 가는 모든 활동을 하는 단계이다. 이 단계에서는 임시 생명선 구축·전염병 예방·시설복구 등의 활동을 한다.

2. 경찰긴급대응의 단계

경찰긴급대응은 일반적으로 자연적 요인에 의한 재난·재해보다 인위적 요소에 의한 범죄·사고 등이 대상이 된다. 재난관리과정은 전술한 바와 같이 시간적 흐름에 따라 예방단계·대비단계·대응단계·복구단계로 나누는 바, 각 단계별로 유기적인 관계를 맺고 있으므로 범죄에 대처하는 경찰긴급대응과 그 방식이 유사하다고 볼 수 있다. 그래서 다음에서는 재난관리과정의 각 단계에 따라 경찰의 긴급대응을 분석하였다.

가. 예방단계

경찰은 국민의 생명과 재산을 보호하는 업무를 하므로 범죄가 우선 발생하지 않도록 지역경찰에 의한 순찰 등으로 범죄예방 업무를 한다. 범죄예방 업무는 지역경찰이 주로 실시하고 있으며 순찰 뿐 아니라 방범심방·방범홍보·불심검문 등 다양한 수단을 통해 이루어지고 있다. 특히 지역경찰의 112신고처리는 범죄예방과 범인검거를 동시에 할 수 있는 종합적인 경찰활동으로 볼 수 있다.

예방단계에서는 사건 발생 전 범죄요인을 사전에 제거하거나 위 요인이 일어나지 않도록 억제하는 것도 중요하다. 교통법규 위반자들에 대한 교통단속이나 허위신고에 대한 처벌 강화 등도 예방단계에서의 경찰긴급대응이라고 할 수 있다. 또한 관내 주민들을 대상으로 수시 간담회를 실시하고, 노인 및 학생들에게 범죄예방교육을 하는 것도 범죄요인 경감활동에 포함된다고 할 것이다.

나. 대비단계

경찰긴급대응의 대비단계에서는 각종 사건에 대한 매뉴얼 교육 및 실제기동훈련(FTX)을 예로 들 수 있다. 대비는 사건이 발생했거나 발생이 임박한 경우 실제 수행해야 할 사항을 사전에 교육·훈련함으로써 신속대응을 강화하는 것을 말한다.

경찰의 경우 중요사건이 발생하였을 경우 경찰서 각 기능이 조합된 긴급현장상황반이 편성되어 현장으로 즉시 출동하여 사건에 대한 긴급대응을 실시하게 된다. 범죄의 경우는 일반적인 재난과 달리 인위적 요소에 의해 발생하는 경우가 대부분으로, 초기 수사에 실패하는 경우 사건 자체가 미궁에 빠져 범인검거 등 사건해결에 큰 어려움을 겪게 되므로 사전 대비활동이 중요하다고 할 수 있다.

경찰긴급대응의 대비활동의 예로는 각종 매뉴얼 등에 대한 교육훈련, 긴급현장상황반 등 비상대응조직의 체계적 구축, 민간 유관부서와의 상시 협조체제 구축 등으로 볼 수 있다.

다. 대응단계

범죄에 대한 대응은 경찰긴급대응의 가장 핵심적인 부분으로써 경찰의 주 임무인 국민의 생명과 신체·재산을 보호하기 위해 실시하는 일련의 활동을 말한다. 대응단계에서는 범죄가 발생했거나 발생 임박시를 기준으로 범죄로 인한 피해를 최소화하는데 목적이 있다. 그러므로 중요 사건이 발생한 경우에는 가용 가능한 경찰력을 현장으로 즉시 출동시켜 현장을 통제함과 동시에, 현장에 있는 국민들을 안전한 곳으로 대피시켜야 한다. 또한 위험구역이라고 판단되는 경우 통행제한을 실시하고 유관기관을 즉시 통보하여 행정 협조도 강구해야 한다.

경찰긴급대응은 최초 사건 발생시 신속한 경찰력의 출동, 상황관리 및 지휘, 범죄 유발요소의 수배, 협조 부서에의 전파, 관련 사건의 공조 등 다양한 대응 절차를 거치게 된다. 범죄에 대한 대응력 강화를 위해서는 긴급대응부서 근무자의 수시 교육, 중요사건 조치요령 등 관련 정보의 공유, 각종 경찰장비의 작동요령 숙달, 경찰체포술 및 호신술 등의 연습 등을 통한 부단한 노력이 필요하다.

라. 복구단계

과거의 복구활동이 피해 이전의 상태로 회복시키는 것에 초점을 맞춘 반면, 현재의 복구활동은 범죄 피해 이전보다 더 나은 상태로 발전시키는 것으로 복구활동의 개념이 확장되고 있다.[31] 범죄로 인한 피해는 신체손상 및 재물손괴 등 물리적인 피해 외에도 정신적인 트라우마의 형성 등 심리적인 피해도 동반되는 경우가 많으므로 경찰긴급대응의 복구단계에서는 피해자에 대한 보호활동이 매우 중요하다. 중요 사건의 피해자는 지방경찰청 등에 배치된 피해자 심리요원 등을 활용하여 적극적인 심리치료를 병행해야 한다.

---

31) 소방방재청, 『재난관리의 이해』, 재난대비역량센터, 2013, pp. 5-6.

또한 범죄원인에 대한 조사와 재발방지를 위한 안전대책 마련도 경찰의 범죄피해
복구단계에서 도외시 할 수 없는 부분으로, 범죄피해로 인한 개인 및 지역사회의 기
능을 재건하는데 큰 도움을 줄 수 있다.

아래의 〈표-13〉는 경찰긴급대응의 단계별 활동사항을 정리한 것이다.

〈표-13〉 경찰긴급대응의 단계별 활동사항

단계 구분	활 동 내 용
예방단계	· 교통법규 위반자에 대한 교통단속 · 허위신고자에 대한 처벌 강화 · 관내 주민 대상 정기·수시 간담회 실시 · 노인 및 학생 대상 범죄예방교육 실시
대비단계	· 각종 매뉴얼 등에 대한 교육 훈련 · 긴급현장상황반 등 긴급비상대응조직의 체계적 구축 · 민간 유관부서와의 상시 협조체제 구축
대응단계	· 긴급대응부서 근무자의 수시 교육 · 중요사건 조치요령 등 관련 정보의 공유 · 각종 경찰장비의 작동요령 숙달 · 경찰체포술 및 호신술 등의 연습
복구단계	· 피해자에 대한 심리적인 치료 병행 · 지방경찰청 배치된 피해심리요원의 적극적 활용 · 범죄원인에 대한 역추적 조사 실시 · 재발방지를 위한 안전대책 마련

제 2 편

긴급신고제도

1. 긴급신고제도의 개념

「헌법」제1조 제2항은 "대한민국의 주권은 국민에게 있고, 모든 권력은 국민으로부터 나온다"고 규정되어 있다. 또한 제10조에는 "든 국민은 인간으로서의 존엄과 가치를 가지며 행복을 추구할 권리를 가진다. 국가는 개인이 가지는 불가침의 기본적 인권을 확인하고 이를 보장할 의무를 진다"고 규정하고 있다. 위「헌법」규정에서 보는 바와 같이 국가의 의무는 국민 안전과 인권을 보장하는데 있다고 볼 수 있다. 이러한 의미에서 112와 119로 대표되는 긴급신고제도는 '국민 안전과 인권 보장'에 최우선의 노력을 기울여야 함이 마땅하다.

그러나 현재 긴급신고제도가 운영되고 있는 것을 보면 번호만이 통합되었을 뿐, 여전히 각자 다른 기관별로 운영되고 있다. 또한 비상 상황이 발생하여도 긴급신고 운영 주체 간의 정보 공유도 제대로 이뤄지고 있지 않는다고 볼 수 있다.

실례로 2010년 11월 23일 북한의 대연평도 포격 사건 발생시에 재난 주무부처인 연평면사무소와 해병대와의 정보 공유가 제 때 이뤄지지 않았다. 때문에 폭격 중에도 면사무소에서는 위 사실을 모르고 있다가 주민들에 대한 대피가 늦어졌다는 비판을 받기도 하였다. 또한 2017년 12월 21일 충북 제천 스포츠센터에서 큰 화재가 발생하여 20명이 사망하는 등 대규모 피해가 발생하였다. 그런데 이때에도 소방과 경찰간의 정보 공유가 제대로 되지 않아 화재 초기 불법주·정차 차량에 대한 조치가 부족해 굴절사다리차가 현장에 바로 배치되지 못해 진압이 늦어졌다. 더욱이 소방서장과 지휘팀장은 '2층에 요구조자가 많다'는 정보를 상황실에서 듣고도 현장 구조대원들에게 알리지 않아 피해가 더욱 커지고 말았다.[32] 일본의 경우에도 2011년 3월 후쿠시마 제1원전에서 방사능이 유출되는 사고가 발생했음에도 불구하고 부처

---

32) 조선일보, 2018. 1. 12. "현장 소방 지휘관 역량 부족… 제천 참사 키웠다", http://news.chosun.com/site/data/html_dir/2018/01/12/2018011200097.html.

간 재해정보 공유가 잘 되지 않아 대응이 늦어져 지역 주민들이 심각한 피해를 입고 주변국까지 피해를 입은 사례도 있었다.

지난 2012년 수원에서 '여성납치살인사건'이 발생한 직후 언론에서는 대대적으로 긴급신고체제의 통합 운영을 요구하였고, 우선적으로 국민의 생명과 재산보호 업무를 맡고 있는 경찰과 소방의 신고체계를 통합 시행할 것을 권유하였다. 그러나 기관 간 운영 지휘권 및 상이한 업무 등으로 인한 합의가 이뤄지지 못해 국민적 열망에도 긴급신고 체계의 개편까지는 이르지 못했다. 그러다가 2014년 4월 세월호 참사가 발생한 후 신고를 제대로 처리하지 못해 구조가 늦어진 사태가 또 다시 발생하여 국민 안전처 주관으로 2016년 3월 '긴급신고 통합체계 구축사업' 착수 보고회를 시작하여 2016년 10월부터 긴급신고전화가 119·112·110으로 통합되었다.

○ 관련 언론보도(2016.3.7., 아시아경제)

【긴급신고전화, 10월부터 119·112·110으로 통합된다】

오는 10월부터 현재 21개로 산재돼 있는 전국의 각종 긴급신고 전화번호가 3개로 통합된다. 재난은 119, 범죄는 112, 기타 민원은 110으로 전화하면 된다. 2014년 4월 세월호 참사 때 단원고 학생의 최초 신고를 제대로 처리하지 못하고 구조 당국의 대응이 늦어지고 혼선을 초래했던 사태에서 교훈을 얻은 조치다.

국민안전처는 8일 오전 서울정부청사에서 '긴급신고 통합체계 구축사업' 착수 보고회를 갖고 이같이 밝힐 예정이다.

이 사업에 따라 현재 전국 15개 기관, 21개 신고전화가 긴급신고는 119(재난)와 112(범죄), 비긴급신고는 110(민원·상담)으로 각각 통합된다. 시민들은 개별 신고전화번호를 몰라도 119, 112, 110으로만 전화하면 편리하게 긴급신고 또는 민원·상담 서비스를 제공받을 수 있다. 혼란을 최소화하기 위해 기존 신고 전화 번호도 현재와 같이 병행 운영된다.

또 긴급신고 공동관리센터를 중심으로 신고 접수 단계부터 기관간 신고정보를 실시간 공유하게 된다. 신고자가 경찰, 해경, 소방서 등 신고할 때마다 반복적인 설명을 하지 않아도 신속한 공동대응이 가능해진다. 또 각 기관의 신고전화 폭주 및 시스템 장애시 비상접수가 가능해진다.

긴급신고는 각종 범죄·사고 및 재해·재난 등으로 절박한 상황에 처한 피해자 및 관련자(목격자)가 범인검거 및 피해자 구조 등의 목적으로 유무선 등 각종 통신매체를 이용하여 상황을 전파·신고하는 제도를 말한다. 즉, 긴급신고를 접수한 관련 기관(경찰 및 소방 등)은 현장에 출동요소를 신속하게 배치하고 출동하여 범인을 검거하고 피해자를 구조하거나 보호·치료하는 것을 말한다고 할 수 있다. 이런 의미에서 긴급신고제도는 범죄 및 재난으로부터 긴급히 인명과 재산을 구해내는 활동으로 볼 수 있으며 '신속성'과 '정확성'을 특성으로 한다.[33]

다음의 〈표-14〉는 주요 외국의 긴급전화 현황을 나타낸 것이다.

〈표-14〉 주요 외국의 긴급전화 현황

국가명	경찰	구급차	화재	국가명	경찰	구급차	화재
러시아	112	112	112	일본	110	119	119
미국	911	911	911	중국	110	110	110
브라질	190	192	193	캐나다	911	911	911
영국	999	999	999	프랑스	112	112	112
인도	100	102	101	호주	000	000	000

출처 : 김남진, "해양에서의 긴급구조서비스에 관한 연구", 중앙대 석사논문, 2011. p. 44.

2. 긴급신고제도의 특성

사회가 복잡하게 발전해감에 따라 다양한 유형의 범죄나 사고 등도 증가하고 있고 국민적 요구는 더욱 높아지고 있어 이를 국가 기관의 몫으로만 두기에는 한계가 있다. 결국 치안 거버넌스(public security governance)라는 민간기관과 국가기관의 협업을 통한 치안협력이 긴급신고의 대응에도 매우 필요하게 되었다.

대규모 범죄 및 재난이 발생하게 되면 국가는 긴급사태에 직면하게 된다. 개인의 생명과 재산의 보호를 떠나 사회질서 혼란에 빠지게 되므로 긴급사태에 대한 대응이 매우 중요하다. 긴급신고에 대응하는 조직은 경찰·소방 등 국가 및 지방자치단체일 수도 있고, 자율방범대·해병대전우회·무인경비업체 등 사조직일 수도 있다. 현대 범죄 및 사고는 복잡성과 다양성을 특징으로 하므로 문제 해결을 위해 필수적으로 국가 및 사조직 간의 협업을 요구하게 되고 협조에 따른 시너지 효과를 요구함으로 효율적인 긴급신고 대응을 위해 긴급신고 체계의 통합 구축을 필요로 한다.[34]

---

33) 김남진, "해양에서의 긴급구조 서비스에 관한 연구 : 해양경찰 122서비스를 중심으로", 중앙대학교 석사논문, 2011, p. 5.

34) 김남진, 앞의 논문, p. 5.

긴급신고제도의 운영은 「헌법」상 규정된 국가의 국민에 대한 의무로써 그 필요성이 있다고 할 수 있다. 국가는 국민이 편안하고 자유롭게 살아갈 수 있도록 타국으로부터 국가를 방어하고 내부 사회질서를 유지함으로써 유해세력이 자리할 수 없도록 노력해야 한다. 긴급신고제도는 사회질서유지 및 국민의 생명과 안전보호라는 큰 양대 틀 속에서 그 의미를 찾을 수 있으며, 국민에게 '범죄를 저지른 자는 반드시 처벌을 받는다'는 일반 예방적 의미를 전달하여 국민의 비범죄화에도 기능을 한다고 할 수 있다.

현재 우리나라의 공식적인 긴급신고번호는 전술한 바와 같이 2016년 10월부로 범죄는 112, 재난은 119, 민원·상담은 110으로 통합되었다. 그러나 국민들의 혼선과 불편 감소를 위해 아직까지 해양경찰의 해양범죄신고인 122와 국가정보원의 간첩신고인 111·113은 제한적으로 운용 중에 있다. 이와 같이 경찰과 소방, 해경의 긴급신고전화가 통합되면서 사건·사고에 대한 공동대응 시간이 46% 이상이나 단축되는 등 '골든타임'을 확보할 수 있게 되었다.[35] 위 긴급신고에 대한 구체적인 내용은 후술키로 한다.

그 중에서도 경찰의 112는 대표적인 긴급전화번호로써 일반 범죄·사고신고는 물론 심야시간대 및 공휴일 등 대부분의 타 부처가 업무를 하지 않을 때 매우 많은 정부 민원 등을 처리하고 있다.

소방의 경우 지난 2010년경 '고양이가 지붕 위에 있으니 구조해 달라'는 「동물구조」 신고를 접수하고 현장에 나갔던 소방관이 업무 도중 추락하여 순직하는 사건이 발생한 후, 화재진압 및 인명구조 등 소방의 고유 업무라고 판단되지 않는 사건에 대해서는 출동을 거부할 수 있는 법령을 개정[36]하여 현재에 이르고 있다. 또한 2018

---

35) 세계일보, 2018. 5. 21. "긴급전화 통합 후 대응시간 46% 단축", http://www.segye.com/newsView/20180520003175.

36) 「119구조·구급에 관한 법률 시행령」 제20조(구조·구급 요청의 거절) ① 구조대원은 법 제13조제3항에 따라 다음 각 호의 어느 하나에 해당하는 경우에는 구조출동 요청을 거절할 수 있다. 다만, 다른 수단으로 조치하는 것이 불가능한 경우에는 그러하지 아니하다.
   1. 단순 문 개방의 요청을 받은 경우
   2. 시설물에 대한 단순 안전조치 및 장애물 단순 제거의 요청을 받은 경우
   3. 동물의 단순 처리·포획·구조 요청을 받은 경우
   4. 그 밖에 주민생활 불편해소 차원의 단순 민원 등 구조활동의 필요성이 없다고 인정되는 경우
   ② 구급대원은 법 제13조제3항에 따라 구급대상자가 다음 각 호의 어느 하나에 해당하는 비응급환자인 경우에는 구급출동 요청을 거절할 수 있다. 이 경우 구급대원은 구급대상자의 병력·증상 및 주변 상황을 종합적으로 평가하여 구급대상자의 응급 여부를 판단하여야 한다.
   1. 단순 치통환자
   2. 단순 감기환자. 다만, 섭씨 38도 이상의 고열 또는 호흡곤란이 있는 경우는 제외한다.
   3. 혈압 등 생체징후가 안정된 타박상 환자

년 3월경 '개 포획 요청' 신고를 받고 출동했다가 추돌사고로 소방관 및 교육생 2명이 사망한 후에는 소방청에서 비긴급 상황시 출동을 거부할 수 있는 이른바 '비긴급 생활안전 출동 거절 세부기준'[37]을 마련하여 일선에 하달하였다.[38]

그러나 경찰의 경우는 업무 구분 없이 112신고가 들어오면 우선적으로 현장에 출동하여 확인하는 단계를 거치고 있다. 그러므로 경력의 운용이 비효율적으로 운용되고 있음은 물론이고, 경찰의 고유 업무인 범죄 진압 및 예방에 최선을 다할 수 없는 환경에 있다고 할 수 있다. 또한 소방이 신고 접수 내용으로 위험도 등을 분석하여 출동의 한계를 설정하여 경찰에 과도한 '공동대응'을 요청하는 탓에 경찰의 신고 접수 건수가 더욱 늘어나고 있다는 일선 현장의 불만도 가중되고 있다.

〈표-15〉 긴급신고제도의 분류

구분	긴급신고번호	업무내용	기관
최광의	112	일반 범죄·사고, 대민서비스, 정부 민원	경찰
광의	119	화재 진압, 응급구호·구조 등	소방
협의	111 · 122	간첩, 해양범죄	국정원 · 해경

출처 : 박종철, "긴급신고의 효율적인 대응체제 구축에 관한 연구", 자치경찰연구, 7(1), 2014. p. 183.

위의 〈표-15〉는 긴급신고제도의 분류를 나타낸 것이다. 경찰의 112신고는 일반 범죄·사고 신고를 비롯하여 대민서비스 업무 및 각종 정부 민원을 취급하고 있으며, 소방의 119신고는 화재 진압 및 응급구호·구호 업무를, 국정원의 111신고는 간첩업무, 해경의 122신고는 해양범죄를 담당한다. 위의 내용을 종합해 볼 때, 긴급신

---

4. 술에 취한 사람. 다만, 강한 자극에도 의식이 회복되지 아니하거나 외상이 있는 경우는 제외한다.
5. 만성질환자로서 검진 또는 입원 목적의 이송 요청자
6. 단순 열상(裂傷) 또는 찰과상(擦過傷)으로 지속적인 출혈이 없는 외상환자
7. 병원 간 이송 또는 자택으로의 이송 요청자. 다만, 의사가 동승한 응급환자의 병원 간 이송은 제외한다.
③ 구조·구급대원은 법 제2조제1호에 따른 요구조자(이하 "요구조자"라 한다) 또는 응급환자가 구조·구급대원에게 폭력을 행사하는 등 구조·구급활동을 방해하는 경우에는 구조·구급활동을 거절할 수 있다.

37) 비긴급 생활안전출동 거절기준은 크게 3가지로 구분하였다. 첫 번째 상황별 기준은 출동상황을 긴급· 잠재긴급· 비긴급 등 3 가지로 구분해 긴급은 소방관서 즉시 출동, 잠재긴급은 소방관서나 유관기관 출동, 비긴급은 유관기관, 민간이 출동하도록 하는 생활안전 출동의 전반적인 개념을 정립하였다. 두 번째 유형별 출동기준은 벌집제거, 동물포획, 잠금장치개방 등과 같이 각 유형별 특징에 따른 출동기준을 마련했다. 세번째 출동대별 기준은 119구조대, 안전센터· 생활안전대 등 출동부서의 특성에 따라 기준을 정했다; 프라임경제, 2018. 3. 28, "소방청, 비긴급 생활안전출동 거절 세부기준 마련", http://www.newsprime.co.kr/news/article.html?no=411325

38) 정책브리핑, 2018. 3. 29. "비긴급 생활안전 거절 세부기준 마련", http://www.korea.kr/briefing/pressReleaseView.do?newsId=156289751.

고제도 중 경찰의 112신고는 다른 기관에서 운영 중인 신고번호보다 포괄적이고 광의적인 업무를 수행한다고 해석할 수 있다. 그리고 소방의 119신고는 광의의 긴급신고제도로, 해양경찰의 122신고는 협의의 긴급신고제도라고 할 수 있을 것이다.

제2절 우리나라의 긴급신고제도 운영 현황

1. 경찰의 112신고제도

가. 의의 및 역사

112신고란 '범죄피해자 또는 범죄를 인지한 자가 유·무선전화, 문자메시지 등 다양한 통신수단을 활용하여 특수전화번호인 112로 신속한 경찰력의 발동을 요청하는 것'을 말한다.[39] 또한 112신고제도는 대표적인 긴급 범죄신고 번호로써 각종 사건·사고를 접수하고 처리하는 일련의 과정에서 C3 개념을 통합하고 체계화하여 경찰 통신망과 첨단 정보화 기술을 통해 경찰 출동 요소를 신속히 현장에 배치하여 필요 조치를 지휘하고 현장상황을 유지하기 위해 통제하는 등 사건 초등 대응 시간을 최소화하는 긴급신고 대응 시스템을 말한다.[40]

112신고제도는 각종 범죄 상황에 노출된 국민을 보호하기 위해 1957년 9월 당시 경찰청 방범국에서 '일일이 신고하자'는 의미로 만들어지게 되었다. 1958년 8월에는 112 비상전화를 전국으로 확대하였으며, 1990년 11월 C3 제도를 '112' 체계로 명칭을 바꾸었다. 2005년 7월에는 112운영 시스템을 개선하기 위해 전자상황판 교체 등 112순찰차 신속배치시스템(IDS)을 구축하였다. 이 후 2012년 5월 치안상황실과 112신고센터를 통합하여 112종합상황실을 신설하였다.[41] 2012년 5월 14일에 「위치정보의 보호 및 이용 등에 관한 법률」이 개정되어 경찰에서도 긴급구조를 위한 개인의 위치정보 조회를 할 수 있는 권한이 부여되었다. 또한 경찰의 긴급대응 역량 고도화를 위해서 2019년 2월 26일자로 경찰청에 '치안상황관리관실'이 신설되어 전국의

---

39) 「112신고센터 운영 및 신고처리 규칙」 제3조 제1항.

40) 경찰교육원, 『112신고센터운용요원과정』, 2010, p. 21.

41) 박종철, "강력사건 대응력 강화를 위한 112신고제도 개선방안 연구", 경찰학연구 제36호, 2013, pp. 80−81.

112신고와 치안·재난 상황을 총괄할 수 있도록 조직을 개편하였다.

나. 운영 형태

경찰의 112신고는 신고접수 체계에 따라 개별 접수형·권역 접수형·통합 접수형 등으로 구분할 수 있다.[42]

첫째, 개별 접수형은 신고자가 위치한 지역의 각 경찰서에서 직접 신고를 접수하여 출동 지령을 하는 것을 말한다. 긴급신고제도 초기 형태의 접수 방식으로 현재 위와 같은 방식의 접수형태는 없다. 통상 경찰관이 신고자가 위치한 장소를 관할하므로 신고 접수의 오류가 거의 발생치 않으나, 신고정보의 공유 및 광역적 처리가 매워 어렵다고 할 수 있다.

둘째, 권역 접수형은 3~4개의 경찰서를 묶은 후, 중심경찰서를 지정하고 중심경찰서에서 신고를 접수한 후 신고자가 위치한 지역의 경찰서에서 출동 지령을 하는 것을 말한다. 지방경찰청 단위에서 긴급신고를 일괄적으로 접수하기 이전 단계의 신고 접수 방식이다. 위와 같은 형태는 신고 접수와 처리 경찰서가 다른 경우에 신고 접수 후 하달되기까지의 시간이 소요되므로, 중대한 사건 발생시 경찰의 대응이 늦어지는 상황이 발생한다.

셋째, 통합 접수형은 지방경찰청에서 모든 신고를 접수하고 이를 해당 경찰서에 하달한 후에 출동 지령을 하는 것을 말한다. 위 형태는 현재 전국의 모든 지방경찰청에서 긴급신고를 접수하는 방식으로, 2013년 9월 전국 표준화 사업이 마무리되었다. 위와 같은 접수 방식은 신고 장소에 대한 오류의 가능성이 높다는 단점을 가지나, 접수 경찰관에 대한 표준적인 교육과 평가를 통해 업무능력의 전국적인 향상을 도모할 수 있다는 장점을 가진다. 또한 신고 정보의 신속한 공유와 광역적 사건의 처리에 매우 유용하다.

아래의 〈표-16〉은 경찰의 신고접수 형태를 유형별로 정리한 것이다.

---

42) 「119구조·구급에관한법률」 제1조 제1항.

<표-16> 경찰의 신고접수 유형

신고접수 유형	구체적 내용
개별 접수형	신고자 위치 경찰서에서 직접 신고 접수, 출동 지령
권역 접수형	3~4개 권역을 묶어 중심경찰서에서 신고 접수, 해당 경찰서에서 출동 지령
통합 접수형	지방경찰청에서 모든 신고 접수, 해당 경찰서에서 출동 지령

다. 특징

경찰의 112는 지방경찰청의 접수요원과 경찰서의 지령요원이 별도로 신고에 대해 조치를 하고 있다. 즉, 접수요원이 신고내용과 위험도를 자체적으로 판단하여 신고를 접수하면 이에 따라 지령요원의 경력 활용을 통한 신고처리를 하는 방식을 취한다. 또한 중요사건에 대해서는 지방경찰청의 종합지령대에서 관여를 하기도 하나 대부분의 경우 관할 경찰서에서 자체 지령을 통해 사건을 처리한다. 또한 긴급신고에 방해가 되지 않도록 일반 상담·민원신고 번호인 182를 운영하는 것도 특색이다.

2. 소방의 119신고제도

가. 의의 및 역사

대표적인 긴급 화재·구조 신고번호인 119신고제도는 화재·가스폭발 등 인위적인 재난은 물론 풍·수·설해 등 자연재해 및 응급구조·구호업무에 신속히 대응하여 국민의 생명과 재산을 보호하는 제도를 말한다. 화재신고번호로 119는 1935년 10월 1일로 경성중앙전화국 전화교환방식이 자동식으로 바뀌면서 처음 사용하게 되었다. 그러나 통신의 저발전 등으로 1945년 광복 이후부터 1980년대까지 '화재감시용 망루'를 이용하여 육안으로 화재를 확인하였다.

119 소방통신망은 1976년 내무부에 소방국이 발족하면서 처음 제정되었고, 1991년 서울소방본부에서 '소방지령 전산화 사업계획'을 추진하여 소방전산화가 시작되었다. 그리고 1996년 행정자치부 주관으로 '긴급구조시스템 기본계획'을 수립하여 119신고 접수체계를 한국통신 전화번호 DB와 연계한 「119 신고자 위치정보시스템」을 사업과제로 선정하였다. 이로써 119 신고자의 위치를 자동적으로 파악할 수 있는

제도적 기반이 마련되어 소방의 신속출동 서비스 기반이 마련되었다.

또한 1999년에는 '긴급구조·국가안전관리정보시스템 통합정보화 계획'에 따라 「소방표준 지령시스템」을 구축하였고, 2002년에는 전국의 화재·구급·구조 등 현장 활동 보고용 통계 DB와 소방대상물 자료 등의 「예방정보시스템」을 구축하여 웹(Web)을 통해 관리 자동화하여 기존 긴급상황정보의 유통체계를 개선하였다.[43] 위 예방정보시스템은 각종 신고접수부터 지령, 상황관제, 조사, 보고에 이르기까지 긴급대응과 관련한 일련의 상황 등을 실시간으로 입력·조회 및 통계처리할 수 있게 되었다.[44] 이와 같은 업무 정보의 자동화로 기존 문서 또는 팩스를 통해 진행되던 긴급상황에 대한 정보 유통이 개선되었다.

소방의 119구급대는 1970년대 미국의 잉여 앰뷸런스를 인수받아 화재현장의 응급환자를 이송하는 것을 시작으로 1980년 10월 이후 대전·부산·서울 순으로 구급업무를 수행하였다. 1982년 국민에 대한 봉사의 일환으로 야간 응급환자 이송업무를 시범 운영하였으며, 서울과 인천에 119구급대를 창설하여 오다가 1983년 12월 구급을 소방기본업무로 법제화하였다.[45]

나. 운영 형태

소방의 119 상황실 운영 형태는 각종 상황실 기능의 통합여부에 따라 완전통합형·단일통합·흡수통합형으로 구분할 수 있다.[46]

첫째, 완전통합 형태의 시도는 서울·충남·제주 등으로 119신고 기능·재난상황실 기능·산불상황실 기능을 완전 통합 운영하는 것이다.

둘째, 단일통합 형태의 시도는 대구·인천·광주·대전·울산 등으로 이는 기초 또는 광역 상황실을 단일 상황실로 통합하여 재난 종합상황실이 별도 운영되고 있는 것이다.

셋째, 흡수통합 형태의 시도는 경기도 등으로 소방본부에서 재난종합상황실을 흡수 통합하여 운영하고 각 소방서별로 119신고 상황실을 별도로 운영하는 것이다.

---

43) 유영문, "유비쿼터스 기반의 119신고시스템 발전 방안에 관한 연구", 경기대학교 석사논문, 2010, pp. 12-13.

44) 이성용 외, 앞의 보고서, p. 41.

45) 이지예, "119구급대의 운영방안 개선에 관한 고찰", 공주대학교 석사논문, 2009, pp. 13-14.

46) 유영문, 앞의 논문, p. 13.

아래의 〈표－17〉은 119상황실 운영 형태를 정리한 것이다.

〈표-17〉 119상황실 운영 형태

운영 형태	구체적 내용
완전통합형	119신고 · 재난상황실 · 산불상황실 기능 완전 통합 운영
단일통합형	단일 상황실로 통합, 재난종합상황실 별도 운영
흡수통합형	소방본부에서 재난종합상황실 흡수 통합, 119신고 상황실 별도 운영

한편, 중앙 119구조본부는 중앙 119구조단장을 중심으로 119구조상황실·기획협력과·특수구조훈련과·특수장비항공팀·임명구조견센터 등 총 5과(팀)으로 구성되어 있다. 그 외 수도권·영남·호남·충청강원 등 4개 지역의 119특수구조대와 시흥·구미·익산·서산·울산·여수 등 6곳의 화학구조센터 등도 운영 중이다. 2018년 3월 31일 기준 소방청 통계에 의하면 소방서는 215개소, 119안전센터는 1,029개소, 구조대는 224개소, 구급대 1,038개소, 119지역대는 417개소 등 전국적으로 소방관서가 2,975개소가 운영 중이다.[47]

소방의 긴급구조시스템은 크게 지령운영·지령관제·GIS·정보지원·통계관리·시스템 관리 등 여섯 개 부분으로 구성되어 있다. 소방의 신고 체계는 기존 전화 접수 후 소방서에 출동 지령하는 단계, 즉 각 지역 소방서로 개별 접수되는 지역수보 방식에서 현재는 소방본부를 통해 통합적으로 접수하고 지령시스템으로 각 소방서에 출동지령을 하는 통합수보의 방식으로 바뀌었다.[48]

다. 특징

소방의 119는 화재, 구조, 구급, 위치추적, 생활안전, 기존의 긴급신고번호 14개의 번호 통합을 통한 신고확대 등 6개 유형 및 사고에 대해서는 소방 경력이 자동적으로 편성되어 출동되거나 접수요원이 출동 지령을 내리는 방식을 취한다. 또한 소방본부에서 직접 신고를 접수함과 동시에 관할 소방서로 출동 지령을 할 수도 있다. 특히, 기존의 14개 긴급신고번호로 접수되는 신고를 연계 접수하여 해당 기관에 이

---

47) 소방청, 『소방청 통계연보』, 2018, p. 15.

48) 김남진, 앞의 논문, p. 27.

첩하거나 또는 위급한 경우 공동으로 대처하고 있는 것이 특징이다.[49]

3. 해경의 122신고제도

가. 의의 및 역사

대표적인 긴급 해양범죄 신고번호인 122는 해양에서 일어나는 각종 조난·오염 사고 등 긴급한 사항에 능동적으로 대처하기 위한 제도이다. 122 해양경찰구조대 는「수난구호법」제9조에 따라 구조대의 조직운영·교육훈련·수색구조 활동·장비 운용 등 운영에 필요한 사항을 규정하고 있다.[50]

해양경찰청은 기존의 13개 해양경찰서에서 각각 신고를 접수하던 신고방식을 개 선하여 2007년 7월부터 '122 상황관제 신고접수시스템'을 구축하여 모든 해양범죄 신고를 122로 통합하였다. 또한 정보통신부와 협조하여 「위치정보의 보호 및 이용 등에 관한 법률」을 개정하여 112로 신고 되는 모든 전화에 대해 발신자 주소가 확 인 가능토록 하였으며, 해양사고에 한해 자동시스템을 통한 이동통신사에 위치정보 를 확인할 수 있도록 하였다. 해양경찰청 122 신고 위치정보 확인 요청의 요건은 '생명·신체에 급박한 위험이 있는 사고의 경우에 해양사고를 당하거나, 해양사고를 목격한 개인의 경우'로 범위를 한정하였다. 이는 긴급한 경우에 경찰에 112신고를 하면 제3자 위치추적이 가능한 것에 비해 그 요건이 매우 엄격하고 한정된다고 할 수 있다.[51]

특히 '항공기 위치정보시스템'을 구축하여 선박 자동 식별장치를 통해 항공기에서 선박에 대한 각종 정보를 항공기 모니터 상에서 실시간 확인할 수 있도록 하여 유관 기간과의 정보 교류가 가능토록 하였다.[52] 이는 해상사고 등의 상황정보가 실시간으 로 모니터를 통해 전달됨으로써 해경의 출동과 구조가 보다 신속하게 이뤄질 수 있 는 토대가 되었다.

---

49) 이성용 외 4명, "긴급신고 통합방안 연구용역", 계명대학교 산학협력단, 2014, p. 52.

50) 「122 해양경찰구조대 운영규칙」 제1조 제1항

51) 박종철, 앞의 논문, p. 189.

52) 김남진, 앞의 논문, p. 21.

나. 운영 형태

122신고의 수난구호 체계는 중앙구조본부장을 중심으로 광역 및 지역 구조본부를 두고 광역구난조정관과 지역 구난담당관으로 나뉘어지며, 그 아래 조정·통제반과 홍보반을 두어 업무에 대한 조정과 홍보를 맡게 하였다. 또한 지역수난구호 대책위원회를 광역·지역구조본부 아래 두어 지역수난구호 관련 법률·보상 등 각종 심의를 하게 하였다.

실질적 업무부서는 구조대응반·국제협력반·구호대책반·보급지원반·정보수사반·민간구조대 관리반 등으로 나누어 볼 수 있으며, 구조대는 수색구조반·수송반·지원반으로 구분되어 운영 중이다. 수색구조반은 항공경비함정·122구조대, 수송반은 항공·경비함정·지원선박, 지원반은 지원항공기·지원선박이 소속되어 있다.[53]

다. 특징

해경의 112 신고 접수는 긴급신고번호인 122 외에 선박 무선망(VHF) 및 위성통신(GPS) 등을 이용하고 있다. 기존의 해경은 접수요원과 지령요원의 별도 구분이 없이 상호 논의를 통해서 신고를 접수 후에 신고장소 관할의 해양경찰서에서 출동하는 방식을 취하였다.[54] 일반적으로 접수 관할 해양경찰서에서 지령을 하나, 중요사건이나 해양경찰서 간의 조정 및 대응이 필요한 경우에는 지방해양경찰서에서 신고를 지령한다.

해경은 2017년 12월 발생한 영흥도 해상 사고[55] 이후 신고 대응력 강화를 위해 2018년 9월부터 모든 신고를 지방해양경찰청에서 접수하도록 신고 전화 체계를 전격적으로 개편하였다. 기존 19개 해양경찰서에서 사고 접수와 상황 대응까지 모두 처리하면서 발생했던 혼선을 줄이기 위해서이다. 또한 해양사고가 119나 112로 접수되는 경우에도 즉시 지방해양경찰청 상황실로 신고가 연결되도록 하였다. 동시에 신고 접수되는 모든 상황이 일선 해양경찰서와 구조대에도 전파된다. 또한 '신고 공청시스템'도 구축하여 상황실 근무자 뿐만 아니라 구조 현장의 근무자도 신고 내용

---

53) 김남진, 앞의 논문, p. 21.

54) 이성용 외 4명, 앞의 논문, p. 52.

55) 인천 영흥도 선창 1호 전복사고는 2017년 12월 3일 낚싯배 선창 1호와 급유선 명진 15호가 충돌하여 낚싯배가 전복되어 발생한 사고이다. 이 사고로 15명이 사망하였으며, 7명이 부상을 입었다. 해양경찰의 부실한 대응이 사고 피해를 키웠다는 비판이 제기되었다(https://ko.wikipedia.org, 2019.1.15. 검색).

을 실시간 파악하여 대응의 전문성을 높였다.[56]

4. 무인민간경비제도

가. 의의

민간 무인경비시스템은 무인기계경비를 경비대상 시설에 설치한 기기에 의하나 감지, 송수신된 정보를 그 경비대상 시설 외의 장소에 설치한 과제시설의 기기로 수신하여 도난·화재 등 위험발생을 방지하는 업무로 정의하고 있다.[57]

무인경비시스템은 전술한 국가긴급신고제도와 달리 비공공재의 성격으로 개인이 직접 비용을 지불하고 생명과 재산의 안전을 보호받는 것을 말한다. 위 무인경비시스템은 기존 국가긴급시스템보다 인력 및 장비 면에서 보다 효율적으로 운용되고 있으며 어떤 면에서는 이미 범죄 및 화재 등에 대응하는 국가의 시스템보다 앞서 있다고 평가되기도 한다.

이미 국내에도 많은 무인경비시스템을 이용한 경비의 비율이 매우 빠르게 늘어나고 있는데, 그 이유는 인력을 활용한 경비보다 비용 대비 효과면에서 매우 우수하기 때문이다. 또한 무인경비시스템은 경비 사각지역 부분에 CCTV 등을 추가적으로 설치하고 관제센터에서 24시간 모니터링하는 형식으로 운용되고 있기 때문에 관계자가 아닌 사람이 침입 시 이를 바로 제어할 수 있는 특징도 가진다.

특히 무인경비시스템은 민간 경찰의 특성도 가지는데, 침입신고 접수시 경찰 112에 신고를 하고 동시에 상황실에서 해당 구역 순찰차를 현장으로 긴급하게 출동시켜 범죄여부를 확인하고 필요시 범인을 검거하여 경찰관에게 인계하는 역할이 바로 그것이다. 이렇듯 오늘날 무인경비시스템은 국가의 독점 사업이었던 치안분야에 있어서 경찰을 대신하여 범죄를 예방하는 중요한 역할을 하고 있다.

나. 역사

민간경비는 1960년대 초 미8군 부대의 경비를 담당하면서 시작되었고, 1976년 「용역경비업법」이 제정되면서 본격적으로 발전하기 시작했다. 이후 경제성장과 더

---

56) 소방청 소방뉴스, "해경 긴급신고 전화 접수... 일선서 → 지방청으로 통합", https://www.nfa.go.kr/nfa/news/firenews/disasterNews/?mode=view&cntId=1472.

57) 최석배, "USN을 이용한 무인기계경비 시스템 구현에 관한 연구", 광운대학교 석사논문, 2007, p. 14.

불어 10여 개에 불과하던 경비업체는 1986년 아시안게임과 1988년 서울올림픽, 2002년 한일월드컵, G20·G50 국제회의, 2012년 여수엑스포 등 각종 국제행사를 치르면서 급성장하여 2018년에는 4,542개 업체에 158,020명의 경비원이 종사하고 있는 것으로 나타났다.[58] 질적인 면에서도 인력위주의 단순 경비에서 첨단장비 및 기술을 이용한 복합적인 형태로 발전했다.

특히, 2014년 인천아시안게임 등 대형 국제행사 유치에 따라 과거 경찰 위주의 국제행사 경호경비에 민간경비의 참여가 확대되어 민간경비 산업이 크게 기여한 바 있으며, 2018년 평창동계올림픽을 통해서 민간경비가 한 단계 더 진보하는 발전 계기가 되었다.[59]

다. 운영 형태

무인경비시스템은 1981년 우리나라에 도입되어 짧은 기간에 많은 성장을 거듭했으며 범죄예방은 물론 비상통보·설비이상·구급 구조·가스누출감시 등 그 분야도 매우 넓어졌다.

1980년대 초반은 무인경비시스템이 처음 도입되던 시대로 이때는 방범서비스와 같은 단순한 업무만 제공되었으며, 가입자 층도 은행·귀금속점·전당포 등으로 국한되어 운영되었다. 이후 지속된 연구개발 등으로 무인경비는 크게 발전하여 기존 단순히 신호를 보내던 수준에서 감지된 신호를 중앙관제센터에서 현장 상황을 실시간 분석할 수 있게 되었다.

또한 1995년 인터넷 등의 통신 기술 발전, 첨단 보안기기 개발 등으로 무인경비시스템은 더욱 큰 성장을 거두었고 은행 등의 사업장을 넘어서 아파트와 주택에까지 범위를 확장하게 되었다. 단, 양적성장에 비추어 질적 성장이 부족하다는 비판이 있으므로 이를 보완하기 위한 법률적 정비 및 다양한 제도적 개선이 요구된다.

현재 우리나라의 무인경비 업체는 에스원(SI), 캡스(ADT), KT텔레캅, KSC, SOK 등 5개 기업이 무인경비 전체시장의 약 95% 이상을 차지하는 상황이다.[60] 고객의

---

58) 2018년 현재 경비업체의 법인 총 수는 4,542개로, 2013년(4,062개) 대비하여 480개의 경비업체가 증가함을 보여주고 있다. 또한 1개 법인이 2개 이상의 업종을 영업할 수 있어 2018년 경비업체 업종 총 수는 5,461개이며, 시설경비가 4,528개로 가장 많고, 신변보호가 600개, 기계경비가 149개, 특수경비가 143개, 호송경비가 41개 순이다.

59) 경찰청, 앞의 책, p. 104.

60) 최석배, 앞의 논문, p. 17.

다양성 및 분야의 광역성 등으로 무인경비시스템은 지속적으로 발전할 것으로 보이며, 유비쿼터스 시대의 도래와 초고속 인터넷의 확산 등으로 향후 상당 분야의 범죄 예방 부분을 담당할 것으로 판단된다.

다음의 〈표−18〉은 긴급신고별 운영상의 특징을 요약하여 나타낸 것이다.

〈표-18〉 긴급신고별 운영상 특징 요약

구 분	112	119	122	무인민간경비
접수	·지방경찰청에서 신고 일괄 접수 ·신고 접수요원의 별도 선발 및 관리 ·신고의 위험도 평가(코드 분류) ·별도 민원상담전화 (182) 운영	·119 외 14개 긴급 신고의 연계 접수 ·소방본부에서 신고 일괄 접수 ·6개 유형 및 사고에 대해 소방력 자동 편성	·신고 접수요원의 별도 관리 ·지방해양경찰청에서 모든 신고를 일괄 접수 ·112 외 선박무선(VHF), 위성 통신(GPS) 신고 접수 가능	·중앙관제센터에서 경비시설 센서 감지 신호 분석 ·24시간 시설 모니터링 관제
지령	·관할 경찰서 자체 지령 ·중요사건시 지방경찰청 종합 지령대 관여	·관할 소방서 자체 지령 ·6개 유형 및 사고시 소방본부 접수요원 직접 지령	·관할 해양경찰서 자체 지령 ·중요사건 및 해양경찰서간 조정·대응 필요시 지방경찰청 지령	·중앙관제센터에서 현장요원 출동 지령 ·범죄 관련시 112 등 자동 통보

출처 : 이성용 외 4명, "긴급신고 통합방안 연구용역", 계명대 산학협력단, 2014, p. 52.(저자가 요약 재정리).

제3절 외국의 긴급신고제도 분석

1. 미국의 긴급신고제도

가. 연혁

현재 미국 뿐만 아니라 북미 지역 등에서 사용되는 긴급신고는 911이다.[61] 911 긴급신고제도가 도입되기 이전, 경찰 및 소방 등 각 대응 기관에서는 지역마다 서로 다른 신고번호를 사용하였다. 예로 소방서에서는 "FIRE"라는 스펠링을 나타내는

---

61) 이성용 외 4명, 앞의 보고서, p. 140.

"3473"이라는 번호를 주로 사용하였고, 경찰에서는 관할에 따라 서로 다른 약 50개의 긴급신고번호가 사용되었다. 위와 같이 상이한 긴급신고 체계의 문제점을 해결하기 위해 1957년에 "전미(全美) 소방서장협회(National Association of Fire Chiefs)"에서는 화재신고 번호를 하나로 통일하자는 제안을 하였다.

이후 경찰 등 각 긴급대응 기관에서도 긴급신고 번호를 단일화하자는 주장이 계속 제기되었으며, 1967년 "법집행 및 사법행정에 관한 대통령위원회(the President's Commission on Law Enforcement and Administration of Justice)"에서는 모든 긴급상황에서 단일 신고번호를 사용하도록 공식적으로 제안하였다.[62]

아래의 〈표-19〉는 위원회의 권고사항의 일부를 나타낸 것이다.

〈표-19〉 미국 법집행 및 사법행정에 관한 대통령위원회 권고사항

Wherever practical, a single police telephone number should be established, at least within a metropolitan area and eventually over the entire United States …….

출처 : 이성용 외 4명, 앞의 보고서. p. 141.

위 권고사항은 연방 및 지방정부에서 큰 지지를 받게 되었고, 이후 대통령 직속 "시민폭동에 관한 전미(全美) 자문위원회(National Advisory Commission on Civil Disorders)"에서는 연방통신위원회에 위와 같은 긴급신고 번호의 통합을 요구하였다. 이에 따라 "미국 연방통신위원회(FCC)"에서는 1967년 11월 미국 전화통신사 AT&T와 실행에 착수하여 1968년에 미국 긴급신고 번호를 911로 최종 확정하여 제안하였다.[63] 또한 1972년 연방통신위원회에서는 911 시스템의 전국적인 시행을 강력히 요구하였고, 이에 따라 "연방정보센터(Federal Information Center)"가 설립되었다. 현재 911 시스템의 대응기관은 경찰, 소방·구급대, 해안경비대로 구성되어 있다.

나. 911 긴급신고센터

911 긴급신고는 최초 "공공안전접수대(PSAP, Public Safety Answering Point)"에

---

62) 이성용 외 4명, 앞의 보고서, P. 140.

63) 911 Dispatch 홈페이지(http://www.911dispatch.com/911/history); 이성용 외 4명, 앞의 보고서, p. 141.

서 접수한다. 2014년 8월 기준으로 약 7,300개의 공공안전접수대가 신고를 접수하며, 경찰이 주관하고 있는 접수대가 가장 많다.[64] 위의 공공안전접수대는 카운티(County) 정부에서 운영을 할 수도 있고, 소방 및 구급대 등 각 개별적인 기관에서 운용을 하는 경우도 있다. 위의 PSAP는 다양한 명칭을 가지는데, 예로 뉴욕은 공공안전접수센터(Public Safety Answering Center), 텍사스는 긴급상황센터(Houston Emergency Center), 시카고는 비상통신사무국(Chicago Office of Emergency Communication), 워싱턴 DC는 공공안전 및 배치작전센터(Public Safety and Transpotation Operation Center), 뉴저지 Bergen County는 공공안전임무센터(Public Safety Operation Center)로 불리고 있다.[65]

911 긴급신고센터는 신고의 접수(Call-taking)와 지령(배치)(Dispatching)으로 나눠지며, 이를 전담으로 담당하는 부서가 운영되고 있는 이원화된 체계로 구성되어 있다. 위와 같은 이유는 접수와 지령(배치)의 신속한 현장대응을 위해서이다. 일반적으로 신고접수는 일반 공무원이 접수요원(Call-takers)의 임무를 행하고, 신고의 지령(배치)(Dispatch Service) 업무를 경찰·소방·구급대 등 각 기관에서 대응을 한다.[66] 즉, 접수요원의 1단계(기능별·위급성) 분류를 하고, 2단계로 지령(배치)요원이 위급성에 따른 현장 인력의 배치를 수행하는 것이다. 단, 중요 상황시에는 접수요원과 지령(배치)요원이 같이 협동 업무를 할 수 있으며, 신고자와의 3자통화도 가능하다.

911의 신고 시스템은 "컴퓨터 활용 배치시스템(CAD, Computer Aided Dispatch)"으로 이뤄진다. 접수요원이 CAD에 신고자 인적사항 및 신고내용 등을 CAD에 기록하면서, 경찰·소방·구급대 중 필요한 서비스를 결정한다. 이후 접수요원의 기록이 지령(배치)요원(Dispatchers)에게 통보되며, 화면에 나타난 순찰차 등을 활용하여 신고 장소로 경력을 출동시킨다. 이때 전술한 신고자와 접수·지령요원간의 3자통화가 가능하고 신고내용을 재생하여 반복 청취할 수 있다.[67]

911 시스템의 공공안전접수대(PSAP)는 "1차 공공안전접수대"와 "2차 공공안전접

---

64) 미국 연방통신위원회 홈페이지(http://www.fcc.gov/encyclopedia/9-1-1-master-psap-registry); 이성용 외 4명, 앞의 보고서, p.142.

65) 이성용 외 4명, 앞의 보고서, p.142.

66) 이성용 외 4명, 앞의 보고서, p.142.

67) 이성용 외 4명, 앞의 보고서, pp. 143-144.

수대"로 분류될 수 있다. 구체적으로 1차 공공안전접수대는 신고 접수를 최초로 받는 시설을 의미하며, 2차 공공안전접수대는 경찰·소방 등 대응기관의 지령(배치)을 하는 시설을 말한다. 예로 경찰에서 1차 공공안전접수대를 운영하면, 소방이나 구급대는 2차 공공안전접수대를 운영하는 경우가 많다. 위와 같이 1차 공공안전접수대와 2차 공공안전접수대는 서로 물리적인 공간이 분리되어 있다. 일반적으로 경찰이 운영하는 1차 공공안전접수대는 지령(배치)을 담당하는 Dispatchers도 같이 근무를 하기 때문에 범죄와 관련한 사건인 경우에 지령이 동시에 이뤄지게 된다. 그러나 소방이나 구급대가 필요한 신고의 경우에는 대응기관이 운영하는 2차 공공안전접수대로 사건을 통보한다. 이 때의 2차 공공안전접수대의 경우도 신고접수를 받는 Call-taker가 존재하는 지역도 있으나, 통상 1차 공공안전접수대의 신고내용을 통보받아서 경력을 지령하는 경우가 대부분이다.[68]

다. 특징

미국의 경우 911제도가 국가의 대표적인 긴급신고번호이며, 국민이 범죄 및 재난 등 위급한 상황에 노출된 경우 911에 신고를 하여 국가의 도움을 받고 있다. 미국의 긴급신고의 시스템은 각 기관에서 운영 중인 우리나라와 달리 정부 및 각 주의 911국에서 긴급신고를 일괄적으로 접수받아 해당 기관에 통보하는 방식으로 운영되고 있다.

미국의 위 방식은 신고 접수 후 출동까지 한 단계 더 절차를 거친다는 단점이 있는 반면, 신고접수가 일원화되므로 접수부처에서 신고의 긴급내용을 파악하여 다수의 관계기관에 통보함으로써 보다 효과적으로 신고에 대응할 수 있는 장점을 갖는다고 할 수 있다.

미국의 긴급신고시스템이 한국과 다른 가장 큰 부분은 전술한 바와 같이 경찰·소방·응급환자 등 사안의 구분없이 모든 신고를 통합하여 접수를 받아 해당국에 통보를 하는 형식을 취한다는 점이다. 또한 911신고를 접수하는 직원들이 경찰관이 아닌 일반직 공무원인 것도 특징이며, 접수와 배치부서가 서로 다르게 이원화되어 있는 것도 상이한 점이라 할 수 있다. 이러한 접수와 배치부서를 분리하는 것은 동시 출

---

68) 이성용 외 4명, 앞의 보고서, p. 144-145.

동이 필요한 경우 신속한 대처를 할 수 있다는 점과 불필요한 절차적 낭비를 줄일 수 있다는 점이 장점이라고 할 수 있다.[69]

또한 미국의 경우에는 긴급신고인 911시스템과 별도로 비긴급신고인 311시스템을 운영 중인데, 1996년 10월 볼티모어 경찰청에서 처음으로 시작하였다. 1996년 빌 클린턴 대통령이 캘리포니아 세크라멘토 캠페인에서 위 제도를 지지함에 따라 1997년 2월 전국적으로 사용되기 시작했다.[70] 이러한 비긴급신고는 도시마다 다르게 운영되고 있는데, 뉴욕은 311번·로스엔젤레스는 877번과 311번을 혼용하고 있다.

〈그림-4〉미국의 긴급신고센터(페어팩스 카운티 911센터)

출처 : http://www.connectionnewspapers.com/news/2012/may/02/case-emergency/

2. 영국의 긴급신고제도

가. 연혁

영국의 긴급신고번호인 999는 1937년 7월 1일 영국의 런던에서 세계 최초로 사용되었다. 999가 제도화되기 전에는 국민이 직접 경찰서나 소방서에 전화를 해서 신고를 해야 하는 시스템이었다. 위와 같은 개별적인 연락의 불편함을 해소하기 위해 1927년 11월에 교환원을 통한 시스템이 개발되었다. 그러나 신고가 폭주하여 이를 감당하지 못하자 런던에 위치한 수도경찰청에서는 1934년에 'Whitehall 1212'라는 경찰 전용 긴급전화를 개설하였다. 이후에 전술한 통합 신고번호인 999가 사용되면서 1212는 민원상담 기능을 담당하게 되었다.[71]

---

69) 이정원, "112신고에 대한 경찰대응의 개선방안", 고려대학교 석사논문, 2013. p. 47.

70) 이정원, 앞의 논문, p. 184.

71) 이성용 외 4명, 앞의 논문, p. 122.

위 999 번호는 1976년에 영국의 전역에 확산이 되었으며, 1988년에는 999 신고 접수시 신고자의 주소와 전화번호가 동시에 경찰에 전송되는 시스템이 도입되었다. 또한 같은 해에 신고자의 위치정보까지 직접 전송되는 EISEC(Enhanced Information Service for Emergency Calls) 시스템이 시행되었다.[72] 또한 2004년에는 휴대폰에 대해 자동위치추적시스템이 도입되어 신고자의 위치를 보다 정확히 확인할 수 있게 되었다.

2002년 유럽연합의 지침(EU Directive 2002/22/EC)에 의해 유럽연합 대부분의 회원국은 긴급신고번호를 112로 단일화하는 것을 의무화하였다.[73] 따라서 영국을 포함한 대부분의 유럽 EU국가는 112라는 단일 유럽긴급번호를 사용한다. 단, 영국은 국민들의 불편과 혼선을 최소화하기 위해 기존 999와 현재 112를 동시에 사용하고 있다. 999와 112 신고를 동시에 접수할 수 있는 긴급통제센터(Emergency Control Centre)를 운영하는 기관은 경찰·소방·구급대·해양경비대(Her Majesty's Coast Guard) 등이다.

다음의 〈표-20〉은 영국의 긴급신고번호 999를 사용할 수 있는 긴급상황을 나타낸 것이다.

〈표-20〉 영국 999신고의 긴급상황

1. A person in immediate danger of injury or whose life is at risk
   (사람의 생명이나 신체에 임박한 위험이 있을 때)
2. Suspicion that a crime is in progress
   (범죄가 현재 발생하고 있다는 의심이 있을 때)
3. Structure on fire(화재)
4. Another serious incident which needs immediate emergency service attendance
   (경찰·소방 등 긴급대응기관의 즉각적인 출동을 필요로 하는 기타 심각한 사고)

출처 : 이성용 외 4명, 앞의 논문, p. 125.(저자가 요약 재정리)

나. 긴급통제센터(ECC)

영국의 긴급신고 대응기관은 각각 개별적인 긴급통제센터(ECC, Emergency Control

---

72) 이성용 외 4명, 앞의 논문, p. 124.

73) EENA홈페이지(http://www.eena.org/uploads/gallery/files/operations_documents/2013_07_31-112-and-the-eu-legislative-framework.pdf); 이성용 외 4명, 앞의 논문, p. 125.

Centre)를 운영하고 있다. 과거에는 긴급통제센터에 정복을 입은 경찰관이나 소방관이 근무를 하였는데, 현재는 신고 접수와 지령의 전문교육을 받은 일반직 공무원이 업무를 수행하고 있다.[74] 긴급통제센터는 신고관리시스템(CCL)을 운영하고 있으며, 기관간 협력이 필요한 상황에는 교환원이 각 대응기관에 상황을 통보한다. 만약 BT 교환원이 어느 기관에 상황을 통보할지 판단이 서지 않은 경우에는 일단 경찰 긴급 통제센터로 연결하여 처리한다.

긴급통제센터는 접수요원(Call – handler), 지령요원(Dispatcher) 그리고 이를 관리·감독하는 다수의 감독관(Supervisor), 센터장(General Manager)로 구성되어 있다. 접수요원이 교환원으로부터 사건을 인수받아 신고자로부터 사건과 관련된 내용을 구체적으로 접수한 후, 지령요원에게 사건을 전달하게 되는 과정을 거친다. 총기·인질사건 등 중요 상황 발생시는 감독관이나 센터장이 직접 사건을 지령하고 대응을 지휘한다. 긴급통제센터는 전술한 바와 같이 대응기관별로 각기 운영하고 있으며, 2010년에 지역경찰 조직 중의 하나인 Cleveland police가 긴급통제센터를 최초로 민영화하였다.[75]

다. 특징

영국 경찰은 긴급신고와 비긴급신고를 구분하고 있으며, 긴급신고는 999번·비긴급신고는 519 – 661 – 5670번으로 접수하여 운영을 하고 있다. 또한 청각장애인에 대한 별도 신고번호인 519 – 661 – 6472번을 운영함으로써 사회취약계층에 대해서도 많은 관심을 가진 것이 특징이다.

일반적으로 999번으로 신고하는 응급상황은 살인·무기소지자·소매치기·거동의심자·심각한 부상·경찰 관련·대형 교통사고·폭행·범죄의심 차량·진행형 범죄·가스(냄새)·총기(소리)·화재·폭발 등으로 구분할 수 있다. 또한 비응급상황은 재산범죄·교통불편·마약정보·소음·재물손괴 등이다.

영국은 범죄피해신고 방법에 대해서도 홈페이지를 통해 구체적으로 기술하고 있는데, 세부 내용은 다음과 같다. 첫째, 범죄피해를 당한 경우 경찰에 바로 신고를 하여 도움을 청해야 한다. 둘째, 당신이 범죄자로 의심받는 경우나 범죄자가 구내에

---

74) 이성용 외 4명, 앞의 논문, pp. 127 – 129.

75) 이성용 외 4명, 앞의 논문, p. 128.

있는 경우 현장을 즉시 떠나야 한다. 셋째, 현장 수사를 위해 집에서 아무 것도 건드리지 말아야 하며, 지문이나 DNA 등의 결정적 증거가 파괴되지 않도록 주의해야 한다. 넷째, 이웃 등에 발생 사건에 대해 알려 주어야 하며, 이는 지역 연대 의식을 강회시킨다. 다섯째, 범죄는 수사부서에 할당되며, 법의학 수사관은 지문 등 증거 수집을 위해 수사에 참여할 수 있다.

또한 교통사고 신고 방법과 재물손괴·분실·개인정보 등 각종 범죄신고 방법에 대해서도 각각의 예를 들어 설명함으로써 많은 국민들이 경찰에 대한 접근성을 높이는데 큰 도움을 주고 있다.[76]

영국 경찰은 훌리건 집단난동행위 등 긴급상황에 대비하기 위해 현장경찰관들의 증거 수집을 위해 귀에 장착하는 초소형 캠코더를 2006년부터 도입하여 운용하고 있다. 운영 초기에는 축구경기 및 축제 등에만 시범 운용되었으나, 현재는 각종 경비 긴급 상황시에도 위 캠코더를 확대 운용하여 인력운용의 효율화는 물론 공공범죄 행위를 자제하는데 크게 기여할 것으로 기대하고 있다.[77]

〈그림-5〉 영국의 긴급신고센터(Bergen County PSOC)

출처 : https://www.co.bergen.nj.us/communications/what-is-psoc

3. 독일의 긴급신고제도

가. 연혁

과거의 독일의 긴급신고 체계는 경찰(112)·소방(110)·응급의료(19222) 등 세 가

---

76) http://police.city.london.on.ca/d.aspx?s=/How_To_Report/OnlineReporting.htm; 런던경찰청(London Police Service)

77) 경찰청, 『외국의 치안동향과 범죄대응』, 2006, p. 38.

지 유형으로 나뉘어져 있었다. 신고의 접수경로가 범죄사건은 경찰신고접수센터(Polize ieinastzzentrale, PEZ)로, 화재 및 재난구조는 화재접수센터(Feuerwehreinsatzzen trale, FEZ)로, 구급업무는 응급의료접수센터(Rettungsleitstelle, RLST)가 담당하였다. 그러나 위와 같이 3원화된 긴급신고체계는 인적·기술적으로 많은 비용을 부담해야 했기 때문에 신고번호의 통합 시도가 있었다.

첫 번째로 소방과 응급의료가 통합된 "통합소방응급센터(Integrieten Feurwehr und Rettungsleitstellen, IRL)"가 만들어졌다. 두 번째로는 독일 북부와 동부의 지방 자치단체가 협약을 통해서 기존 신고체계보다 발전된 광역 단위의 "지역통합신고센 터(Integrienten Regionalleitsteellen, IRLS)"를 설치하였다. 위 센터는 "협력광역신고 센터(Kooperative Regionalleitstellen, KRLS)"로 발전하였으며, 2009년 9월 슐레스비 히−홀스타인 주를 시작으로 2010년 4월 엘름스호른, 니더작센 주의 많은 도시도 신고센터를 설치하였다. 아직까지도 위의 협력광역신고센터는 초보적인 단계에 불과 한데, 현재 600여 개가 넘는 경찰 및 소방신고접수센터 중 약 10개가 운영 중이다.[78]

다음의 〈표−21〉은 독일의 긴급신고체계의 변천을 나타낸 것이다.

〈표−21〉 독일의 긴급신고체계의 변천

모델	경찰·소방·응급의료 분리	통합소방응급센터 (IRL)	지역통합신고센터 (IRLS)	협력광역신고 센터(KRLS)
특징	대응기관의 개별 신고 접수 및 대응	소방·응급의료의 통합	소방·응급의료의 광역화	경찰·소방신고접 수센터의 통합
내용	경찰(PEZ, 110) 소방(FEZ, 112) 응급의료(RLS, 19222)	경찰(PEZ, 110) 소방·응급의료 (IRL, 112)	경찰(PEZ, 110) 소방·응급의료 (IRLS, 112, 광역)	경찰·소방신고센 터의 시설 통합 (단, 신고번호는 그대로 유지)

출처 : 이성용 외 4명, 앞의 보고서, p. 173. (저자가 요약 재정리)

나. 특징

독일의 긴급신고체계 상 경찰과 소방을 분리한 것은 각 기관의 고유한 사무에 따른 정보보호의 원리를 적용하였기 때문이다. 즉, 오랜 기간동안 유지되어 온 각 대응 기관의 업무를 존중해주고 자칫 발생할 수 있는 "소방의 경찰화(Verpolizeilchung)"

---

78) 이성용 외 4명, 앞의 보고서, pp. 171−172.

를 경계하기 위함이다. 그래서 독일은 경찰과 소방간의 신고접수센터의 통합을 추진하면서도 각 기관의 정보보호를 하면서 필요한 경우에 정보를 공유하는 제한된 의미의 통합방식을 추구하였다. 독일은 예로부터 지방자치의 전통이 매우 강한 국가이므로 아직까지도 약 600개의 신고접수센터가 통합이 아닌 개별적으로 운영되고 있다. 물론, 경찰과 소방간 신고접수센터의 통합이 이뤄지고 있으나 이는 정보공유보다 경비절감의 목적이라고 할 수 있다.[79]

2007년에 독일에서는 미국의 영향을 받아 비긴급 행정민원 신고번호인 115를 신설하였다. 이유는 자치행정의 특성이 강한 독일의 특성상 연방·지방(주)행정이 약 2만개로 복잡하게 나뉘어 있어 국민들의 불편을 초래하였기 때문이다. 독일의 115는 월요일에서 금요일(08:00~18:00)까지 운영되며, 대부분(75%)은 안내요원과의 민원상담을 통해 해결된다. 타 기관으로의 이송이나 행정민원의 경우에는 이메일, 팩스, 전화 등으로 답변을 제공해 준다.[80]

〈그림-6〉 독일 함부르크 경찰신고접수센터(Polizeieinsatzzentrale: PEZ)

출처 : https://www.polizei.hamburg/social-media-team/

4. 일본의 긴급신고제도

일본의 경찰 긴급신고번호는 '110'으로 1948년도에 일본의 6개 도시에 개설하여 현재에 이르고 있으며, 긴급신고의 근거는 「경찰통신지령에 관한 규정」이다. 일본 긴급신고제도는 경찰신고번호(110)와 상담전용전화(#9110)으로 구분되는데, 이는

---

79) 이성용 외 4명, 앞의 보고서, p. 174.

80) 이성용 외 4명, 앞의 보고서, p. 175.

우리나라의 112(긴급신고)와 117(비긴급신고, 민원신고)로 구분 운용하는 것과 같은 형태를 취하고 있다고 볼 수 있다. 긴급신고시스템을 위와 같이 구분하는 이유는 많은 시간이 소요되는 민원성 신고를 민원전용 상담원이 처리함으로써 긴급신고의 효율성을 높이고자 함이다. 휴대전화로 신고하는 경우 신고 즉시 전화번호 확인과 긴급상황이라 판단되는 경우 위치추적도 가능하며, 사전에 전화번호를 등록해 둔 경우 범죄정보를 실시간으로 전송하고 있다.[81]

일본의 해양범죄 긴급구조번호인 '118'은 해상보안청 긴급 통보용 전화번호로 2000년 5월 1일 운용을 개시하였으며, 우리 해양경찰의 긴급신고번호인 '122'보다 약 7년 앞서 운영하였다. 2007년 4월 1일 이후에는 휴대전화 신고자로부터 GPS 위치정보를 전송받는 기능이 더해져 신고자의 위치를 파악할 수 없는 해상에서 효과가 크다. 118번에 의한 정보 입수 비율을 해마다 증가하고 있으나 118 긴급신고번호에 대한 인지율이 낮아 더 많은 홍보가 필요하다고 할 수 있다.

일본의 118 운영체계를 살펴보면, 해상에서 부상자가 발생한 경우 선주 및 대리점에 연락을 하여 해상 왕진요청을 하면 해상보안기관과 해상구급센터가 상호 연락을 통해 헬리콥터와 항공기 등을 현장에 급파하여 부상자 등을 협력의료기관에 응급이송하는 절차를 거친다.[82]

특히 일본 경찰은 입국 수요가 높은 한국인의 긴급신고에 대응하기 위해 한국어가 가능한 경찰관을 배치하고 있다. 한국인 110번에 신고를 하는 경우 접수 경찰관은 경찰 통역센터 담당자나 한국어가 가능한 경찰관에게 전송하여 즉시 3자 통화가 가능하도록 하는 특징을 갖고 있다.[83]

일본(시가현 히코네시) 경찰은 관내 사건·사고 발생시 관련 상황을 경찰서 내 대형 게시판에 게재하고 즉각적인 상황전파를 통해 상황 파악력을 강화하는 「긴급통보시스템」을 도입 운영하고 있다.[84] 위 시스템은 사건 발생 즉시 담당 경찰관이 컴퓨터에 발생시간」 장소, 사건 종류, 사상자 유무 등을 입력하여 즉시 비상벨과 함께 중앙 현관에 설치된 화면에 표시되는 것이다.

일본 경찰의 긴급신고는 각 지역 경찰청 지령본부에서 신고를 접수하여 관할 경

---

81) 박원배, "112 범죄신고 제도의 개선방안에 관한 연구", 한국공안행정학회보, 제37호, 2009, p. 175.

82) 김남진, 앞의 논문, p. 28.

83) http://www.npa.go.jp/kouhousi/police-50th/languages/korean.html

84) 경찰청, 앞의 책, p. 9.

찰서에 신고를 하달하고, 이를 다시 순찰 경찰관에게 통보하여 출동하는 방식을 취한다. 경찰청 지령본부의 접수요원은 신고자의 내용을 전자펜으로 전자패드(pad)에 기록을 하여 접수를 하게 된다. 이는 일본어가 한문이 많기 때문에 컴퓨터 키보드를 통해 입력을 하는 것보다 필기로 하는 것이 더욱 신속하기 때문이다. 일본 경찰의 신고접수대는 전술한 바와 같이 전자펜으로 신고내용을 자유로이 기록할 수 있기 되어 있다.

〈그림-7〉 일본의 긴급신고센터(Tokyo Metropolitan Police Department)

출처 : http://www.keishicho.metro.tokyo.jp/foreign/graph2011/03_110.htm

2014년을 기준해 볼 때, 일본에는 경찰본부 소속의 상황실이 약 52개, 소방본부 소속의 상황실의 약 767개, 해양경찰 소속의 상황실의 약 11개 등 총 830개의 상황실이 운영되고 있다.[85]

5. 중국의 긴급신고제도

중국 경찰은 그간 위급상황 시 긴급전화로 쓰였던 '110', '119', '122'를 '110' 하나로 통합하는 '긴급신고 통합제'를 2011년 실행하여 운영 중이다. 공안부 통계에 따르면 2010년 12월까지 전국 294개 도시, 2,088개 현에서 통합 작업을 완료하였고, 2011년 상반기에 중국 전역의 긴급전화 통합 작업을 완료하였다.

그간 화재신고는 '119', 교통사고는 '122'로 신고를 분산 접수하면서 기관의 고유 업무에 충실한 효율적인 면도 있었지만, 시민들의 긴급 상황을 신고하는데 있어서 불편한 사례가 적지 않았고 인력 관리 면에서도 낭비가 많았다. 긴급신고 통합 작업

---

85) HELPNET (Dec4,2013),CurrentSituation ofAccidentEmergency CallSystem :2nd meeting of AECS-IG,Paris; 이성용 외 4명, 앞의 보고서, p. 175.

의 완료로 국민들이 위급상황 시 '110'만 누르면 경찰이 최대한 빨리 출동해 상황을 대처할 수 있도는 긴급출동 체제를 갖추었다. 공안부 통계에 따르면 2010년 1월부터 11월까지 '110'으로 접수된 신고전화는 1억2천7백만건, 경찰이 출동한 건수는 1억7천8백만건으로 사상 최고 기록을 세웠다.[86]

중국은 휴대폰 문자 메시지를 이용해 각종 범죄는 물론 위급한 상황을 신고할 수 있는 메시지 경보 시스템을 구축하였다. 위 메시지 경보 시스템 구축으로 위급한 상황을 맞아 말로 신고할 수 없는 상황이나 농아들이 휴대전화 문자 메시지를 이용해 자신의 상황을 신고할 수 있어 시민들이 위급한 상황에서 빨리 벗어날 수 있게 되었다. 메시지 경보 시스템은 주로 긴급 사건 사고가 발생했을 때 상황이 여의치 않아 말로 신고하기 힘든 경우, 농아들이 위급한 상황이나 도움이 필요할 경우, 휴대전화를 이용한 그룹별 불법 문자 메시지 전송 등에 활용할 수 있다.[87]

북경시 공안은 경제범죄 피해예방 홍보를 위해 시민들이 당하기 쉬운 경제범죄 피해사례 및 유형을 매월 언론매체를 통해 홍보하고 있고, 공안국 경제범죄공보실에 상담전화를 설치하여 피해 시민들의 제보를 접수받고 있다.[88] 또한 심천시 공안은 신고접수 및 출동을 용이하게 하기 위해 도심의 가로등에 일련번호를 새겨 이를 이용함으로써 효과적인 현장 출동을 하고 있다.

〈그림-8〉 중국의 긴급신고센터(Beijing Traffic Control Center)

출처 : http://english.people.com.cn/200704/30/eng20070430_371057.html

---

86) http://cafe.naver.com/beijinginchina/2878

87) http://www.onbao.com/news.php?code=&mode=view&num=12389; "선전시, 휴대전화 문자 메시지로 위급 상황 신고"

88) 경찰청, 앞의 책, p. 3.

6. 러시아의 긴급신고제도

러시아의 긴급신고번호는 옛 소련 시절부터 내려온 01(화재 및 재난신고), 02(범죄선고), 03(응급차 요청) 등으로 각기 상황에 따라 여러 가지의 번호로 나뉘어 운영되었다. 2010년 말부터 당시 드미트리 메드베데프 대통령 지시로 단일 긴급 전화제도 도입이 추진되었고, 2013년 초 러시아 상·하원을 통과하여 긴급상황 신고 전화를 112번으로 통합하는 내용을 담은 법안이 2013년 8월 12일 발효되어 이제 러시아에서의 긴급신고번호는 '112' 단일 번호로 통합되었다.

러시아의 주요 대도시와 9개 지역에서 112번 단일 신고전화가 도입되며 2017년까지는 러시아 대부분 지역이 이 번호로 이행할 예정이다. 긴급신고번호의 통합이 완료되기 전까지는 새로 도입된 112번 이외 기존 01·02·03 번도 함께 사용될 것이다. 또한 러시아 일부 지역에서 112 단일 번호를 시범 운영한 결과, 신고 후 출동 때까지 시간이 25%나 단축됐다는 운영성과도 나타났다. 러시아 정부는 긴급신고 통합번호의 도입으로 국민들이 더 효율적인 서비스를 제공받을 수 있을 것이라며 기대를 표시했다.[89]

〈그림-9〉 러시아의의 긴급신고센터
(Control center of the Russian Interior Ministry's Moscow City police department)

출처 : http://en.ria.ru/russia/20140520/189979383/Russian-Police-to-Spend-12Mln-on-Data-Protection.html

7. 스페인의 긴급신고제도

스페인의 통합상황실은 유럽연합(EU)의 권고에 따라 긴급 상황(범죄·소방·보건

---

89) 연합뉴스, 2013. 8. 12, "러시아, 긴급상황 신고전화 112번으로 통합"

등) 신고를 112로 통합하여 운영 중이다. 신고접수 후 처리까지 소요시간을 우리나라의 3분(180초)보다 빠른 90초를 목표로 긴급상황시 신속하게 대응하고 대국민 서비스 효율 향상시키고 있다.

112통합상황실(emergency center)은 스페인 17개주에서 운영 중이며 국가경찰, 지방경찰, 소방공무원 등이 함께 근무하고 있고 신고 접수요원을 중심으로 각 기관 파견자들을 배치하여 운영 효율성을 제고하고 있다. 일반 긴급 상황을 비롯해 특수 긴급상황을 모두 처리하고 있는데, 특히 긴급 상황시에는 군 고위 관계자 지휘 하에 단수·전기차단 등 긴급조치가 가능할 정도로 통합 대응하고 있다. 112통합상황실은 중개 역할에 중점을 두고 있으며 실질적인 상황은 경찰 및 소방 등 담당기관에서 처리하고 있다. 또한 통역서비스를 통해 약 60여개의 언어로 긴급신고에 대한 서비스를 제공하고 있다.

특히 마드리드시 자치경찰의 112통합상황실 운영 현황을 살펴보면, 하루 평균 112신고가 약 1만 5천여 건 접수되며 인력은 60명으로 8시간씩 3교대 근무를 하고 있다. 전화가 울리면 위치 정보가 지도상에 표시되며 접수 후 가장 가까운 지역 담당기관에 통보를 하게 된다. 처리 현황은 온라인 시스템으로 실시간 확인이 가능하며 단순 상담 전화는 녹음메세지로 전환하여 긴급 상황에 대비한다. 또한 사례별 조언이 필요한 경우 관련 기관 파견요원으로부터 조언을 받아 대응하고, 전문가 조언이 필요한 경우에는 3자 통화를 활용하여 문제 해결을 하고 있다. 신고 접수 내용은 녹음하여 추후 신고자 확인 및 조치방법 등에 활용하고 있다.[90]

〈그림-10〉 스페인의 긴급신고센터(Madid 112 Emergency Center)

출처 : http://www.amper.es/section.cfm?id=4&side=119&extrapage=43&lang=en

---

90) 경찰대학, "선진국의 치안정책 사례 및 112 통합서비스센터 운영방안 연구", 제28기 치안정책과정 국외연수분임 보고서, 2013, pp. 17-18.

8. 과테말라의 긴급신고제도

　　과테말라의 긴급신고번호는 110번이다. 긴급신고는 대부분 유선전화를 통해 접수가 되며, 여름 기준 1일 평균 약 60,000건이 접수가 되고 있다. 그러나 그 중 70% 이상은 장난·허위신고로 확인되고 있어 과테말라 경찰청에서는 2017년부터 허위신고 등에 대해 벌금을 부과하는 방안을 추진하고 있다.[91]

　　110번의 신고 접수는 경찰청사 내에 있는 110신고센터에서 중앙집중형으로 접수를 받고 있다. 근무인원은 관리자를 포함하여 총 60명이며, 주간(08:00~16:00, 15명)·야간(16:00~24:00, 28명)·새벽(00:00~08:00, 12명) 형태의 3교대 근무를 실시한다. 신고 접수 좌석은 총 45석이며 그 중 정상적으로 작동되는 좌석은 31석이다. 경찰청에서 110번 신고를 접수하는 형태는 1997년 7월 15일 경찰청이 탄생하면서부터 시작되었으나, 현재와 같은 중앙집중형 상황실 형태는 비교적 최근에 이르러서야 그 모습을 갖추었다. 과테말라 긴급신고체계의 특징적인 부분은 110번 신고센터가 접수대, 지령대, 감독종결대, CCTV관제실, 종합조회실의 업무가 서로 통합되지 않고 각기 개별적으로 처리되고 있다는 점이다. 처리하는 업무마다 사무실이 구분되어 있어 개별 사건에 대한 신속한 정보공유가 어려울 것으로 판단된다.[92]

　　과테말라 경찰청(Direccion Genenal Policía Nacional Civil)은 2017년부터 새로운 「110 신고통합시스템」을 운용 중이며, 약 3개월 간의 시범실시를 통해 전국 확대 보급 예정이다. 위 신고시스템은 과테말라 시티에 위치한 「14경찰서」가 시범경찰서로 지정되어 운영되었다. 신규 시스템의 특징은 신고 진행 상태를 색깔로 구분해 주는 것으로써 녹색은 현재 진행 중인 사건을, 적색은 진행 완료된 사건을 의미한다. 신고 접수 수단은 전술한 바와 같이 유선이 대부분이며, 문자메세지·동영상·인터넷신고 등은 시스템 자체가 존재하지 않아 신고를 접수할 수 없다. 110번 긴급신고센터의 운용에 필요한 업무 매뉴얼은 존재하지 않았고, 긴급신고센터 교육 또한 없는 것으로 확인되었다. 향후 110 신고 접수·지령 매뉴얼의 개발과 긴급신고센터요원을 전문화할 수 있는 교육시스템의 마련이 필요할 것이다.

　　한편, 과테말라의 긴급신고는 경찰 뿐만 아니라 검찰에서도 신고를 접수하고 있다. 경찰에 110신고를 하는 경우에는 전술한 바와 같이 경찰청 신고센터에서 접수하

---

91) 저자가 2017년 4월 과테말라 치안파견사업 중 인터뷰한 것을 재정리한 것임.

92) 박종철, "과테말라 경찰기관 방문기", 경찰복지연구, 제5권 제1호, 2017. p. 324.

여 경찰서, 파출소 순으로 하달되어 사건을 처리하는 과정을 거친다. 그러나 검찰청에 직접 신고를 하는 경우에는 검찰청에서 신고내용을 작성한 문서를 작성하여 인편을 통해 경찰에 사건을 전달하여 처리하는 과정을 거친다.

다음의 〈그림-11〉은 과테말라 경찰청 전경과 110긴급신고센터 접수석·지령석을 나타낸 것이다.

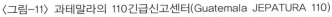

〈그림-11〉 과테말라의 110긴급신고센터(Guatemala JEPATURA 110)

출처 : 박종철, "과테말라 경찰제도에 관한 연구", 자치경찰연구, 제10권 제1호, 2017. pp. 158-159.

9. 외국의 긴급신고 체계의 시사점

위 특징을 중심으로 외국의 긴급신고 체계에 대한 비교 분석을 해보면 다음과 같은 공통점을 찾을 수 있다.

첫째, 현재 외국의 긴급신고제도는 경찰·소방·해경 등 각 기능별로 운영되고 있던 긴급신고번호를 하나의 번호로 통합하는 방식으로 변화하고 있다. 지금까지 살펴본 6개의 나라 중 미국·영국·러시아·중국 등 총 4개의 나라가 긴급신고번호를 단일화하여 통합 운영하고 있음을 알 수 있다.

둘째, 긴급 신고번호와 비긴급 신고번호를 구분하여 별도 운영함으로써 긴급신고의 대응성과 효율성을 높이고 있다. 미국 뿐 아니라 영국, 일본 등의 나라가 긴급신고와 비긴급신고를 나누어 효과적으로 대처하고 있음을 알 수 있다. 비긴급 전화는 1997년에 미국에서 시작된 311을 시작으로 하여 2006년에는 영국의 101, 2007년에는 독일의 115 등이 비긴급 전화를 운영하고 있다.

셋째, 긴급 상황 발생시에 각 기능별로 신속하고 효과적인 대처를 위해 다양한 제도를 운영하고 있다. 미국의 경우 모든 신고를 911국에서 접수하고 신고별로 해당 기능에 통보하여 출동하는 방식을 취하고, 스페인의 경우 국가경찰·지방경찰·소방 공무원이 파견되어 합동으로 근무하는 112통합상황실을 운영하고 있다. 즉, 복합적 상황에서의 통합적 대응을 위한 각 대응기관간의 연계를 실질적으로 강화하고 있다.

위 공통점 등으로 미루어볼 때, 향후 전 세계적인 긴급신고제도 운영 방식은 하나의 번호로 단일화되고, 범죄신고와 비긴급신고가 구분 운용될 것이며, 정부 컨트롤 타워 성격의 통합상황실이 운영되어 각 기능의 공무원들이 파견되어 합동 근무하게 될 것이다.

아래의 〈표−22〉는 전술한 외국의 긴급신고제도 특징을 요약한 것이다.

〈표−22〉 외국의 긴급신고제도 특징 요약

국가명	긴급신고제도 특징
미국	각 주 911국에서 일괄 신고 접수, 경찰 및 소방 등 해당 기능에 통보 비긴급신고인 311시스템 구분 운영
영국	긴급신고와 비긴급신고 구분, 청각장애인에 대한 신고 별도 운영 홈페이지 등을 통해 범죄신고방법 구체적 홍보
독일	경찰과 소방 신고센터의 시설 통합 단, 전화접수는 110(경찰), 112(소방) 그대로 분리 유지 2007년부터 비긴급 행정민원전화 115 신설 운영
일본	경찰(110)과 소방(119), 해경(118)의 긴급신고번호 분리 운영 경찰신고번호(110)와 상담전용전화(#9110) 구분 운용 긴급상황 판단시 신고접수 즉시 위치추적 가능
중국	2011년부터 110번 긴급신고 통합제 운영 문자메세지 긴급 경보 대응체제 구축
러시아	2010년 말부터 메드베데프 대통령의 단일 긴급신고제도 도입 지시 2013년 단일 긴급신고번호(112)로 통합 운영
스페인	긴급상황 신고를 112번으로 통합하여 운영 약 17개 주에서 국가·지방경찰, 소방공무원이 함께 근무하는 112통합상황실 운영
과테말라	1997년부터 경찰청에서 긴급신고제도 도입, 운영 2017년부터 긴급신고 번호를 110번으로 통합 사건 진행에 따른 색깔(녹색, 적색)로 구분

출처 : 저자가 전술한 내용을 요약 재정리.

제4절 **긴급신고제도의 발전을 위한 제언**

우리나라에서는 지난 2014년 4월 16일 인천에서 제주로 향하던 청해진해운 소속 '세월호'가 원인 불상으로 전남 진도군 조도면 병풍도 인근 해상에서 침몰하여 승선자 476명 중 174명만이 구조되고 나머지 인원은 사망 또는 실종되었다. 또한 선장을 포함한 선원 대부분은 구조가 되고 수학여행 중이던 안산 단원고 학생들이 대거 사망하면서 국민들의 공분은 크게 달아 올랐고, 구조 작업 지연 및 상황 관리·전파 등에서 정부의 무능이 들어나면서 한국의 재해·재난 등 긴급 상황시 제대로 된 컨트롤타워가 부재하다는 비판이 뜨겁게 달아 올랐다.

각 부처별로 제작한 재난대응매뉴얼의 수는 적지 않았지만 총괄 지휘 부서 지정·업무 분담 방향·재원 마련 방법·기관별 합동 근무 등 긴급 상황에 꼭 필요한 부분이 그간 강조되지 않아 위와 같은 실제 대형사건이 발생하자 정부는 그 한계를 드러내고 말았다. 지금에서라도 우리의 긴급 상황 대응 방식을 변화하고 미국 및 영국 등 선진국의 변화에 맞춰 현재의 긴급신고 체계 전반에 걸친 논의가 필요하다.

1. 긴급신고제도의 통합 운영

미국 및 영국을 비롯한 선진국들은 긴급신고의 운영 방식을 개별형에서 통합형으로의 변화를 추구하고 있다. 이유는 긴급 상황시 유관기관의 즉각적이고 효과적인 대응을 하기 위해서는 부처의 벽을 넘어선 협업이 필수적이기 때문이다.

긴급신고제도 본연의 목적인 '국민의 생명과 재산의 보호 및 구조'를 실질적으로 실현하기 위해서는 경찰의 신속출동시스템과 소방의 응급구조시스템을 통합하여 운영할 필요가 있다. 미국 911제도의 경우처럼 접수와 배치부서를 구분하여 운용한다면 양 기관의 자율성을 훼손하지 않고 긴급신고제도를 운영할 수 있을 것이다.

대표적인 긴급신고번호인 경찰의 112번과 소방의 119번을 통합운영하기 위해서는 먼저 '운영주체의 단일화'가 필요하다. 현재 경찰은 국가공무원으로 분류되어 인사 및 예산이 모두 국가의 통제를 받게 되는데 반해, 소방은 각 지방자치단체에 소속되어 지방공무원으로써 지자체의 제한을 받게 된다. 업무수행에 있어 인사와 예산의 제한은 효율적 운영을 하기 위한 매우 중요한 부분의 하나로써 위 문제의 해결이 긴급신고 통합에 있어 가장 중요한 요인이 될 것이다. 만약 대응기관의 사무의 고유성을 침해할 수 있다는 우려에 대해서는 전술한 독일의 경우와 같이 정보의 공유를 제한적으로 허용하는 방안도 추진할 수 있다.

그리고 신고접수를 하는 직원을 경찰관이나 소방관이 아닌 일반 공무원이 담당하게 하는 것도 좋은 방안이 될 수 있다. 현재 미국의 경우 전술한 것처럼 일반 공무원이 신고를 접수하여 각 지역관서에 하달하는 형식을 취하고 있다. 위와 같은 방식을 취하게 된다면 양 기관의 독립성과 자율성을 최대한 존중하면서 효율적으로 긴급신고에 대응할 수 있는 시스템을 갖추게 된다.

2014년 3월 마포경찰서에 긴급구호를 요하는 112신고가 접수되었으나 결재 등이 늦어져 신고 여성이 뇌출혈로 사망하는 사건이 발생하였다[93]. 위 신고는 최초 소방의 119로 접수되었다가 소방에서 신고자의 위치와 주소지 확인을 하기 위해 다시 경찰 112에 신고를 한 것이다. 만약 긴급신고제도가 통합 운영된다면 위 사건과 같이 각 기관에서 다시 신고를 하는 경우가 없을 것이고, 접수자가 신고접수 즉시 경찰과 소방 등 양 기관을 동시에 현장으로 출동시킬 수 있는 이점이 있다.

긴급신고제도의 통합은 경찰 112와 소방 119만 해당되는 것이 아니라 해경 122까지 포함하여야 한다. 그리고 더 나아가서는 민간의 무인경비시스템과의 정보도 공유하고 범죄대응에 있어 공조 강화 방식에 대해서도 깊은 논의가 있어야 한다. 이미 미국·중국·러시아 등이 긴급신고번호의 통합을 실시하고 있다는 점을 감안해 볼 때, 위급 상황시 기관의 분리 운영보다는 통합 운영을 할 때 훨씬 신속하게 현장에 출동을 할 수 있고 상황에 효과적으로 대응이 가능할 것이다.

2. 통합 긴급신고 대응센터 기구 신설

실질적인 긴급신고 통합시스템을 구축하기 위해서는 이를 관리할 수 있는 정부 차원의 상시 기구 도입이 절실하다. 전술한 바와 같이 경찰과 소방 등은 각자 독자적 업무 영역이 있고 긴급시에 상호 협조하는 단계를 거치게 되므로 양 기관의 운용을 통제하고 조정할 수 있는 법적 기구의 신설이 필요하다.

전술한 바와 같이 긴급신고제도를 운영하는 대표적인 기관은 경찰청·소방방재

---

93) 2014. 3. 8자 노컷뉴스. "잠든 상관 못 깨워서" … 경찰 늑장출동…20대 신고자 사망

청·해양경찰청으로, 위 기관들의 통합 운영의 관리 기구를 누구로 할 것인지는 기구 설립에 있어 매우 중요한 부분이다. 또한 위 관리기구의 성격을 부처 소속으로 둘 것인지와 대통령·국무총리 직속의 독립기관으로 운영할 것인지에 대한 논의도 필요하다. 긴급신고는 국가의 국민 보호적 성격을 가진다고 할 수 있으므로 국민에 대한 국가의 의무적인 면을 고려하여 부처 소속보다는 행정부 직속 독립기관으로 운영하는 것이 바람직하다. 위「통합 긴급신고 대응센터」(이하 '통합센터'라 한다.)의 운영 방안을 고려함에 있어 현재 운영되고 있는 각 기관의 신고접수방법의 통합을 자세히 살펴볼 필요가 있다.

경찰은 신속한 출동으로 위험 상황에 노출된 신고자를 최우선적으로 돕고자 다양한 유형의 신고방법을 만들어가고 있다. 기존 음성전화와 문자로만 접수 가능하던 신고 방법을 이제는 휴대폰 앱(App)이나 인터넷 또는 SOS 원터치 등을 이용하여 다양화하고 있으며, 또한 신고자가 자신의 위치를 알지 못하는 경우에도 신고자의 동의를 받아 GPS·Wifi 위치추적을 통해 신고자를 찾아가고 있다.

또한 경찰청에서는 2010년 서울지방경찰청을 시작으로 2013년 전국적으로 112신고의 접수창구을 지방경찰청 112종합상황실로 일원화하여 신고대응의 효율성을 높였다. 기존에는 각 경찰서 등에서 112신고를 직접 접수하여 처리하던 것을 지방경찰청에서 직접 신고를 접수받아 하달함으로써 이동성 범죄나 지역경계 등에서 발생한 범죄에 대해 각 경찰서간 공조가 쉽게 이뤄지고 있다. 위와 같은 지방경찰청의 신고접수 통합은 각 기관의 긴급신고 통합에도 그대로 적용할 수가 있을 것이다.

〈그림-12〉 경찰의 112신고 통합 접수 흐름도

위의 〈그림-12〉는 112신고를 지방경찰청에서 통합 접수하여 신고 처리하는 것을 나타낸 것이다. 신고자는 위급 상황시 음성전화·SMS(문자·사진·동영상)·SOS원터치·무통화시스템(편의점·주유소 등)·휴대폰 앱(App)·홈페이지(인터넷) 등의 다

양한 신고 방법을 통해 신고를 하게 되면, 지방경찰청 112종합상황실 접수요원이 일괄적으로 신고 접수를 하여 신고내용·위치정보 등과 함께 관할 경찰서에 하달하게 된다. 경찰서에서는 신고에 대한 지령과 함께 상황지휘를 하고 현장 출동 경찰관은 차량 단말기(Navigaton) 및 무전 보고 등을 통해 신고내용을 종결하는 것이다.

3. 긴급신고 통합을 위한 법률 제정

통합 센터의 효과적인 운용을 위해서는 전담 인원과 예산을 뒷받침 할 수 있는 법률의 제정이 필요하다. 현재 긴급신고에 대응하는 부서는 경찰·소방·군·한전·가스공사·해경·한국통신·민간경비 등으로 업무와 성격이 다른 부서가 상호 협조하면서 긴급신고에 대응해야 하는 만큼, 각 부서의 중간 책임자 이상의 직책을 가진 사람이 파견 근무하면서 공조할 수 있는 체제 마련이 중요하다.

긴급신고 통합을 위한 제도적 마련을 하기 위해서는 기존의 경찰(112)·소방(119)·해경(122)·국정원(111) 등으로 나뉘어 운영되고 있는 긴급신고의 체계를 통합하는 가칭 「국가 긴급신고체계 통합 운영에 관한 법률(이하 '긴급신고 통합법'이라 한다.)의 제정이 필요하다. 정부가 직접 위 「긴급신고 통합법」에 대한 발의를 할 수도 있으나, 경찰·소방 등 긴급신고제도 운영 기관 출신의 국회의원을 통해 법률안 발의를 요구하는 것이 법률안 제정 기간을 단축시킬 수 있는 좋은 방법이다.

예로 2011년 12월 13일 새누리당 이인기 의원의 대표 발의로 기존의 1399(응급의료정보센터)를 119로 통합하는 「119구조·구급에 관한 법률」의 개정안이 발의한 지 약 3개월 만에 2012년 3월 13일자로 국회를 통과하여 국무회의에서 공포키로 의결하였다. 위 '1399와 119 통합'은 국민의 응급이송 신고체계 혼란을 줄이기 위해 소방방재청과 보건복지부가 2011년 5월부터 계속 협의하여 업무통합을 위한 법적 근거를 마련한 것이다.

위 「긴급신고 통합법」에는 범죄·구조·조난·재해·간첩 등 모든 긴급상황 발생 신고를 접수하며, 신고 접수시 경찰·소방·해경 등 신고자가 필요한 부서를 직접 선택할 수 있도록 하고, 접수자의 신고내용 분석을 통해 양 기관의 출동이 동시적으로 필요한 경우 동시 출동을 지시할 수 있는 내용이 들어가야 한다. 또한 긴급신고 운영 관계부서의 협조를 통하여 인력 및 장비·시스템·예산 등 관련 업무의 공유와 필요한 업무의 이관 등을 실시하여, 기존보다 한 차원 높은 긴급신고 대응 서비스가

제공되어야 하며, 관리기구의 수준을 현재의 부처 소속보다 격상하여 긴급신고 업무
를 전담토록 해야 한다.

제2장 112신고제도의 이해

제1절 112 신고제도의 의의

1. 112신고제도의 개념

　　대표적인 긴급 범죄신고 전화번호인 '112'의 유래에 대해서는 많은 가설이 있다. 그 중 가장 유력한 가설은 1957년에 발간된 조선일보의 보도로 남아있는 기록이다. 이 보도에 따르면 112 전화번호는 "일일이 알린다"라는 의미를 숫자에 담았다고 한다. 정확한 시행시기에 대해서 현재는 알 수 없으나 위 보도 이후에 서울과 부산에 112신고 전화기가 최초로 설치되어 운영되었고, 이후 전국으로 확대되었다.

　　112신고제도의 개념은 「112종합상황실의 운영 및 처리에 관한 규칙」 제3조에서 규정을 하고 있다. 위 규칙에 의하면 '112신고는 범죄피해자 또는 범죄를 인지한 자가 유·무선 전화, 문자메세지 등 다양한 통신수단을 활용하여 특수전화번호인 112로 신속한 경찰력의 발동을 요청하는 것'을 말한다. 위 개념에 대해 경찰관 직무교육을 담당하고 있는 경찰인재개발원에서는 112신고제도에 대해 다음과 같이 정의하고 있다. '112신고는 일상에서 발생하는 각종 사건·사고를 접수하고 처리하는 일련의 과정에서 C3 개념[94]을 통합하고 체계화하여 경찰통신망과 첨단 정보화(IT) 기술을 통해 경찰 출동요소를 신속히 현장에 배치하고 필요조치를 지휘하고 현장상황을 유지하기 위해 통제하는 등 사건 초동 대응시간을 최소화하는 긴급신고 대응시스템'을 말한다.[95] 여기서 C3란 Command(지휘), Control(통제), Communication(통신)의 약어로[96], 지휘는 신고사건에 대한 지령·추적·종결을, 통제는 무선통신을 이용한 긴급 경찰요소 배치와 이동을, 통신은 수배·보고·통보 등 각종 상황전파를 말한다.[97]

---

94) 박현호, 『범죄예방론』, 용인: 경찰대학, 2008, p. 382; 서울지방경찰청, 『사례별 112 짚어주는 매뉴얼』, 2012, p. 11.

95) 경찰교육원, 앞의 책, p. 21.

96) 임유미, "경찰 112제도에 관한 연구", 한세대학교 석사논문, 2007, p.10.

97) 강용길·김현정·이영돈, 앞의 책, p. 184.

○ 관련 언론보도(1957. 7. 20, 조선일보)

서울시 경찰국에서는 모든 범죄 발생신고의 신속을 기리기 위해서 전화 신고제를 추진 중에 있다. 즉 범죄가 발생했을 때는 112번을 돌려 신고하면 되도록 체신당국과 합의를 보았다는 것이다. 그런데 112번은 '일일이 알린다'는 뜻으로 정해진 것이다.

○ 112신고 홍보 언론보도

〈市警서, 强力事件等申告要望〉

"한편 시경 당국에서는 강도사건을 비롯한 각종 사건에 피해를 입은 시민은 즉각 일반 전화로 다이알 112번을 돌려 신고해주기를 요망하고 있으며, 112번에 신고되면 5분 이내 시내 각 경찰서에 수배되어 있다고 한다."

2. 112신고제도의 연혁

112신고는 전술한 바와 같이 1957년 7월 탄생한 것으로 보인다. 과거 경찰서 등에 일반전화로 신고하던 방식을 긴급신고번호를 통해 신고토록 함으로써 신고 대응력을 강화하고자 한 것이다. 다음에서는 112신고제도의 연혁을 구체적으로 살펴보고자 한다.

국민의 생명선으로 불리고 있는 112신고는 1957년 9월 제11대 최치환 시경 국장이 112 비상전화를 최초 설치하였는데, 이는 서울과 부산 지역 경찰서 수사과에 전화기 5~6대를 설치하여 비상전화기를 운용한 것이었다. 이후 1958년 8월에 112비상전화를 전국으로 확대 실시하고 관련 부서를 기존 수사과에서 통신과로 이관하여 더욱 체계적인 정비가 이루어지도록 하였다.

〈그림-13〉 112신고센터 초기 근무 사진

출처 : https://smartsmpa.tistory.com/1102

그리고 1987년 11월에 서울특별시경찰청에서 112전용 무선망을 구축하고 무전이 가능한 교통순찰차 98대를 112신고 전용 순찰차량으로 운용하면서 전국 최초로 C3 제도를 도입하게 되었다. 이때부터 112신고에 대한 즉응성은 대단히 높아지게 되었으며 순찰차량에 각종 장비가 탑재 가능하게 되어 현장 대응능력 또한 강해졌다고 볼 수 있다.

○ 관련 언론보도(1974. 2. 15, **신문)

〈사용年限 넘고 64回線 뿐〉

"범죄신고를 하는 서울의 112전화가 낡고 회선이 부족해 기기의 대체와 함께 회선개선이 시급하다. 서울시경에 마련한 '112범죄신고 접수대'는 지난 58년에 설치된 것으로 주요부품이 내용연한 10년이 넘어 해마다 부분적으로 수리를 하고 있지만, 범죄권이 넓어지고 스피드화하는 추세에 대비하기 위해 최신의 설비로 대체해야 한다는 것이다."

출처 : https://smartsmpa.tistory.com/1102

　　1990년 4월에 서울 및 5대 광역시 등 118개 주요도시에 '112컴퓨터시스템'을 구축하였고, 동년 11월에는 위 C3제도를 「112」 제도로 명칭을 변경하였다. 또한 1991년 11월에는 112신고 활성화를 위한 '112의 날(11.2)'을 제정하였으며, 1992년 8월에는 시·군 단위 이상 68개 도시에 112신고시스템을 구축하였다. 그리고 1994년 5월에 112신고업무를 기존 통신과에서 방범과로 이관하고, 지령요원 118명으로 구성된 112신고 전종요원을 배치하여 신고의 접수와 지령 단계까지 효과적으로 운용하였으며, 1995년 3월에는 '112지령실'을 '112신고센터'로 명칭을 변경하였다.

　　1996년 1월에는 전국 5대 광역시에 '신고자 위치 자동표시시스템'을 운영하여 신고자의 위치(주소)가 자동적으로 표시되도록 하였다. 이후 2004년 11월에 전국 최초로 인천지방경찰청에 '112순찰차 신속배치시스템(IDS, 112 Instant Dispatch System)'

을 도입하여 운영하였다. 이어 2006년에는 대구청, 2007년에 서울·부산·광주·대전·울산청, 2009년에 경기청이 차례대로 구축되었다. 위 IDS시스템은 GPS 위성통신을 이용하여 모든 112순찰차의 현재 위치 및 이동상황을 파악할 수 있도록 한 것이다.

또한 2005년 7월에는 각 경찰서 상황실에 설치된 전자상황판을 교체하였으며, 전국에 112순찰차 신속배치시스템(IDS)을 구축하여 효율적인 112신고 처리가 가능하도록 하였다. 또한 2010년 1월에 경찰력의 효율적 대응을 위해 코드제도(1~3)를 도입하였다. 아울러 2월에는 112, 교통, 형사 등 각종 무전망을 통합한 통합 무전 지령망을 구축하여 각종 강력사건 발생시 기능별 업무가 공조 가능하도록 추진하였다.

2012년 4월 '오원춘 사건'이 발생함에 따라 경찰의 대응력 강화를 위해 동년 11월에 「위치정보의 보호 및 이용 등에 관한 법률」이 개정되어 경찰 자체적으로 112신고에 대한 위치추적을 실시할 수 있게 되었다. 동년 5월에는 112신고에 대한 효과적인 대응을 위해 기존의 112신고센터와 치안상황실을 통합하여 '112종합상황실'을 신설하였다.

그리고 2013년 9월에는 '112신고통합시스템' 전국적으로 통일되는 표준화 작업이 완료되었다.

아래의 〈그림－14〉는 112신고 지령 및 순찰차 긴급배치시스템을 나타낸 것이다.

〈그림-14〉 112신고 지령 및 순찰차 긴급배치시스템(IDS)

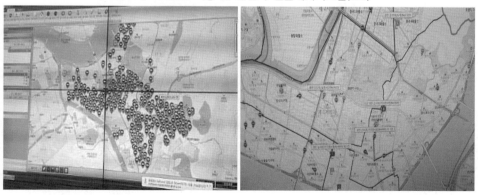

2014년 2월에 112신고처리 프로세스의 개선을 위해 '선지령·선응답·타관할' 제도

를 도입하였고, 동년 3월에 112신고에 대한 '콜백시스템'이 도입되었다.[98] 이후 동년 8월에 강신명 경찰청장은 112신고에 대한 초동대응을 대폭적으로 강화하기 위한 제도로 '112신고 총력대응체제'[99]라는 개념을 도입하여 신고 초기 단계의 경력 출동을 다양화하였다. 이어 9월부터는 주요 112신고사건에 대해서 관할·기능을 불문한 112신고 총력대응 체계가 구축되었다.

2016년 4월에는 폭주하는 112신고의 효과적이고 차별적인 대응을 위해서 기존 3단계의 코드를 5단계로 세분화하는 코드제도(0~4)를 개선 시행하였다. 또한 증가하는 여성범죄 대응 강화의 일환으로 2017년 3월에 112신고 접수 항목에 '데이트폭력·몰래카메라' 코드를 신설하여 현재 운영 중이다. 2017년 4월에는 긴급신고 현장대응시간 목표관리제를 시행하였고, 그해 12월부터는 대전지방경찰청에서 최초로 '출동경찰관 영상지원시스템'이 시범적으로 운영되었다.

2018년 8월에는 경찰청 중심의 치안상황관리 체계 구축을 위해서 기존의 경비국 소속 치안상황실 및 위기관리센터와 생활안전국 소속 112업무가 통합되어 '치안상황관리관실'이 신설되었다. 또한 112신고시스템을 고도화하여 흉기소지 등 가해자 정보를 시스템에 표출하고 중요사건에 대한 지휘 지령 체크리스트를 마련하였다.

2018년 9월에는 112와 119신고의 공동대응 내실화를 위한 경찰청장 및 소방청장 간담회를 실시하였고, 2020년 7월에는 치안상황관리의 역량을 강화하기 위해 전국의 경찰관을 대상으로 '112 현장자문단'을 위촉하여 운영 중이다.

아래의 〈표-23〉은 112신고제도의 연혁을 요약 정리한 것이다.

〈표-23〉 112신고제도의 연혁

일 시	내 용
1957. 09	112 비상전화 설치(제11대 최치환 시경 국장)
1958. 08	112 비상전화, 전국으로 확대(기능이관 : 수사과→통신과)
1987. 11	서울시경에서 최초로 C3제도 도입

---

98) 112신고 콜백시스템이란 신고자의 안전확보를 위해 112신고 접수요원이 112신고를 받기 전에 전화가 끊어지는 경우에 즉시 112시스템을 통해 콜백하는 시스템이다. 전화콜백이 원칙이며 신고자가 전화를 받지 않는 경우에는 문자콜백을 실시한다; 경찰청, 「112신고 접수·지령 매뉴얼」, 2019.

99) 112신고 총력대응체제란 112신고 출동에서 관할, 기능 구분을 없애고 현장 가장 가까이 있는 경찰관이 출동하는 대응 시스템을 말한다. 즉, 주요 사건이 발생하는 경우에 지역경찰 뿐만 아니라 수사, 형사, 교통 등이 동시 다발적으로 현장으로 출동하여 신고 사건에 대한 초동 대응을 강화하는 것이다.

일 시	내 용
1990. 04	서울 및 5대 광역시 등 118개 도시, 112컴퓨터시스템 구축
1990. 11	C3제도를 '112' 체계로 명명
1991. 11	112신고 활성화를 위한 '112의 날' 제정
1992. 08	시·군 단위 이상 68개 도시에 112신고시스템 구축
1994. 05	112신고업무 이관(통신과→방범과), 112신고 전종요원(118명) 배치
1995. 03	112지령실을 '112신고센터'로 명칭 변경
1996. 01	5대 광역시, 신고자위치 자동표시시스템 운영
2004. 11	인천청, 112순찰차신속배치시스템(IDS) 도입 *대구청(06년), 서울·부산·광주·대전·울산청(07년), 경기청(09년) 구축
2005. 07	각 상황실 전자상황판 교체 및 IDS시스템 전국적 구축
2010. 01	112신고 코드제도(1~3) 신설 도입
2010. 02	통합 무전 지령망 구축
2012. 05	112신고센터와 치안상황실을 통합, '112종합상황실' 신설
2012. 11	위치정보법 개정, 경찰 자체적으로 위치추적 실시
2013. 09	112신고통합시스템 표준화 완료
2014. 02	112신고처리 프로세스 개선(선지령·선응답·타관할)
2014. 03	112신고 콜백시스템 시행(전화콜백 원칙)
2014. 08	112신고 총력대응체제 개념 도입, 경력 출동 다양화
2016. 04	112신고의 차별적 대응, 기존 코드제도 세분화(0~4)
2017. 03	데이트폭력, 몰래카메라 신고 접수 항목 신설
2017. 04	긴급신고 현장대응시간 목표관리제 시행
2017. 12	대전청, 출동경찰관 영상지원시스템 시범 운영
2018. 08	경찰청 '치안상황관리관실' 신설 (기존 경비국 치안상황실·위기관리센터 및 생활안전국 112업무 통합) *흉기소지 등 가해자 정보 표출, 중요사건 지휘지령 체크리스트 마련
2018. 09	경찰청장 및 소방청장 긴급신고 공동대응 간담회 추진
2020. 07	112 상황 역량 강화 목적, '112 현장자문단' 위촉 활동

제2절 **112신고제도의 중요성**

1. 112신고제도의 강화배경

112신고는 2012년 4월 수원에서 발생한 '오원춘 사건'을 계기로 상당한 변화를 겪게 된다. 이전 112종합상황실은 경찰의 업무 중 한 분야로 인식되기 보다는 야간 및 휴일근무 시 지휘관을 대신하거나 타 업무의 연속성을 위해 임시적으로 운영되는 지휘본부와 같은 역할을 하였다. 또한 112신고처리를 주로 하는 부서로서 타 부서에 신고내용을 전파하여 중개하는 정도의 소극적 역할을 주로 하였다. 그러나 위 사건 발생 이후 경찰의 112신고 대응의 강화가 국민안전의 주된 화두가 되었다. 이로 인해 112신고 접수시 경찰 자체적으로 위치추적이 가능하도록 법률의 개정이 있었다.[100]

위와 같은 112신고제도의 운영으로 신고의 접수·지령·출동단계에서 많은 문제점들이 도출됨에 따라 신고처리 전반에 걸쳐 미비점 및 개선사항을 발굴하여 단계별로 체계적인 대책을 마련할 필요성이 생겼다. 오랫동안 112신고는 지역경찰의 몫이라는 고정관념이 경찰 내부를 지배하였고, 복잡하거나 장기간 업무수행이 요구되는 것은 지역경찰에 퍼 넘기는 경향이 적지 않았다. 이러한 이유 등으로 효과적인 112신고제도 운영이 어려웠고, 결국 경찰청장이 나서서 기능간 칸막이를 과감히 뜯어내고 각 기능을 통합하여 한 단계 성숙한 112신고처리 체계를 구축하기에 이르렀다.

---

100) 「위치정보의 보호 및 이용 등에 관한 법률」 제15조(위치정보의 수집 등의 금지)〈개정 2012.5.14.〉① 누구든지 개인 또는 소유자의 동의를 얻지 아니하고 당해 개인 또는 이동성이 있는 물건의 위치정보를 수집·이용 또는 제공하여서는 아니된다. 다만, 다음 각 호의 어느 하나에 해당하는 경우에는 그러하지 아니하다.
1. 제29조제1항에 따른 긴급구조기관의 긴급구조요청 또는 같은 조 제7항에 따른 경보발송요청이 있는 경우
2. 제29조제2항에 따른 경찰관서의 요청이 있는 경우
3. 다른 법률에 특별한 규정이 있는 경우

현재 112종합상황실은 모든 신고사건에 대한 컨트롤타워(Control Tower)로서의 지휘역량을 강조하며 가용 경력의 1차적 지휘권자를 112종합상황실장으로 명기함으로써 상황 지휘의 명확한 범위를 제시하여 새로운 의미의 112종합상황실 체제를 운영하고 있다. 현장에서 실제 발로 뛰는 현장 경찰과 공감을 하고 인식을 공유하여 보다 효율적인 신고처리가 되도록 하였다.

강화된 112종합상황실의 위상을 볼 수 있는 단적인 예로서, 각 지방경찰청에 총경을, 각 경찰서에 경정을 112종합상황실장으로 배치하여 다른 부서에 흔들림 없이 독자적 판단으로 상황을 관리하고 중요사건에 대해서 지휘관에게 즉시 보고하는 체제를 갖춘 것을 볼 수 있다. 그리고 각종 매뉴얼제작 등으로 112종합상황실 요원들의 전문성을 향상시켰고, 체험교육 및 맞춤형 컨설팅 등을 추가 실시하여 공감대를 형성하고 교육역량을 강화하였다.

또한 치안상황 대응 체계를 고도화하고 상황관리의 전문성을 제고하기 위해서 경찰청에 '치안상황관리관실'을 신설하고 상황담당관을 총경급으로 격상하여 4개팀으로 구성하였다. 전국의 무선망을 한 대의 통합 무선지령대에서 청취하고 지령이 가능한 통합무전망시스템을 구축하고 중요사건에 대해서는 경찰청에서 직접 모니터링하는 체제를 구축하였다.

뿐만 아니라 112신고 대응의 강화를 위해 중앙경찰학교, 경찰인재개발원, 경찰대학교 및 각 지방경찰청 교육센터에서도 자체적으로도 많은 교육을 실시하고 있다. 먼저 112종합상황실 신규 전입자 교육을 위해 각 지방경찰청에서 일주일 간의 교육과정을 만들었다. 그리고 경찰인재개발원은 「112종합상황실요원 직무과정」을 대폭 확대하고 우수한 현장 전문가를 초빙하여 112신고 접수와 유형별 지령요령 등 실무와 연관된 현장 맞춤형 실습 교육을 실시하였다. 또한 중앙경찰학교에서도 「112종합실습팀」이 구성되어 신임교육생들에게 교육단계에서부터 현장과 유사한 다양한 상황을 설정하여 교육을 강화하였다.

특히, 2013년 6월 경찰대학에서는 현장 실전 전문가 육성을 위해 「112종합실습장」과 「장비실습장」을 신설하여 대학생들에게 현장의 생생함을 전달하였다. 경찰대학 112실습장은 지방경찰청 및 경찰서·지구대 112신고 프로그램을 그대로 설치하고 모형화 하였으며, 많은 현장경험을 가진 베테랑 경찰관을 교수요원으로 배치하여 시스템 설명과 사용방법 및 사례 전달 등을 통해 대학생들에게 현장감을 높였다.

아래의 〈그림-16〉은 경찰대학 112실습장 개소 및 현장 실습을 나타낸 것이다.

〈그림-16〉 경찰대학 112실습장 개소 및 현장 실습

현재 경찰대학에서는 준비된 치안전문가 양성을 위해서 경찰대학생 뿐 아니라 경찰간부후보생을 상대로 112 현장 지식 습득 뿐 아니라 시뮬레이션 교육을 통한 각종 상황 발생시 대응 훈련을 종합적으로 실시하고 있다. 경찰학 교과목 중 현장대응이 필요한 교과목을 위주로 현장보고서 작성, 역할극 시연, 과제물 제출 등 종합적이고 다양한 형태의 실전 교육을 진행 중이다. 특히, 2021학년부터는 「경찰긴급대응론」이 전공선택 교과목으로 지정되어 심화학습을 원하는 교육생들에게 보다 질 높은 교육이 이뤄질 것으로 기대된다.

2. 112신고제도의 중요성

112신고제도의 중요성은 「경찰관직무집행법」 제1조(목적)에 규정된 바와 같이 '국민의 자유와 권리의 보호 및 사회공공의 질서유지'에 있다고 할 수 있다.

국가의 긴급신고제도 운영은 국민의 안전과 사회질서 유지를 위한 국가의 국민에 대한 의무로써 의미가 있다. 인위적인 범죄행위나 자연적인 재해행위나 국가의 의무는 그 어떤 경우라도 해태할 수 없고 국민은 국가의 보호를 받고 행복을 영위할 권리가 있다.

이런 의미에서 112신고제도는 국민 행복과 안전을 지키는 도구로서의 역할을 하고 있으며, 국민은 112와 같은 긴급신고제도를 이용하여 권리를 누릴 수 있는 것이다. 만약 국민이 국가의 보호를 받을 수 없는 경우라면 이미 국가는 국가로서의 면모, 즉 국가의 성립요건을 결한 것으로써 국민에게 의무를 강제할 수 없다고 볼 것이다.

112 등 긴급신고제도의 운영은 현대 사회에서 증가하는 범죄 및 재해 등에 가장 효과적으로 대응할 수 있는 사회의 산물이며 보다 합리적이고 공정하게 운영될 수 있도록 정부와 국민 모두가 관심을 가지고 노력해야 한다.

〈그림-17〉 서울지방경찰청 112종합상황실 신고 접수석 및 종합지령대

통계청(2019) 발표에 따르면 신고매체의 다양화 및 112신고의 지속적 증가 등으로 112신고의 접수환경이 변화하고 있다.[101] 이와 같이 급변하는 치안환경의 변화에 맞춰 112신고의 운영체계를 개선하고, 국가가 먼저 나서서 국민의 보호하는 사회안전망을 확충하고 선진 치안시스템을 구축하는 것은 어찌보면 국가의 당연한 의무라고 할 것이다.[102]

이러한 이유 등으로 112 범죄신고에 대한 경찰의 긴급 대응은 위기관리적 측면에서 접근할 필요가 있다.[103] 국민과 가장 밀접한 관계에서 작은 정부의 기능을 하는 경찰의 입장에서 개별적인 112신고가 모두 중요하게 여겨질 수 밖에 없으므로, 112신고 대응의 해태는 '기업의 최종적인 이익에 반하는 영향을 미친다'는 점에서 위기관리의 중요성을 찾을 수 있다.[104]

최근 경찰이 112 허위신고자에 대한 형사처벌 및 손해배상의 청구[105] 등으로 적극

101) e-나라지표, "112신고접수 현황", http://www.index.go.kr/potal/main/EachDtlPageDetail.do?idx_cd=1609

102) 서울지방경찰청, 『서울경찰 주요업무계획』, 2012, p. 110.

103) 강영규 외4, 앞의 책, pp. 371-372.

104) Rosenbloom은 위기관리를 "기업이 당면하고 있는 기업의 최종적인 이익에 영향을 끼칠 수 있는 순수위험의 모든 국면에 대한 경영상의 조치기능"이라고 정의하였다; Jerry S. Rosenbloom, A Case Study in Risk Management, (New York: Application-Ceotury Crofts, 1972), p. 7.

105) 연합뉴스, 2014. 4. 23, "「살인사건이 났다」허위신고 30대 즉결심판", http://news.naver.com/main/read.nhn?mode=LSD&mid=sec&sid1=102&oid=001&aid=0006876581; CNB뉴스, 2014. 4. 15, "수원서부서 79번 경찰에 허위신고한 피의자 구속",

적 대응[106]을 하면서 112신고를 허위로 하는 사람의 수는 줄어들고 있으나 좀처럼 근절되지 않고 있고, 이러한 경찰의 대응에 대해 많은 국민들의 공권력 낭비에 대한 정당한 청구라는 시각이 있다. 또한 112 허위신고자에 대한 강력한 대응은 경찰의 범죄예방활동 중 일반예방활동의 하나로 여겨질 수 있기 때문에 112종합상황실과 지역경찰의 유기적인 협조로 허위신고로 인한 범죄기회와 범죄유발요인의 제거가 필요하다.[107]

○ 관련 언론보도(2018. 11. 22, 한겨레신문)

〈112·119에 넉달 동안 1087차례 허위신고… 60대 구속〉
경남 마산중부경찰서는 112와 119에 상습적으로 허위신고 전화를 건 혐의(위계에 의한 공무집행방해)로 김아무개(66)씨를 22일 구속했다. 김씨는 지난 5월부터 8월까지 넉달 동안 112에 814차례, 119에 273차례 등 모두 1087차례 전화를 걸어 허위신고를 한 혐의 를 받고 있다.
마산중부경찰서는 "김씨에게 '허위신고를 하면 처벌받을 수 있다'고 안내했지만, 김씨는 허위신고 전화를 계속 걸었다. 그래서 김씨를 상습적인 허위신고자로 관리했지만, '누가 우리 집 대문을 발로 차서 부순다'라고 하는 등 도움을 청하는 일도 많아서 거짓말일 것 으로 생각하면서도 경찰이 출동한 횟수가 10여차 례에 이른다"고 밝혔다. 경찰은 "김씨 는 심할 때는 하루 80차례나 허위신고를 했고, 경찰이 출동하지 않으면 전화를 걸어 심 한 욕을 퍼붓기도 했다. 이 때문에 지난 8월 김씨를 입건하려고 경찰서에 출석하라고 요구하자, 김씨는 집을 비우고 달아났다가 지난 21일 경찰에 붙잡혔다"고 덧붙였다.
하지만 김씨는 "술에 취해서 아무것도 기억나지 않는다"며 허위신고 전화를 건 사실을 인정하지 않고 있다.
경남지방경찰청 112종합상황실 관계자는 "정확한 기준이 정해져 있는 것은 아니지만, 20차례 이상 허위신고를 하거나 경찰을 대규모 출동시키는 허위신고를 하면 허위신고 자로 등록해 관리한다. 현재 경남지방경찰청이 관리하는 허위신고자는 85명에 이른다" 고 밝혔다.

출처 : http://www.hani.co.kr/arti/society/area/871325.html#csidx99dbd72fb6bf49dadc3c3c2bd20365c

---

http://www.cnbnews.com/news/article.html?no=232681

106) 경찰청에서는 2013년 9월 112허위신고·공무집행방해·모욕 등 관련 소(訴) 제기 매뉴얼을 작성, 일선 경찰서에 배포하 여 112허위신고 등에 대한 적극적이고 엄정한 대처를 요구하였다. 위 소(訴) 제기 매뉴얼은 제1편 소제기의 개요, 제2 편 112허위신고 관련 소제기, 제3편 경찰관 공무집행방해·상해·모욕 관련 소제기, 제4편 소송비용담보제공신청의 목 차로 구성되어 있다.

107) 배종대, 『형사정책』, 서울: 홍문사, 2011, p. 336.

하지만 여전히 긴급신고제도에 대한 홍보와 인식을 부족으로 112신고를 단순 민원서비스의 용도를 이용하고자 하는 국민이 적지 않은 것이 현실을 부인할 수 없는 것이 현실이다. 경찰청 통계(2019)에 따르면 112신고건수는 총 18,976,334건 이었는데, 그 중 범죄와 관련 없는 비범죄성 민원신고 건수가 8,273,007건으로 무려 43.6%에 이르고 있다.

아래의 〈표-24〉는 2019년도 112신고 긴급코드별 접수 현황을 나타낸 것이다.

〈표-24〉 2019년도 112신고 긴급코드별 접수 현황

총 계	출동신고				비출동신고 Code4
	소계	Code1*	Code2	Code3	
18,976,334	10,703,327	2,963,959	6,935,226	804,142	8,273,007

* Code1에는 Code0가 포함된 수치임

출처 : 사이버경찰청 홈페이지(https://www.police.go.kr/www/open/publice/publice0210.jsp).

112신고제도는 국민의 생명과 재산을 보호하는 최후의 보루로서 그 의미가 있으므로 긴급신고제도의 역할과 사용에 대한 적극적인 계몽 활동과 경찰의 고유업무에 충실할 수 있는 법적·제도적 기반 마련이 있어야 할 것으로 보인다.

서울지방경찰청에서는 현장 대응역량을 갖춘 유능한 경찰을 양성하기 위해 OJT[108] 멘토링 및 온·오프라인 현장학습 모임 등을 통해 상시 학습 시스템을 구축하였다. 또한 경찰교육기관은 별도로 지방경찰청 자체적으로 '112요원 직무전문화 과정' 및 '1:1 맞춤형 보이스 코칭' 등을 실시하여 112접수요원 업무역량 평가를 통해 112신고에 대한 대응력을 강화하였다.[109]

또한 2019년 7월부터는 현장에서의 자의적인 법집행과 현장 대응력의 강화를 위해 「112종합상황실 중심 현장코칭시스템」이 전국 경찰관서에서 실시된다. 위 시스템은 2019년 3월부터 5월까지 경기남부지방경찰청에서 시범적으로 운영하였는데, 경찰서 간 현장 대응 능력의 평준화 뿐 아니라 대응력의 향상까지 이뤄졌다는 평가에 따라 제도가 확대 적용된 것이다. 앞으로 일선의 경찰관이 현장에서 판단하기 어려운 사안을 112종합상황실에 문의하게 되면 필수적인 조치사항을 실시간으로 전파

---

108) OJT는 On-the-Job-Training의 약어로, 직무수행과 병행하는 교육훈련을 말한다.

109) 서울지방경찰청, 앞의 보고서, p. 6.

하여 현장 상황에 보다 적합한 조치를 할 수 있게 되었다.[110]

O 112종합상황실 중심 현장코칭시스템 절차

현장경찰	정확히 판단이 어려운 사안을 경찰서 112종합상황실에 요청
경찰서	관련 매뉴얼을 제공하거나 주무 기능에 연락하여 적절한 코칭 제공
지방청	특이유형 등 경찰서 단위 판단이 어려운 사건 코칭
본청	테러 등 전국 단위 모니터링이 필요한 사건 코칭

3. 112신고제도의 개선 노력

가. 112신고의 신속처리 추진

차별적 경찰 대응은 국민의 경찰 요청에 대해 경찰 자원을 효율적으로 분배하여 최고의 서비스를 하고자 시행된 경찰 대응 방법이다.[111] 이 전략은 경찰의 요청에 누가 대응할 것인지, 어떤 방법으로 가장 빠른 시간 내 대응할 것인지를 제도적으로 차별화하여 효율적인 대응을 하고자하는 것이다.[112] 위의 차별적 대응 방식은 1980년대 초에 등장하였으며 국민들이 긴급전화를 이용한 신고 대신 메일이나 직접 방문을 통한 신고를 하도록 하였고, 비긴급 신고에 대해서는 출동보다 협의 등 대화를 통해 문제를 해결하도록 함으로써 대응 주체가 경찰 대신 시민이 되도록 하였다.[113]

112신고제도의 개선은 시스템 및 제도적인 부분, 즉 어느 한 측면의 발전만 있어서는 될 수 없는 일이다. 직접 112신고를 처리하는 기능과의 유기적 협조 및 노력이 없이는 위 제도의 개선은 요원하다. 이에 서울지방경찰청에서는 112신고제도의 개선을 위해서는 112신고의 신속처리가 우선이라는 전제 하에 다음과 같이 112신고 신속처리 5대 분야를 선정하여 적극 추진하였다.[114]

---

110) 세계일보, 2019. 7. 8, "출동경찰 자의적 법 집행 방지... '112 코칭시스템' 뜬다", www.segye.com/newsView/201907 08510953?OutUrl=naver.

111) 강용길·김현정·이영돈, 앞의 책, p. 186.

112) Wordon, Robert E. & Mastrofsky, Stephen D. 1998, "Differential Police Response: Evaluation" in Larry T. Hoover(Eds.), Police Program Evaluation, 167-218, Washington, D.C.: Police Executive Research Forum, p. 165.

113) Bracey, Dorothy H. (1996), "Assessing Alternative Response to Calls for Service" in Larry T. Hoover(eds), Quantifying Quality in Policing, p. 153-166, Washington, D.C.: Police Executive Research Forum, p. 153. Eck, John E. & Spelman, William. (1987a). "Who Ya Gonna Call? The Police as Problem-Busters", Crime & Eelinquency, 33(1), p. 35.

114) 서울지방경찰청(생활안전과-1185), "112신고 신속출동을 위한 112신고처리 체계 개선 계획". 2014.2.21.

첫째, 112신고 출동 패러다임의 전환이다. 형사·교통 등 출동요소를 다양화하고 관할지역 불문 출동 등을 통해 신고현장에서 가장 가까운 최인접 출동요소를 지령하는 출동체계를 확립하였다. 둘째, 치안수요의 맞춤형 현장역량 제고이다. 한정된 인력과 장비로 최대의 효과를 거양하기 위해 치안수요에 맞게 출동요소를 효율적이고 집중적인 운영방법을 마련하였다. 셋째, 112 신고처리의 프로세스의 개선이다. 단 1초라도 빨리 신고현장에 달려 나가기 위해 현 112신고처리 프로세스를 재검토하여 개선방안을 마련하였다. 넷째, 현장경찰의 동력확보를 위한 노력이다. 112 신속출동의 실질적인 노력에 대한 인식 공유가 반드시 필요하며 이를 위한 현장 경찰관 간담회 등을 통해 공감대를 형성해야 한다.

아래의 〈표−25〉는 서울지방경찰청 112신속처리 개선 15개 과제를 나타낸 것이다.

〈표-25〉 112신속처리 개선 15개 과제

연번	분 야	세 부 과 제	소 관
1	112신고 출동 패러다임 전환	① 신고현장 최인접 출동요소 지령체제 확립	112
		② 형사·교통 등 출동요소 다양화	112·형사·교통
		③ 관할지역 불문 출동체계 구축	112·생안
2	치안수요 맞춤형 현장역량 제고	① 112신고 수요에 맞춘 선제적 대응 시스템 구축	생활안전
		② 형사대상사건 전담처리 시스템 구축	형사
		③ 교통순찰차 출동사건 처리방법 개선	교통
		④ 경찰관 기동부대 민생치안 지원	생안·형사
		⑤ 지역경찰 인력·장비 및 관할구역 조정	생활안전
		⑥ 유능한 현장 경찰관 양성	전 기능
3	112신고처리 프로세스 개선	① 「선지령 시스템」 확대 구축	112
		② 「선응답 제도」 적극 시행	생안·112
		③ 112신고 상시 모니터링 강화	형사·교통
		④ 신고현장 신속파악 방안 마련	전 기능
4	도착처리 투명성 제고	① 선도착보고 예방을 위한 지침 마련	112
5	현장경찰 동력 확보	① 현장경찰관 간담회 등을 통한 공감대 형성	전 기능

출처 : 서울지방경찰청청(생활안전과−1185), "112신고 신속출동을 위한 112신고처리 체계 개선 계획", 2014.2.21.

나. 112신고 현장대응 목표관리제 추진

경찰청에서는 2016년에 112신고를 경험한 사람들 1,000명을 대상으로 하여 '112신고처리 과정에서 가장 바라는 것은 무엇인가?'라는 물음으로 설문조사를 실시하였다. 설문 결과, 경찰의 '신속한 현장출동'이라고 답변을 한 응답자가 41.6%로 가장 높게 나타났다. 이에 따라 경찰청은 '112신고 현장대응시간 목표관리제'를 도입하여 긴급신고(Code 0·1)에 대해서는 최대한 역량을 집중하여 신속하게 대응하도록 하였다.[115]

그간에는 '도착시간'을 현장 경찰관이 출동 지령을 받고 현장에 도착하는 시간으로 정하고 관리해왔다. 그러나 자는 112 접수요원과 통화가 종료된 시점부터 현장출동이 시작되는 것으로 생각하기 때문에 실제 신고자가 느끼는 시간과는 다소 차이가 있었다. 이에 따라 112신고 통화 종료시부터 현장 경찰관이 도착까지 소요되는 시간을 '현장대응시간'으로 새롭게 조정하여 신고자의 입장에서 목표를 설정하여 관리하고 있다.

아래의 〈그림-18〉은 현장대응시간의 기준을 재설정한 것이다.

〈그림-18〉 현장대응시간 기준 재설정

기존					개선			
통화	통화 後 처리	지령	순찰차 출동		통화	통화 後 처리	지령	순찰차 출동
			도착시간					현장대응시간

출처 : 경찰청, 「경찰백서」, 2018, p. 68.

그러나 현장 대응시간을 체계적으로 단축시키기 위해서는 우선 전국적인 목표와 경찰관서별로 적절한 목표를 설정할 필요가 있었다. 이를 위해 2016년 국민들의 신속한 현장도착에 대한 인식수준을 조사한 결과, 국민들은 '5분 이내'라고 생각하는 것으로 결과가 나타났다.[116] 그래서 경찰청에서는 2016년 12월 15일부터 2017년 2월 14일까지 약 2개월간 실제적인 현장 대응시간을 확인한 결과, 약 6분 51초로 나타나

---

115) 경찰청, 「경찰백서」, 2018, p. 68.

116) 경찰청, 앞의 책, p. 69.

국민들의 인식수준과는 2분 정도의 차이가 발생했다.

이에 따라 경찰청은 국민의 인식수준에 최대한 근접할 수 있도록 5개년에 걸쳐 점진적으로 현장 대응시간을 5분 30초대로 목표를 설정하였다. 그리고 정확한 통계를 위하여 '순찰차 도착시간'을 순찰차 내에 설치된 태블릿에 부착된 GPS를 활용하여 '자동도착처리'를 활성하였다. 이로써 자동도착처리율이 2016년 37.6%에서 현재 크게 높아졌으며, 2021년에는 90% 달성을 목표로 하고 있다.

한편, 경찰청의 기대와 바람과는 달리 현장 대응시간 및 자동도착처리율이 경찰관서별로 서로 달라서 추진에 어려움이 있었다. 하지만 경찰청에서는 지방경찰청 및 경찰서와 다시 협의를 통해 각 지역에 맞는 적정한 단축 목표를 제시하도록 하여 현재 개선 노력 중이다.[117]

또한 목표 설정에서만 그치지 않고 실질적인 시간 단축을 위해 경찰청은 112시스템을 보완하고 불필요한 신고출동을 감축하였다. 그리고 지방경찰청은 신고접수 후 처리시간을, 경찰서는 지령시간을, 지구대 및 파출소에서는 순찰차 도착시간을 감축하여 각 단계별로 장애요인을 제거하였다. 위와 같은 노력으로 2017년 말 기준으로 112신고의 현장 대응시간은 6분 14초를 기록하였으며, 자동도착처리율도 68%까지 매우 높게 향상되었다.

아래의 〈표-26〉은 경찰청 등 각 경찰기관의 현장 대응시간 감축 추진방안을 나타낸 것이다.

〈표-26〉 경찰청 등 경찰기관의 현장 대응시간 감축 추진방안

구분	장애요인	추진방안	비고
112시스템 보완	112시스템 미비	신고장소 변경기능 추가	경찰청
불필요한 신고출동 감축	신고출동 과다	허위신고 자제 홍보, 출동 불필요한 신고의 경우 타기관 이관	
신고접수 후처리 시간	동시처리능력 부족	타자연습, 통화·타자 동시처리 교육	지방경찰청
	시스템 활용 미숙	단축키 등 활용 체질화	

---

117) 경찰청, 앞의 책, p. 69.

구분	장애요인	추진방안	비고
지령시간	지령요원 행태	지령요원 실시간 모니터링 확행 ※ 도주방향별 긴급배치 요도 작성·비치	경찰서
	타 신고사건 지령	선응답 활성화	지·파출소
순찰차 도착시간	원거리출동	생안지도 등 활용, 신고다발지역 분석·배치 2개 이상 읍·면 관할시 경계지점에 배치	지·파출소
	교통정체	정체구역 우회 출동가능 경로 적극 발굴	
	현장근무자 행태·관행	목표 부여, 긴급신고 최우선 대응 인식 전환	경찰서
		교대·식사시간 일괄 교대 지양	지·파출소
		신고 즉응태세 확립을 위한 후면주차	
	취약시간 출동요소 부족	신고다발관서 분석, 인력·장비 조정	지방경찰청
		타기능·타관할 출동 등 가용 요소 최대 활용	경찰서
		신고가 많은 요일에 야간 자원근무 활성화	

출처 : 경찰청, 『경찰백서』, 2018, p. 70.

다. 112신고 접수체계의 강화

경찰청에서는 2014년 3월부터 112신고대응 역량을 강화하고 국민 만족도 및 신뢰도 향상을 위해서 '112콜백시스템'을 추진하였다. 112콜백시스템이란 112 접수요원이 신고를 받기 전에 전화가 끊어지면, 즉시 바로 신고자에게 콜백 전화가 발신되도록 하는 시스템이다. 휴대폰 신고는 신고자가 전화통화 중인 경우는 최대 3회, 신고자가 전화를 받지 않는 경우(무응답)에는 1회 콜백전화 및 문자콜백을 실시하고 있으며, 유선·인터넷 전화신고는 문자콜백이 되지 않으므로 모두 3회 전화콜백을 실시하고 있다. 2018년 기준 전체 콜백 건수는 699,157건으로 2017년(633,162건) 대비 약 65,995건 증가하였다.

또한 112 접수요원이 신속한 신고처리를 하기 위해 위치특정·피해상황·가해자 정보 등에 집중한 나머지 신고자의 마음을 헤아리지 못하는 경우가 종종 발생하여 '112신고 공감접수'를 활성화하였다. 112신고 공감접수란 접수요원과 신고자 간의 상호 이해와 공감대를 형성하고자 공감할 수 있는 언어를 활용하면서 신고를 접수하는 것을 말한다. 위 공감접수는 접수요원과 신고자의 불필요한 오해를 막고 반감 요인을 저해시킴으로써 신속한 112신고 접수를 가능케 한다는 장점이 있다.

○ 112신고 접수 공감멘트

〈긴급신고〉	현재 경찰관들이 출동 중에 있으며 통화내용을 함께 듣고 있습니다. 안심하세요.
〈비긴급신고〉	전화 잘 하셨습니다. 경찰이 도와 드리겠습니다. 접수되었습니다. 바로 출동하겠습니다.

뿐만 아니라 전화상으로 112신고가 어려운 상황에서 앱(App)을 통해서 112신고를 하는 경우 신고자의 위치정보 등을 신속히 확인하고 대응할 수 있는 '112긴급신고 앱'을 구축하였다. 112긴급신고 앱의 가입자 수는 2018년 299,608명이며 2017년 (238,435명) 대비하여 61,173명이 증가하였다.

라. 올바른 112신고 문화정착을 위한 홍보 및 시스템 구축

매년 50%가 넘는 112신고가 경찰 출동과 관련 없는 민원·상담 내용들로 접수가 되고 있어 경찰이 긴급한 현장에 제 때 출동하지 못하는 문제가 발생하였다. 그간에 는 112신고의 패러다임이 '위급한 상황에 놓인 국민을 돕는 112'였지만, 국민들도 허위·민원성 신고로부터 112를 돕는 상호보완적 관계로 패러다임을 전환할 필요성이 있었다.

경찰청에는 2017년 11월 2일에 '도와주세요 112! 112를 도와주세요'라는 주제를 두고 112의 날 기념 행사를 개최하였다. 이 때 제작된 동영상과 포스터 등은 민간기 업 등과 연계하여 롯데시네마 영화관 및 CU편의점 모니터 등에 송출하여 홍보효과 를 높였다. 또한 유튜브 동영상 사이트 및 네이버 등 포털사이트에도 동영상을 업로 드하여 5백만건 이상의 높은 조회수를 기록하였다.

아래의 〈그림-19〉는 2017년 112의 날 기념 행사 포스터를 나타낸 것이다.

〈그림-19〉 2017년 112의 날 기념 행사 포스터

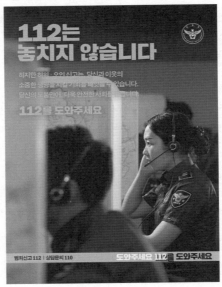

출처 : 경찰청, 『경찰백서』, 2018, p. 71.

또한 2018년 11월 1일에는 112창설 61주년을 맞아 '안녕과 질서의 수호자'로서의 「112신고」를 홍보하고 올바른 신고문화를 정착시키고자 '112의 날 기념식'을 개최하였다. 이날은 긴급신고를 공동대응하고 있는 경찰·소방·해경 관계자들을 초청하여 유관기관 간의 협업체계를 더욱 공고히 했다. 긴급신고는 경찰의 노력 뿐 아니라 시민들의 적극적인 지지와 협력이 있어야 함을 전파하고 '바른 신고문화'를 위한 캠페인도 전개하였다.

그리고 2017년 9월에는 현장부담 감소와 긴급신고의 집중적인 대응을 위해서 불필요한 112신고 출동지령 개선 계획을 추진하였다. 위 계획은 112신고 접수요원의 역량 제고와 대외적인 협력의 확대를 주된 내용으로 하였다. 우선 출동 및 비출동 가이드라인을 명확히 규정하고, 유형별로 처리절차를 구체적으로 마련하였다. 이를 통해 112신고 접수요원이 적절한 처리절차를 숙지하지 못해 발생하게 되는 불필요한 출동 사례를 막고자 하였다. 또한 타기관의 업무임에도 112로 신고되는 사례에 대해서는 정부민원콜센터(110)와 협의하여 신고를 이관할 있는 가이드라인을 마련하였으며, 112와 110간의 24시간 핫라인도 구축하였다.

다양한 112신고시스템의 운영

1. 112신고 표준화시스템

   112신고시스템은 지금까지 체계적이고 지속적인 발전을 거듭해왔다. 경찰서별로 112지령실에서 신고접수를 받아 처리하던 초기 단계에서부터 모든 112신고에 대해 지방경찰청 112종합상황실에서 접수하여 각 경찰관서로 하달하는 최근의 시스템까지 국내의 긴급신고제도 중 가장 앞선 제도를 운영하고 있다.

   경찰청에서는 2011년부터 '112시스템 전국 표준화 및 통합구축' 계획을 수립하고 사업을 계속 진행하여 왔다. 112신고 표준화시스템이란 전국적으로 접수되는 모든 112신고사건에 대해서 접수부터 처리까지의 절차를 모두 동일하게 운영하는 체계적인 시스템을 말하는 것이다. 1990년 서울·부산·인천지방경찰청을 시작으로, 2011년 2월에 경기지방경찰청의 남부권 30개 경찰서를 통합하고, 2013년 9월 전국의 모든 지방경찰청에 동일한 112신고시스템을 구축하였다. 그래서 112신고사건에 대해 실시간으로 모든 지방경찰청에서 신고사건에 대한 이첩이 가능하고, 필요시 사건을 함께 공유하여 지방경찰청간에 사건 해결을 위한 공조가 예전에 비해 향상되었다고 볼 수 있다.

   다음의 〈표−27〉은 전국 지방경찰청 112시스템 통합 표준화 사업 과정을 나타낸 것이다.[118]

〈표-27〉 전국 지방경찰청 112시스템 통합 표준화 사업 과정

연도	사업 내용
2011. 02.	경기 남부권(30개 경찰서) 통합 112신고센터 구축 ※서울·부산·인천청(1990년), 울산청(1991년), 광주·대전청(2007년) 구축
2012. 07.	4개 지방경찰청(충북·전남·경남·제주) 112시스템 표준화
2012. 12.	12개 지방경찰청(서울·6대 광역시·경기1·경기2·강원·전북·경북) 112시스템 통합·표준화
2013. 09.	충남 지방경찰청의 112종합상황실 구축 및 시스템 통합 ※ 전국 지방경찰청 112종합상황실 통합 및 시스템의 표준화 사업 완료

출처 : 경찰청, 『112신고 접수·지령 매뉴얼』, 2013. p.12.

---

118) 경찰청, 앞의 책, p. 12.

위의 〈표-26〉에서 보는 것처럼 전국 지방경찰청 112시스템 통합 표준화 사업 과정을 살펴보면, 2011년 2월 경기 남부권 30개 경찰서를 대상으로 '통합 112신고센터'를 구축하고, 2012년 7월 충북·전남·경남·제주 등 4개의 지방경찰청은 112시스템을 표준화하였다. 이후 2012년 12월경 서울·6대 광역시·경기1·경기2·강원·전북·경북 등 총 12개 지방경찰청의 112시스템이 통합 표준화되었다. 마지막으로 2013년 9월에는 충남 지방경찰청의 112종합상황실이 구축되고 시스템이 통합되어 전국 지방경찰청의 112종합상황실이 통합되고 112시스템의 표준화 사업이 완료되었다.

특히 '미귀가자 신고'의 경우에는 최근 위치추적 기법 활용의 증가로 전국 어디에서든 112신고 접수를 통해 요구조자의 위치를 추적하여 요구조자를 구조하고 사건을 해결하는 등 경찰의 사건공조 시스템이 매우 빠르게 발전하고 있다. 또한 지방경찰청에서 모든 신고사건을 접수하는 만큼 중요사건에 대해 예전보다 효과적인 경력지원이 가능해진 것도 특징이라 할 수 있다.

아래의 〈그림-20〉은 구(舊) 112자동화시스템과 신(新) 112신고통합시스템을 비교한 것이다.

〈그림-20〉 舊 112자동화시스템과 新 112신고통합시스템

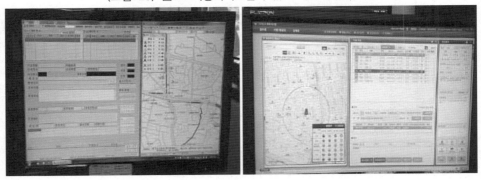

2. 112순찰차 신속배치시스템(IDS)

112순찰차 신속배치시스템(IDS, Instant Dispatch System)은 112순찰차에 위치확인시스템(GPS) 단말기를 설치하여 112순찰차의 위치를 실시간으로 112종합상황실의 전자지도에 표시함으로써 경력을 효율적·체계적으로 운용하기 위한 시스템

이다.[119]

 IDS는 112신고에 대한 대응 강화를 위해 다음과 같은 목적을 가지고 개발되었다. 첫째, 순찰차의 위치·궤적 및 현재 상태를 전자지도상에 파악하기 위해서이다. 둘째, 사건 발생시 신속한 출동 및 인근 차량을 동원한 도주로의 차단이 용이하다. 셋째, 순찰차의 네비게이션을 이용하여 사건 정보 및 사건 현장의 실시간 파악이 가능하다. 넷째, 112신고의 효율적 대응을 통한 대국민 치안서비스 질적 향상을 도모할 수 있다.

 112순찰차 신속배치시스템의 주요 기능은 순찰차 단말기의 전자지도를 이용한 경로 제공, 112종합상황실의 순찰차 현재 위치 및 이동속도 등 운행정보 파악, 순찰차 운행·정차·휴차 등 순찰차 현재 상태 실시간 파악, 사건 현장에 근접한 순찰차 신속 정확 배치 등이다.

 위 시스템은 2004년 인천지방경찰청에서 시범적으로 구축을 시작하여, 2005년부터 서울지방경찰청 및 6개 광역시에 소재한 지방경찰청에 IDS 구축 사업을 순차적으로 실시했다. 이후 2007년 울산·광주·대전지방경찰청에 소속된 지구대·파출소 등에 순찰차 네비게이션 및 소내 IDS 단말기 설치를 완료하였다. 그리고 2009년에 경기지방경찰청에 IDS 구축을 완료하여 전국의 112신고 대응 능력을 대폭 향상시켰다.

 112순찰차 신속배치시스템을 운영성과는 다음과 같다. 첫째, 신고현장에 위치해 있는 최근접 순찰차를 출동토록 지령하여 현장 도착 시간이 단축되었다.[120] 둘째, 순찰차·형기대·교통순찰차 등 출동요소의 체계적이고 입체적인 경력 활용으로 현장 검거율이 향상되었다. 셋째, 순찰차에 부착된 네비게이션에 신고내용·신고위치·최단경로 등이 표시되어 현장 경찰관의 근무여건이 매우 개선되었다.

○ 관련 언론보도(2004. 9. 19, 연합뉴스)

〈인천경찰청, 112순찰차에 전국 최초 GPS 장착〉

112순찰차에도 GPS(위성위치확인시스템) 단말기가 장착돼 112순찰차 배치 상황을 한 눈으로 보며 범죄에 대처할 수 있는 길이 열렸다. 인천지방경찰청은 전국 지방경찰청 중

---

119) 곽영길 외 3명, 『경찰학개론』 서울: 메티스, 2018, p. 471.

120) 경인일보(2011.4.13자), "늑장대처는 옛말... 신고받는 순간 '출동'".

최초로 112순찰차 신속배치시스템(IDS, Instant Dispatch System by GPS)을 구축했다고 19일 밝혔다.

이 시스템에 따라 인천경찰청 관할 112순찰차 123대에는 GPS와 통신모듈을 장착한 단말기가 설치됐다. 인천경찰청 지령실과 상황실, 산하 7개 경찰서(강화 제외) 상황실에는 순찰차 배치상황을 한 눈에 볼 수 있는 전자지도 시스템 모니터가 함께 설치됐다. 이 모니터에는 순찰차 123대의 위치가 파란색(운행 중인 순찰차), 녹색(정차 중 순찰차), 회색(비번인 순찰차) 등 3개 중 1개 색깔의 삼각형으로 나타나며, 순찰차의 위치 정보는 평상시 1분 이내 간격으로, 비상시에는 5초 이내의 간격으로 표시된다.

이로써 인천지역 각 경찰서 상황실은 순찰차의 배치상황을 한 눈에 파악하며 사건 발생시 사건현장에서 가장 가까운 곳에 위치한 순찰차를 더욱 빨리 현장으로 급파할 수 있게 됐다. 지령실은 전자지도를 보며 용의자의 도주로를 차단하기 위해 순찰차를 적절하게 배치할 수 있고 대형사고가 발생할 때는 사고현장 주변의 순찰차들을 신속하게 집중배치할 수도 있게 된다.

인천경찰청은 10월 한달간 시험운영을 마치고 11월부터 본격적으로 시스템을 운영한다는 방침이다. 경찰청 본청 역시 인천경찰청의 112순찰차 신속배치시스템이 성공적으로 평가될 경우 시스템 적용 대상을 전국 타 지방경찰청으로까지 확대할 예정인 것으로 알려졌다.

인천경찰청 송진한 정보통신담당관은 "인천경찰청이 전자지도 시스템을 이미 갖추고 있는 등 새 시스템을 도입하는데 가장 적합해 전국 최초로 이 시스템을 운영하게 됐다"며 "이번 시스템 개발로 용의자의 도주로 차단, 대형사건 발생시 순찰차 집중 투입 등이 더욱 빠르게 이뤄져 범인 검거율을 높이는데 도움이 될 것으로 기대한다"고 말했다.

출처 : https://news.naver.com/main/read.nhn?mode=LSD&mid=sec&sid1=102&oid=001&aid=0000766996

3. 112신고 모바일시스템

112신고 모바일시스템(112 Mobile System)이란 경찰 전용 스마트폰을 활용하여 출동 현장에서 직접 112신고 처리 내용을 전산시스템 입력하고 중요사항을 112종합 상황실에 보고 및 공유할 수 있는 시스템이다. 여기에서 '경찰 전용 스마트폰'은 내부 업무망으로만 접속이 가능하고 인터넷 사용이 불가한 스마트폰을 말하며, 해킹 등을 대비하여 방화벽, 망분리장치 등 보안장비를 추가하였다. 위 시스템은 2013년 기준 전국의 순찰차를 기준으로 약 3,900대를 보급하였다.[121]

위 모바일시스템의 메뉴는 112신고처리, 온라인 조회, 생활안전포털, 현장지원, 근

---

121) 경찰청, 『112 모바일시스템 사용자매뉴얼』 2013, p. 2.

무수첩, 법률, 메신저 등으로 구성되어 있다. 각 메뉴의 구체적인 내용은 ① 112신고 처리 : 공지사항·내사건·지구대사건·경찰서사건·사건검색, ② 온라인조회 : 수배자·도난차량·운전면허·즉심통고, ③ 생활안전포털 : 공지사항·주요업무·언론보도·스피드수배, ④ 현장지원 : 순찰차·우범지역·인적치안·관내시설, ⑤ 근무수첩, ⑥ 법률 : 현장매뉴얼·112매뉴얼, ⑦ 메신저 등이다.[122]

〈그림-21〉 112신고 모바일시스템 사진

112 모바일 신고처리시스템이 구축됨으로써 수배 및 도주 등 긴급한 지시사항의 전달과 112신고 지령 및 중요 진행사항의 보고가 실시간으로 신속하게 진행되었다. 또한 현장에서 발생하는 상황을 사진, 동영상, 음성녹음 등 다양한 방법으로 상황실에 보고를 하여 신속한 업무 대응이 가능해졌다. 그리고 내가 지령을 받은 112신고 뿐만 아니라 해당 지구대 혹은 경찰서에서 처리 중인 다른 사건을 동시에 확인하여 지원을 할 수 있도록 개선되었다. 아울러 현장에서 수집된 각종 정보들을 '온라인 근무수첩'을 통해 저장하여 같은 현장에 있는 직원들과 내용을 공유할 수 있도록 협업 체계가 강화된 것도 특징이다. 이 외에도 관내에 위치한 방범대상업소 현황 및 범죄 발생 현황 등 지리적 치안 요소와 신상정보 대상자(성범죄자)·전자발찌 대상자 등의 인적 치안요소 정보가 전자지도를 통해 표시되어 치안과 정보의 융합을 통한 현장 사건 대응 역량이 크게 강화되었다.

---

122) 곽영길 외 3명, 앞의 책, p. 473.

4. 수배차량 검색시스템(WASS)

수배차량 검색시스템(WASS, Wanted Auto-mobile Scanning System)이란 차량 방범용 CCTV와 차량번호 자동판독기를 연계하여 수배차량 등을 실시간으로 검색하고 전파하는 기능과 사후 검색 기능으로 수배차량을 추적하고 검거하는 시스템을 말한다.[123] 위 시스템 운영 근거는 수배차량 등 검색시스템 운영규칙(경찰청 훈령 제780호)이다.

수배차량 등의 일반수배차량, 긴급수배차량. 범죄용의차량, 재난관련차량으로 나뉘며, 구체적인 내용은 다음과 같다. 첫째, 일반수배차량은 ① 경찰온라인시스템의 도난·무적차량·범죄차량·번호판도난차량[124](번호판분실·기타차량은 제외) 중 범죄의 증명이 확신하고 신속한 검거가 필요한 차량, ② 생명·신체에 대한 위험방지 또는 수사를 위해 검거 및 발견의 필요성이 높은 경추 경찰서장의 승인에 따라 별도 입력한 차량을 말한다. 둘째, 긴급수배차량은 일반수배차량·범죄용의차량·재난차량 중 경찰관서장이 긴급하다고 인정할 만한 상당한 이유가 있어 긴급수배차량으로 입력한 차량을 말한다. 셋째, 범죄용의차량은 범죄행위(일부 중대범죄에 한정)[125]에 제공한 차량, 범죄행위로 취득한 차량, 범죄행위의 용의자나 피의자가 이용한 차량을 말한다. 넷째, 재난관련차량은 재난(「재난 및 안전관리 기본법」 제3조 제1호 준용)[126]에 해당하고 지방경찰청장이 검색을 승인한 차량을 말한다.

---

123) 경찰청, 『수배차량 등 검색시스템 업무 매뉴얼』 2016, p. 1.

124) 1. 도난차량 : 강·절도 범죄 등으로 인한 피해차량, 2. 무적차량 : 자동차 등록원부상 차적이 없는 차량, 3. 강·절도 등 범행 이용차량 및 범행 후 도주에 이용된 차량, 교통사고야기 도주차량, 4. 번호판 도난차량 : 번호판만 도난당한 경우

<table>
<tr><td>구분</td><td>사람의 생명 또는 신체에 위험을 끼칠 우려가 있는 범죄</td><td>재산에 중대한 손해를 끼칠 우려가 있는 범죄</td><td>기타 범죄</td></tr>
<tr><td rowspan="2">125)</td><td>형법</td><td>폭발물에 관한 죄
방화와 실화에 관한 죄
살인의 죄
체포와 감금의 죄
약취, 유인 및 인신매매의 죄</td><td>절도와 강도의 죄
장물에 관한 죄</td><td>도주와 범인은닉의 죄</td></tr>
<tr><td>특별법</td><td>특정범죄가중처벌등에관한법률」
특정강력범죄의처벌에관한법률
성폭력범죄의처벌에관한법률
성폭력범죄의처벌및피해자보호등에관한법률
아동·청소년의성보호에관한법률
마약류관리에관한법률
마약류불법거래방지에관한특례법
폭력행위등처벌에관한법률</td><td>특정경제범죄가중처벌등에관한법률
전기통신금융사기피해방지및피해자환급에관한특별법
전자금융거래법</td><td>특정 범죄자에 대한보호관찰및전자장치부착에관한법률</td></tr>
</table>

아래의 〈표-28〉은 '수배차량 등'의 요건(필요·상당성) 예시를 나타낸 것이다.

〈표-28〉 '수배차량 등'의 요건(필요·상당성) 예시

범죄의 증명이 확실/신속한 검거 필요 例	긴급하다고 인정할만한 상당한 이유 例
① 도난/무적/번호판 도난 차량 中 강·절도 등 다른 범죄에 이용되었음이 발생보고, CCTV 등에 의해 증명되어 신속한 검거가 필요한 때 ② 범죄차량 中 체포대상 피의자가 현재 대상차량을 이용 도주 중인 때 ③ 기타 생명·신체·재산에 대한 피해가 현재 진행 중이거나 신속하게 검거하지 않을시 추가적인 피해발생이 명백히 예상되는 경우 ④ 해당 범죄의 유형과 사건의 특성을 고려할때 대상차량을 이용한 재범 우려가 높은 경우	① (구조목적) 사람의 생명·신체에 대한 급박한 위해를 방지하기 위해 부득이 하다고 인정되는 경우 ② (수사목적) 주요 강력사건 수사를 위해 중대한 필요성이 있는 경우 ex) 은행강도, 살인사건(흉악범)에 준하는 사건

출처 : 경찰청, 『수배차량 등 검색시스템 업무 매뉴얼』 2016. pp. 1~2.

WASS의 단말기는 경찰청(수사기획과·정보통신담당관실), 지방경찰청(112종합상황실·형사과·정보통신과), 경찰서(112종합상황실)에 설치하며, 단말기 운영자 및 사용자를 지정하여 남용을 방지하고 사용책임을 명확히 하였다.

수배차량 검색시스템은 차량번호 검색, 특정차량 이동경로 검색, 중복차량 검색의 주요 기능을 가지며, 구체적인 내용은 다음과 같다. 첫째, 차량번호 검색은 차량번호를 알 경우(일부 번호로도 검색이 가능) 통과시간 대의 해당지역 CCTV에 차량번호를 입력하여 용의차량의 번호를 특정할 수 있다. 둘째, 특정차량 이동경로 검색은 범죄 및 여죄수사를 위해 특정된 용의차량 번호를 입력하여 전국에 설치되어 있는 CCTV의 통과사항을 검색할 수 있다. 셋째, 중복차량 검색은 농산물 절도와 같이 동일한 차량을 이용하여 여러 지역에서 반복적으로 범행한 차량을 특정할 수 있다.[127]

위 시스템의 운영에 따른 책임은 경찰청·지방경찰청·경찰서가 각각 지고 있다.

---

126) 『재난 및 안전관리 기본법』 제3조(정의) 이 법에서 사용하는 용어의 뜻은 다음과 같다.
  1. "재난"이란 국민의 생명·신체·재산과 국가에 피해를 주거나 줄 수 있는 것으로써 다음 각 목의 것을 말한다.
    가. 자연재난 : 태풍, 홍수, 호우, 강풍, 풍랑, 해일, 대설, 낙뢰, 가뭄, 지진, 황사, 조류 대발생, 조수, 화산활동, 그 밖에 이에 준하는 자연현상으로 인하여 발생하는 재해
    나. 사회재난 : 화재·붕괴·폭발·교통사고(항공사고 및 해상사고를 포함)·화생방사고·환경오염사고 등으로 인하여 발생하는 대통령령으로 정하는 규모 이상의 피해와 에너지·통신·교통·금융·의료·수도 등 국가기반체계의 마비, 『감염병의 예방 및 관리에 관한 법률』에 따른 감염병 또는 『가축전염병예방법』에 따른 가축전염병의 확산 등으로 인한 피해

127) 곽영길 외 3명, 앞의 책, p. 472.

경찰청의 운영책임은 수사기획과장(운영총괄)·정보통신담당관(기술지원)·생활안전과장(현장지원)이, 지방경찰청의 운영책임은 112종합상황실장·형사(수사)과장이, 경찰서의 운영책임은 112종합상황실장이 진다.

아래의 〈그림–22〉는 수배차량검색시스템 운영체계를 나타낸 것이다.

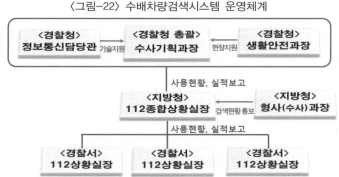

〈그림-22〉 수배차량검색시스템 운영체계

출처 : 경찰청, 『수배차량 등 검색시스템 업무 매뉴얼』 2016, p. 8.

○ WASS 활용 조치 사례(대구지방경찰청 112종합상황실)

신고 일시 및 장소

1. 2017년 1월, 대구광역시 서구 비산동 ○○초등학교 정문
2. 접수코드 및 종별 : Code 1, 자살
3. 신고 내용

   자살사이트에서 만난 사람인데 이료일 대구, 대전에서 3명 만났고/ 어제 연탄으로 자살 실패하고/ 김○수(전번 모름, 휴대폰 야산에 버림)가 차량 ○○○○을 타고 서대구IC 19:40경 강원도로 간다고 했다.
4. 조치 내용

   지방경찰청 접수요원이 신고자에게 자살사이트 및 카톡내용 등을 문자·사진 등으로 112 재신고토록 요청, 지방경찰청 및 관할 경찰서 112종합상황실의 신속한 차량 수배 무전 및 WASS 긴급수배차량 입력, 용의차량 이동경로 파악하면서 관할 지방경찰청과 정보 공유, 경북지방경찰청 영덕경찰서 관내 이동 중이던 용의차량 발견, 요구조자 2명 발견하여 가족 인계 및 병원치료 조치

5. 기타 112신고 접수시스템

가. 긴급 선접수

긴급 선접수란 주요 강력사건의 경우 신고접수 시부터 1차 장소와 사건종별을 전달하여 선 출동 지령을 한 후, 도착 시까지 추가 접수 상황을 실시간으로 전파하여 신속한 현장 출동을 가능토록 한 시스템을 말한다.[128]

긴급 선접수 조작법은 Code1 사건에 대해 실시하는데 죄종 및 신고자의 위치 파악을 한 동시에 긴급버튼(F5)을 누르고 3자 통화를 하며 관할 경찰서에 0코드 긴급지령과 함께 순찰차를 현장으로 출동시킨다. 그리고 신고자 상세위치·인상착의·도주로 등 추가 신고내용을 파악하면서 접수 창에 내용을 기록하고 종결을 하게 된다.

긴급 선접수 후에는 첫째, 중요범죄 신고 접수시 반드시 종합지령대에 통보하고, 긴급지령함과 동시에 지휘계통에 보고해야 한다. 둘째, 인상착의 및 도주방법 등 긴급사건 내용을 추가로 접수시에는 실시간 추가된 내용을 지령화면에 현출하기 위해서는 내용 입력시마다 Enter키를 작동해야 한다. 셋째, 신고자의 내용 파악이 정리되면 사건 접수를 완료하고 전송한다.

긴급 선접수의 시행으로 현장 경찰관들이 신고 장소를 보다 신속하게 파악할 수 있어 효과적인 대처가 가능하고, 112종합상황실에서도 IDS를 통해 주변 순찰차 및 형사기동대 등 지원 경력을 동시 출동시킬 수 있어 사건 해결에 많은 도움이 되고 있다.

나. 외국인 긴급신고

외국인이 신고를 하는 경우에는 전화통역 서비스를 활용하여 신고를 접수할 수 있다. 전화통역 서비스를 할 수 있는 것은 피커폰·티티콜·다산콜센터·BBB·이주여성긴급지원센터·외국인 종합안내센터 등이 있다.[129]

첫째, 피커폰은 통역전용전화를 뜻하며, 외국인이 신고하는 경우 피커폰으로 전환하여 해당 언어의 버튼을 누르고 통역과 연결한다. 시간은 평일에는 07:00∼22:00, 휴일에는 09:00∼18:00까지 운영하며, 언어는 영어·일어·중국어·러시아어·스페인

---

128) 서울지방경찰청, 앞의 책, p. 136.

129) 서울지방경찰청, 앞의 책, p. 137.

어·독어·불어 등 7개 국어를 통역하고 있다.

둘째, 티티콜은 한국관광공사에서 관광정보 등 종합서비스를 제공하는 것으로 번호는 1330이다. 시간은 365일 24시간 가능하며 언어는 영어·일어·중국어 등 3개 국어를 통역하고 있다.

셋째, 다산콜센터는 서울시와 구청의 안내번호를 하나로 통합하여 시민의 문의사항을 상담하는 전화로 번호는 120번이다. 시간은 09:00~22:00까지 운영하며, 영어·중국어·일어·베트남어·몽골어 등 5개 국어를 통역하고 있다.

넷째, BBB는 비영리사단법인 한국 BBB운동에서 자원봉사 형태로 운영하는 것으로 번호는 1588-5644번이다. 시간은 365일 24시간 운영하며 17개 국어를 통역하고 있다.

영어	일본어	중국어	프랑스어
스페인어	이탈리아어	러시아어	독일어
포르투칼어	아랍어	폴란드어	터키어
스웨덴어	태국어	베트남어	말레이시아·인도네시아어
몽골어			

다섯째, 이주여성긴급지원센터는 여성가족부에서 운영하며 번호는 1577-1366번이다. 시간은 365일 24시간 운영하고 있으며, 영어·중국어·일본어·베트남어·몽골어·캄보디아어·태국어·러시아어·우즈벡어·필리핀어 등 10개 국어를 통역하고 있다.

여섯째, 외국인 종합안내센터는 법무부에서 운영하며 번호는 1661-2025번이다. 시간은 365일 24시간 운영하고 있으며, 17개 국어를 통역하고 있다.

1. 중국어	2. 영어	3. 베트남어	4. 태국어
5. 일본어	6. 몽골어	7. 인도아·말레이어	8. 프랑스어
9. 방글라데시아어	10. 파키스탄어	11. 러시아어	12. 네팔어
13. 캄보디아어	14. 미얀마어	15. 독일어	16. 스페인어
17. 필리핀어			

다. 원터치 SOS 긴급신고

원터치 SOS 긴급신고는 14세 미만 아동의 안전을 목적으로 미리 보호자 및 학생 개인정보가 수록된 동의서를 제출받아 데이터베이스(D/B)한 후, 범죄 등 위급상황 시 112에 신고하는 것을 말한다. 대상은 14세 미만의 휴대폰을 소지한 초등학생으로, 대상자 나이·친구·학원·부모 연락처 등 생활정보를 D/B에 입력하여 상황파악 자료로 활용하며 서비스에 소요되는 비용은 없다.

신청 절차는 신청자 및 보호자가 개인정보를 기입한 가입 신청서를 지구대 및 경찰서 민원실에 제출하면, 신청자에게 가입 완료 문자가 송신된다. 신청자는 단축번호 1번으로 112로 저장하고, 단축번호 1번 또는 112를 누르면 신고자의 위치와 신상정보가 112종합상황실 모니터에 현출되는 방식이다.[130]

〈그림-23〉 SOS 원터치 긴급신고 방식

출처 : http://safe.korea.kr/newsWeb/pages/special/safesociety/news/newsView.do?newsId=148755452&sectionId=safepolicy_02&currPage=3

라. 112 앱(App) 긴급신고

112 앱(App)은 긴급상황 시 스마트폰의 112 앱을 다운받아 설치 후, 위급상황 시 112로 신고할 경우 위치정보 제공으로 정확한 장소 확인이 가능하여 신고자의 신속한 구조를 돕는 것이다. 대상은 현재 19세 미만의 스마트폰 소지자이며 신고자의 위치와 신상정보가 112종합상황실의 모니터에 표시되는 방식이다.[131]

신청 절차는 스마트폰 이용자가 112 앱을 다운받아 설치한 후, 음성 신고가 불가한 긴급 상황인 경우 112 앱을 이용하여 신고를 한다. 신고가 접수되면 112종합상황실 문자신고 접수화면에 신고자의 위치가 GPS를 이용한 위·경도가 표시되고, 서울 지역의 경우 지도(폴맵) 상에 즉시 위치가 표시된다.

---

130) 서울지방경찰청, 앞의 책, p. 140.

131) 서울지방경찰청, 앞의 책, p. 142.

112 앱 서비스 사업은 행정안전부에서 추진한 사업으로 안드로이드 기반 스마트 폰은 2011년 6월부터, 아이폰 기반 스마트 폰은 2011년 7월부터 서울지역 미성년자를 대상으로 시범 서비스를 하였다. 2012년 6월까지 서울·경기·강원 3지역만 112 앱을 통해 신고 가능했으나, 현재는 전국 확대되어 시행 중이다. 2012년 6월가지 19세 미만 미성년자만 가입이 가능했으나, 2013년부터 전국의 여성을 대상으로 확대하여 시행하고 있으며, 20세 이상의 남성의 경우는 자동 해지되고 있다.

〈그림-24〉 112 앱(App) 긴급신고 방식

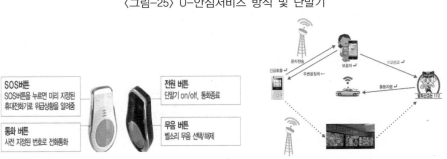

마. U-안심서비스

U-안심서비스는 휴대폰을 소지하지 않은 초등학생에게 전용 단말기를 지급하고 위급상황 발생시 SOS 버튼을 눌러 보호자에게 위치를 전송하여 보호자가 112로 신고하는 시스템을 말한다. 대상은 저소득 초등학생 등 일반조건에 해당되는 경우이며 단말기 및 이용요금은 무료이다. 신청절차는 신청자 및 보호자의 개인정보를 기입한 가입신청서를 학교와 통신사 대리점에 제출하면, 사업자가 D/B에 가입자의 정보를 입력한다.

〈그림-25〉 U-안심서비스 방식 및 단말기

SOS버튼
SOS버튼을 누르면 미리 지정된
휴대전화기로 위급상황을 알려줌

통화 버튼
사전 지정된 번호로 전화통화

전원 버튼
단말기 on/off, 통화종료

무음 버튼
벨소리 무음 선택/해제

U-안심서비스는 평상시 등하교 알림·위치 확인 서비스·입력된 일부 번호 통화·위급상황시 SOS 버튼을 누르면 보호자에게 위치가 전송되는 기능이 있다.[132]

바. 문자신고(SMS·MMS)

SMS(Short Message Service) 신고는 납치·감금 등 위급상황 시 신고자가 전화로 신고가 불가능한 경우 또는 말을 할 수 없는 경우 단문 문자메세지를 활용한 신고이다. 또한 MMS(Multimedia Messaging Service) 신고는 기존 단문메세지(SMS) 접수만 가능하던 것을 장문 문자·녹화 동영상 또는 정사진으로도 신고 가능한 시스템을 말한다.[133]

동영상(사진)을 확인하는 방법은 접수내용 인터넷 IP주소를 복사(http://192.168. 252.220/201105/20110523112540.html)하여 내부망 인터넷 주소창에 IP주소를 입력하면 신고된 동영상 또는 사진 등을 확인할 수 있다. 또한 문자 접수석 동영상 내용 삭제시에도 중앙서버에 내용을 보관 중이므로 일정 기간은 내용 확인이 가능하다.

〈그림-26〉 MMS 사진 신고

한편, 문자신고의 경우 2012년 112신고시스템을 통합하는 과정에서 시스템상 현출되는 신고문자의 수가 45자로 제한되었다. 이후 112신고가 긴급신고임을 감안해 위 MMS 문자신고의 글자 수를 늘리는 용량 보완 계획이 있었으나 실제 시스템에 반영되지 못했다. 그러나 최근 '버스 내 흉기 난동' 문자신고가 접수되었으나 글자 수가 제한되어 '흉기소지(카터 칼을 가지고 있다)' 내용이 출동 경찰관에게 고지가

---

132) 서울지방경찰청, 앞의 책, p. 144.

133) 서울지방경찰청, 앞의 책, p. 147.

되지 않아 신고자를 노출시키는 시스템의 한계를 드러냈다. 사건 발생 이후 경찰청에서는 신속한 시스템 개선으로 문자신고의 제한을 70자까지 늘리고 용량 초과시 MMS로 넘어가도록 하였다.

○ 관련 언론보도(2019. 1. 21, 헤럴드경제)

> 〈경찰 "'버스 흉기난동' 문자신고 40자 넘어 접수 안 돼"〉
>
> 지난 19일 '당산역 버스 흉기 난동' 당시 112 문자신고 시스템의 한계로 일선 경찰관에게 신고 내용이 제대로 전달되지 않은 것으로 드러났다. 원경환 서울지방경찰청장은 21일 기자간담회에서 "신고자의 보안을 유지하고 비밀을 지켜줘야 하는데, 세심하게 챙기지 못한 부분이 있었다"고 사과하고 "신고자의 비밀이 보장될 수 있도록 교육을 강화하겠다"고 말했다.
>
> 지난 19일 오후 10시 30분께 서울 영등포구 당산동의 한 시내버스에서 한 남성이 흉기를 들고 다른 승객을 위협하자 버스 승객이 이런 상황을 112에 문자를 보내 신고했다. 신고를 받고 출동한 경찰은 버스에 올라 '신고자가 있느냐'고 크게 물었고, 신분 노출을 꺼린 신고자가 응답하지 않자 별다른 조치 없이 버스에서 내렸다.
>
> 경찰 관계자는 "2012년 112시스템을 통합하면서 문자신고자 40자 이내로 제한했는데, 글자 수가 넘는 신고가 들어오면서 흉기 관련한 신고가 접수되지 않았다"고 "(칼을 가졌다는 신고 문자가) 40자가 넘어 접수 자체가 되지 않았다"고 말했다.

사. 무통화 긴급신고 시스템

무통화 긴급신고 시스템은 원터치 SOS 시스템에 현금다액취급업소 일반 전화번호를 입력하여 강력사건 발생시 112종합상황실에 자동으로 연결되는 긴급출동 시스템으로, 수화기를 든 채 번호를 입력하지 않고 7초가 지나면 자동으로 사용자가 지정한 번호로 연결되는 KT의 무료 서비스이다.[134]

가입 대상은 관내 편의점·금은방·주유소 등 현금다액취급업소이며, 서비스 가입을 하고자 하는 경우 한국통신(KT, 100번)에 전화하여 설정 방법을 안내받도록 하며, 지구대 등에 방문하는 경우에는 가입업소의 정보를 적은 가입신청서를 작성토록 하고 지방경찰청 생활안전계에 제출하면 된다.

지방경찰청에서는 방범자료를 수집하여 시스템에 현금다액취급업소 현황을 일괄 입력하고 정보통신과에 통보하여 긴급신고대상 D/B에 등록토록 한다. 또한 방범자

---

134) 서울지방경찰청, 앞의 책, p. 148.

료 수집 시스템에 신규·폐점 등 현금다액취급업소 현황을 변경하여 주기적으로 자료를 업데이트해야 한다.

<그림-27> 무통화신고시스템 종류

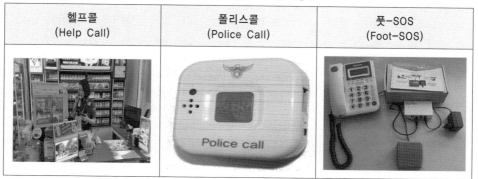

헬프콜 (Help Call)	폴리스콜 (Police Call)	풋-SOS (Foot-SOS)

일선에서 가장 많이 사용하는 무통화 긴급신고 시스템의 종류는 '헬프폰, 폴리스콜, 풋 SOS' 등이다. 먼저 '헬프폰(Help Phone)'은 수화기를 4~5초 이상 들고 있으면 자동으로 신고가 경찰서에 상황실에 비치된 전용 전화로 연결되는 방식이다. 하지만 일반 전화를 하는 과정에서 수화기를 5초 이상 들고 있다가 자동으로 신고되는 오인률이 높았다. 둘째, '폴리스콜(Police Call)'은 손으로 호출기 버튼을 누르면 112종합상황실 전자상황판에 신고자의 주소, 위치, 전화번호가 자동으로 뜨고 동시에 인근 지구대 무전기로 바로 내용이 전송이 되어 신고 출동하는 방식이다. 폴리스콜은 비용이 발생하고 손을 사용하기 때문에 범인에게 노출될 수 있는 단점을 가진다. 마지막으로 '풋-SOS(Foot-SOS)'는 기존의 헬프폰과 폴리스콜에 비해 범죄신고 서비스면에서 좀 더 진화한 신고시스템으로, 위급상황에서 직원이 발로 페달을 5초간 밟으면 가장 가까운 경찰서 상황실로 자동으로 신고가 접수되는 방식이다. 또한 발을 떼더라도 약 30초간 현장의 음성이 경찰서 상황실로 전달되기 때문에 오인신고율로 적으며, 헬프폰의 전화망을 이용하기 때문에 이용요금도 발생하지 않는다.[135]

---

135) 리더스 경제신문, "풋 SOS로 편의점 강도 막는다", 2018.5.13.자.

112신고제도 발전을 위한 제언

1. 112신고 접수요원의 전문화

112신고 접수요원의 미숙함과 비전문성에 대해 많은 국민들의 우려가 높다. 강력사건 발생시 경찰의 부적절한 대응은 결국 피해자를 더 큰 위험으로 내몰 수 있다. 위급상황에 놓은 피해자는 경찰에 구조요청을 하는 그 순간이 생전의 마지막 통화일 수도 있으므로, 최초 112신고를 접수하는 지방경찰청 소속의 접수요원의 전문성 강화는 필수적이다.

일반적으로 112신고사건의 경우 지방경찰청에서 접수를 한 후, 해당 경찰서에 하달하여 신고를 처리하는 방식을 갖게 된다. 그러므로 만약 112신고가 지방경찰청에서 불완전하게 되거나 중요 정보를 빠뜨리게 된다면 경찰서에서 출동하여 신고를 처리하는 경우 큰 어려움을 겪게 되는 이유가 된다.

접수요원들의 내부 교육기관과 외부 위탁을 통한 교육을 강화함과 동시에 업무 역량을 강화할 수 있는 동기 부여를 함으로써 스스로 전문성을 키울 수 있는 방안 모색이 필요하다. 또한 접수요원이 장기적으로 근무할 수 있는 여건 개선과 동시에 개인별로 특화된 업무 지식의 개발을 유도해야 한다.

2. 지역경찰과의 소통 강화

112신고제도를 운영하는 양대 축은 112종합상황실과 지역경찰이라고 할 수 있다. 112종합상황실과 지역경찰의 소통은 112신고제도 운영 강화에 있어 가장 큰 핵심이며, 이에 대한 강화 방안 마련이 결국 112신고제도를 발전시키는 원동력이 될 것이다.

112종합상황실과 지역경찰은 「112신고」 업무에 있어 상호 공생하고 동반하는 관계임에도 불구하고 서로의 업무에 오해를 갖고 있는 것이 현실이다. 그러나 지역경찰과의 소통을 전제하지 않고는 112신고제도의 활성화가 극히 어려운 만큼 서로의 애로를 말하고 이해할 수 있는 일시적이 아닌 상시적인 소통의 장 마련이 필요하다 하겠다.

3. 유관 부처와 적극 공조

112신고제도는 정보통신 기술을 기반하고 있으므로 정보통신부 등 유관 부처와의 기술 협력 MOU 등을 체결하고 최신 기술의 우선적 적용을 통해 각종 신고 매체를 활성화하고 대용량의 저장소를 확보하여 112신고의 폭주시에도 자료가 다운되지 않도록 하는 예방책 등이 필요하다.

또한 효율적 범죄예방 및 신속한 범인검거를 위해 112종합상황실에서 필요시 관내 CCTV 등을 관제할 수 있는 시스템을 마련해야 한다. 시스템 자동화를 통해 정보 입력시 CCTV 추적이 가능토록 하고 인접 경찰서에서 사건 정보를 공유하고 이해할 수 있는 프로그램의 개선도 시행되어야 할 것이다.

경찰청에서는 2018년부터 경찰과 소방 간의 긴급신고 대응 강화를 위해 「긴급신고 공동대응시스템」을 추진하였다. 긴급신고 공동대응시스템이란 112와 119에 각각 접수되는 신고내용을 분석하여 동시 출동이 필요한 상황인 경우에 최초 신고처리 단계에서부터 두 기관이 공동으로 출동 처리하는 시스템을 말한다. 2019년 행정안전부 긴급신고 공동관리센터에 따르면 긴급신고를 받아 관계 기관에 출동 지령을 내리기까지 걸리는 '공동대응 처리시간'이 2016년(7분46초)에 비해 225초(3분45초)가 단축된 것으로 밝혔다. 위 긴급신고 공동대응시스템 운영으로 인한 단점 등을 잘 보완하여 지속적인 시스템 개선을 통한 현장 대응력 강화가 필요하다.

4. 통합형 112신고제도의 구축

112신고제도는 국가의 국민에 대한 제1차적 보호 의무를 띤 보장적 성격을 가진다. 위급한 상황에 놓인 국민은 다양한 긴급신고 번호를 생각할 겨를이 없이 당장 그 순간 생각나는 번호로 신고를 하게 된다.

112신고제도가 국가의 보장의무 및 긴급 상황의 성격을 가진다고 볼 때, 현재와 같은 기관별 개별 운영이 아닌 정부 중심의 통합형 긴급신고체계 구축이 합리적이라고 본다. 대부분의 피해자는 피해 당시 당황한 상황에 놓여 자신의 위치 및 상태를 제대로 표현하지 못하는 경우가 많으므로 경찰 및 소방, 기타 유관기관의 합동 출동으로 능동적이고 적극적인 대응이 가능하도록 신고 체계의 변화를 유도해야 한다.

또한 경찰청에서는 우수한 112신고 요원을 양성할 수 있는 교육제도를 마련해야 하고, 지방경찰청 및 경찰서 등과 유기적으로 협조하여 현장의 상황을 구체적으로 파악해야 한다. 경찰의 112신고는 타 기관에서 운영하는 긴급신고와 다른 성격을 띠고 있으므로, 현재보다 확대 발전시키고 전문화시켜 국민 안전의 보루가 될 수 있는 토대를 마련해야 한다.

제 3 편

112신고처리

제1장 112종합상황실의 이해

제1절 112종합상황실의 의의

1. 112종합상황실의 개념 및 변천과정

가. 개념

112신고는 위기에 처한 국민이 경찰에 대한 도움이나 구호를 요청할 수 있는 최초의 주요 통로인 동시에 범죄예방 시스템의 핵심이며, 일선 지구대 등 현장에서부터 경찰청장의 최고 지휘라인에 이르는 조직 신경망이기도 하다. 사회불안 요소를 제거하여 국민의 평온한 삶을 유지하는 112신고처리의 성패는 국가 전체의 신뢰도뿐 아니라 국정운영능력 평가와도 직결되므로 112종합상황실의 책임은 매우 크다고 할 수 있다.

112종합상황실(Emergency Dispatching and Operation Command Center)은 경찰에 접수되는 모든 112신고사건에 대해 처리를 하고 각종 신고사건 및 상황에 대한 관리 및 전파와 함께 경찰서장 등 지휘관에게 보고 업무를 수행하는 경찰의 핵심부서를 말한다. 112종합상황실은 각 시·도의 지방경찰청별로 1개소씩 총 17개소에 지방경찰청 112종합상황실이 설치되어 있으며, 각 경찰서별로 경찰서 112종합상황실이 설치되어 있다. 지방경찰청의 112종합상황실에서는 모든 112신고의 접수 및 광역·대형 사건의 지령을 담당하며, 경찰서의 112종합상황실에서는 나머지의 일반사건의 지령 및 관내 상황관리를 담당한다. 단, 일반사건이라고 하더라도 현장 상황의 급변 또는 지리적 이동 등 필요한 경우 지방경찰청에서 개입하여 사건을 지령하거나 지휘할 수 있다.[136] 112종합상황실의 운영 형태는 112신고를 접수하고 지령하는 '지령팀'과 각종 상황보고 전파 및 수신·처리를 담당하는 '상황팀', 그리고 전반적인 행정지원 업무를 하는 '관리팀'으로 구분할 수 있다.

최근 경찰청에서 치안상황 즉응 체제를 위해 경비국 소속의 치안상황실 체계를

---

136) 경찰청, 앞의 매뉴얼, p. 8.

개편하였다. 그러나 위 치안상황실의 업무는 실질적으로 112신고 및 상황관리 업무를 행하는 지방경찰청 및 경찰서의 112종합상황실과 달리 전국 치안상황의 신속한 보고·전파가 주된 것이라 할 수 있다.

나. 변천과정

112종합상황실은 전술한 바와 같이 112신고 및 상황관리의 중심이므로, 그동안 많은 변화의 과정을 겪어왔다. 다음에서는 112종합상황실의 변천과정을 구체적으로 살펴보고자 한다.

2005년 2월에는 전국의 각종 중요상황에 대한 효율적인 대응과 적극적인 대처를 하기 위해 경찰청에 상황관리운영실을 신설하고 경정 3명을 치안상황실장을 임명하였다. 또한 각 기능별 분직자가 해당 부서 사무실이 아닌 치안상황실에 배석하여 합동근무하는 것을 원칙으로 하였다. 합동근무를 하는 이유는 중요 상황 발생시 전파를 보다 용이하게 하고 초기 대응력을 높이고자 하는 시도인 것으로 판단된다.

2006년 1월에는 경찰서 112신고센터와 치안상황실을 통합하여 경비과 소속으로 일원화 하였다. 업무 내용과 장소가 동일함에도 불구하고 기능이 분리되어 효율적인 공조가 되지 않는 단점을 보완하고자 경비과 소속으로 소속을 일치시켰다.

2006년 4월에는 112신고 관련 지휘보고가 이원화되고 경비과장의 112신고에 대한 관심부족 등 문제점이 발생하여 112신고센터는 생활안전과로, 치안상황실은 경비과로 환원하여 다시 이원화 하였다. 환원의 이유는 112신고의 대부분이 생활안전과 소속 지역경찰에 의해 처리되고 있는 현실을 반영하였기 때문이다.

2008년 3월에는 현장인력 보강을 위한 정원 외 치안상황실 현원을 축소하였고, 2012년 2월에는 보다 향상된 업무처리를 하고자 전국의 33개 경찰서를 대상으로 생활안전과·경비과·서장 직속 운영으로 구분하여 시범운영을 실시하였다. 당시 서울 송파경찰서에서는 상황담당관의 직제를 신설하여 서장 직속의 112종합상황실을 운영하였다.

2012년 5월에는 수원중부경찰서 관내에서 발생한 부녀자 살인사건을 계기로 하여 기존 생활안전과 소속이었던 112신고센터를 치안상황실과 전격 통합하고 「112종합상황실」로 명칭을 변경하였다. 위 명칭 변화를 한 이유는 모든 112신고사건에 대한 컨트롤타워로써 기능을 불문하고 종합적으로 최우선적 조치를 하겠다는 경찰의 의

지 표현이라 할 수 있다. 이후 112시스템 표준화 사업이 서울과 경기를 우선으로 진행되었고, 2013년 9월에 전국적으로 표준화 사업이 완료가 되어 현재는 모든 지방경찰청에서 동일한 112시스템으로 신고 사건을 접수 처리하고 있다.

2012년 11월에는 '경찰민원상담' 업무를 하는 182경찰민원콜센터의 개소하였다. 이에 따라 국민들이 112는 '범죄신고', 182는 '경찰민원상담'을 처리한다는 것을 쉽게 구분할 수 있도록 기존 명칭인 「112종합상황실」을 「112범죄신고센터」로 개선하였다. 또한 허위신고 홍보 등 대외 업무시에도 「112범죄신고센터」 명칭을 사용토록 하였다.

2013년 4월에는 「112범죄신고센터」를 「112종합상황실」로 개편하여 지령 및 상황 기능을 통합하고 상황실장을 전종요원으로 배치하여 전문성과 책임감을 제고하고 종합적 지휘체계를 구축하였다. 또한 112종합상황실장에게 현장 경력 지휘의 전권을 부여하고 해당 사건 보고계통을 일원화하는 등 상황관리의 체계화와 효율화를 도모하였다.

2014년 2월에는 경찰의 긴급대응의 상징인 112종합상황실의 중요성을 더욱 인식하여 지방경찰청 및 경찰서의 112종합상황실을 과(課) 단위로 개편하였다. 또한 112종합상황실장을 지방경찰청은 경정에서 총경으로, 경찰서는 경감에서 경정으로 각 1계급씩 격상 운영하였다. 지방경찰청 및 경찰서 112종합상황실장은 지방경찰청장 및 경찰서장을 대리하여 112 긴급 신고시에 기능을 불문하고 경력을 총괄 운영할 수 있는 권한을 부여한 것도 특징이다. 또한 경찰서 112종합상황실의 근무를 전면 4교대로 개편하고 지역 현실에 밝은 경위급 직원들을 배치하여 현장 대응력 강화를 통한 112신고 신속처리를 제고하였다.

2018년 8월에는 치안상황관리 체계를 보다 고도화하고 인력 운용의 효율성 향상을 위해서 경찰청의 치안상황관리 체계를 개선하여 시범적으로 운용하였다. 총경을 상황담당관으로 지정하여 상황관리의 업무를 전종토록 하였으며, 경찰청과 지방경찰청 간의 근무체계를 통일시켜 업무 효율성도 높였다.

2019년 2월에는 「경찰청과 그 소속기관 등 직제」를 개정하여 정식으로 '치안상황관리관실' 직제를 신설하고 경무관을 보임하였다. 이로써 전국적인 중요 112신고 및 상황 처리를 위한 치안상황관리관(경무관), 상황담당관(총경), 상황팀장(경정)의 체제가 구축되었다.

2020년 7월에는 완벽한 치안상황 관리로 국민의 안전을 확보하기 위해 '치안상황 관리 역량 강화 종합계획'을 수립하고 전국의 경찰관을 대상으로 '112 현장자문단'을 위촉하여 운영 중이다.

○ 치안상황관리 역량 강화 종합계획 추진목표

추진 목표		
완벽한 치안상황 관리로 국민 안전 확보		
치안상황 관리체계 고도화	112종합상황실 역량강화	위기관리 역량강화

추진 과제	
상황관리 인프라 구축	−본청 상황관리 전담조직 확충 및 상황관리 조직체계 정합성 확보 −치안상황관리 법적 기반 구축 및 자치경찰 응원체계 확립 −현장 지원체계 고도화로 초동대응 역량 강화 −영상모니터링 역량 제고 및 112시스템 고도화 −상황 관련 고성능 장비 도입
상황관리 전문성강화	−치안상황 분석역량 제고 및 치안상황관리 교육체계 정립 −112요원 우수자원 선발 및 처우 개선을 통한 사기 진작 −112정책 연구 역량 확충 −112홍보로 경찰 이미지 제고 −긴급신고 공동대응체계 활성화
재난대응 역량제고	−지방청·경찰서 위기관리 업무체계 정비 −경찰 위기관리 프로세스 표준화 및 위기대응 매뉴얼 정비 −재난장비 보급 확대로 재난대응능력 제고 −재난관련 교육훈련 및 재난담당자 인센티브 확대 −재난 전문가 그룹 및 재난 주관기관과 협업 활성화

아래의 〈표−29〉은 112종합상황실의 변화과정을 나타낸 것으로, 효율적인 업무처리를 위해 그간 많은 변화 과정을 거쳐온 것을 알 수 있다.

〈표-29〉 112종합상황실 변화과정

연 도	개편 내용
2005. 02.	경찰청 치안상황실장(경정 3) 상황관리운영실 신설 일과 후 기능별 분직자가 상황실 합동 근무
2006. 01.	경찰서 112신고센터·치안상황실 통합, 경비과로 일원화

연 도	개편 내용
2006. 04.	112신고 관련 지휘보고 이원화·경비과장의112지령 관심 부족으로 112신고센터 생활안전과 환원, 다시 이원화
2008. 03.	현장 인력보강 위한 정원외 운영 인력 일괄 감축 경찰청·지방경찰청 치안상황실 현원 축소
2012. 02.	전국 33개 경찰서 선정 생활안전·경비과·서장 직속 상황실 시범 운영
2012. 05.	수원중부서 부녀자 살인사건 계기 생활안전과 소속 112신고센터 치안상황실 통합, 112종합상황실 운영
2012. 11.	기존 명칭「112종합상황실」을「112범죄신고센터」로 개선
2013. 04.	「112범죄신고센터」를「112종합상황실」로 명칭 개편
2014. 02.	지방경찰청 및 경찰서 112종합상황실을 과(課) 단위 개편 112종합상황실장의 직급을 총경·경정으로 1계급 격상
2018. 08.	경찰청 치안상황관리 체계를 개선 '치안상황관리관실' 시범적 운영(대테러위기관리관이 겸직) 총경을 상황담당관으로 지정, 상황관리 전종 근무 경찰청과 지방경찰청간 근무체계(4교대) 통일
2019. 02.	경찰청 '치안상황관리관실' 정식 직제 신설 치안상황관리관(경무관), 상황담당관(총경), 상황팀장(경정) 체제 구축
2020. 07.	경찰청 주관, '치안상황관리 역량 강화 종합계획' 수립 전국 경찰관 대상 '112 현장자문단' 위촉 시행

2. 112종합상황실의 중요성

경찰긴급대응의 목적은 가장 신속하게 가장 효율적으로 위급한 상황에 놓인 국민을 구조하여 소중한 생명과 재산을 지키는 일이라고 볼 수 있다. 이처럼 경찰긴급대응의 핵심은 112종합상황실이 될 수밖에 없고 효과적인 112신고처리는 국민복지와 바로 직결되는 최고의 치안서비스라고 할 수 있다.

112종합상황실의 변화과정에서 알 수 있듯이 각 기능의 분업적 업무처리는 협업적·통합적 업무처리에 비해 비효율적이다. 112종합상황실의 명칭을 분석하여 임무를 재정의 한다면 '관내에서 발생하는 각종 112신고 및 상황 등에 대해 종합적으로 분석하여 보고·전파를 함으로써 효율적으로 업무를 처리하는 임무를 가진 부서'라고 할 수 있을 것이다.

근래 발생한 세월호 침몰사고(2014.4.16.), 왕십리역 지하철 추돌사고(2014.5.2.), 경주 마우나리조트 붕괴사고(2014.2.17.) 등 대형 사건 사고를 보면 사건의 발생 원인보다 사고 수습 과정에서 매우 많은 문제점이 발생하는 것을 알 수 있다. 사고의 책임을 지는 부서도 없고 총괄적인 지휘 권한을 갖고 유관 기관 및 부서를 효율적으로 움직이는 기관이 없어 사고처리 및 피해상황 파악 측면에서 매우 많은 오류를 범하였다. 결국 이러한 미숙한 운영 능력은 국가 전반에 많은 파장을 남겼고, 해외 언론 또한 정부의 위기관리실태에 대해 많은 비판을 하였다. 112종합상황실은 경찰 내의 최고 컨트롤타워로써 위기관리능력을 배양하고 반복적인 실전대응훈련을 통해 긴급상황 또는 중요 범죄사건 발생시 가장 효과적으로 문제를 대응해야만 한다.

미국의 경우에도 2003년 3월 미국 경제의 심장부로 불리던 무역센터의 붕괴(9·11 테러사건)로 국가 안전에 대한 위기감이 고조되어, 당시 부시 행정부는 미국 본토와 자국민의 안전을 적극적으로 보호하기 위해 '국토안보부(DHSS, Depatrment of Homeland Security)'를 신설하였다.

우리나라도 2014년 5월 19일에 박근혜 전 대통령 특별담화로 국가의 안전을 책임지는 '국민안전처(MPSS, Ministry of Public Safety and Security)'가 신설되었다. 국가의 존립 목적은 대외적으로는 적국으로부터 나라를 보호하고, 대내적으로는 사회질서를 유지함과 동시에 범죄와 재난 등 사고로부터 국민을 보호하는 일이므로 국가 안전을 책임지는 부처의 설립은 매우 타당하다. 그러나 갑작스럽게 해양경찰청을 해체하고 이질성이 강한 소방방재청과 해양경찰청이 통합되면서 기관 간 협업을 통한 재난 대응이 쉽지 않았다.

또한 2016년 10월 중국 어선이 해경의 고속단정을 침몰시키는 사건까지 발생하여 해양경찰청의 전력 보강과 함께 부활 논의가 계속되었다. 결국, 2017년 7월 26일에 「정부조직법」이 개정·공포되면서 국민안전처는 폐지되고 행정안전부의 재난안전관리본부가 재난 업무를 담당하게 되었다.

경찰의 112종합상황실은 현재 국내에서 발생하는 대부분의 사건 사고를 접수 처리하고 있는 작은 국가안전의 보루로서, 그 기능을 다하고 있으며 중요성 또한 매우 크다고 할 수 있다. 향후 112종합상황실이 더욱 확대 개편되고 경찰의 대표적인 부서로써 국민의 생명과 안전, 나아가 국가의 안전을 담보하는 대표적인 긴급 대응부서로서의 역할을 할 수 있기를 기대한다. 또한 경찰의 작은 정부로서의 기능은 112

종합상황실로부터 시작되는 것임을 잊지 말고 경찰청에서는 긴급대응에 대한 환경적 요인 개선은 물론 시스템 구조적인 부분에 대한 투자와 우수 인재가 모여 근무할 수 있는 인사 요인의 개선이 필요하다고 볼 수 있다.

아래의 〈표-30〉는 112종합상황실 행동지침을 나타낸 것이다.

〈표-30〉 112종합상황실 행동지침

> ◉ 112종합상황실은 국민이 각종 사건·사고 현장에서 급박한 위험에 처했을 때 경찰에게 최초로 도움을 요청하는 최접점 부서로서, 초동조치(즉응) 태세를 확립하고 종합적 지휘체계를 구축하여야 한다.
> ◉ 112종합상황실은 1차적으로 위험요소를 제거하고 피해확대 방지와 범인 확보를 위한 컨트롤 타워로써 다음의 임무를 수행한다.
> 　1. 위험상황의 긴급성·신고자의 위치 등을 신속·정확하게 파악
> 　1. 적정한 출동요소를 최대한 빨리 현장에 배치
> 　1. 상황전파, 유관기관 연락, 추가 지원 등 상황 유지 및 관리
> ◉ 112종합상황실은 위와 같은 임무 수행을 위해 모든 가용경력을 지휘하는 등 소속 지방경찰청장(경찰서장)의 권한을 대리하여 행사한다.

출처 : 경찰교육원, 『112종합상황실요원과정』, 2013, p. 5.

제2절 112종합상황실의 임무 및 권한

1. 112종합상황실장의 임무

112종합상황실장은 경찰서를 기준으로 경정급이 담당하며, 112신고사건의 지령 및 상황처리의 총지휘 책임이 있다. 치안 상황과 관련하여 경찰서장을 보조하며 다음과 같은 임무와 권한을 가진다.

첫째, 긴급 시 경찰력을 배치하고 대응 방법을 직접 판단하고 결정하여 선 조치하고 후 보고가 가능하다. 특히 경력 동원, 수색 범위 및 방식, 출동 순찰차의 사이렌 취명 여부 결정 등 현장 대응에 필요한 세부 사항까지 결정하고 조치할 수 있다.

둘째, 상황처리의 1차적 책임은 경찰서에서 부담하되, 필요시 직권으로 혹은 경찰서의 요청에 의해 지방경찰청에서 상황을 처리할 수 있다. 예로 이동성 및 광역성

범죄 등 2개 이상의 경찰서 공동 대응이 필요하다고 판단되는 경우는 지방경찰청에서 직접 현장 경력을 지휘한다.

○ 지방경찰청 112종합상황실 지휘 사건

○ 사건이 중대하고 신속성이 요구되어 경찰서를 거치지 않고 현장 근무자에게 직접 지령해야 하는 상황(Code 0, Code 1)
○ 지방경찰청 또는 경찰서간 관할구역을 이동하는 광역성·기동성 범죄 사건
○ 2개 경찰서 이상의 대규모 경력동원이 필요한 사건
○ 기동대·경찰특공대·경찰헬기 등의 지원이 필요한 사건
○ 기타 사건 대응을 위해 지방청에서 직접 지휘하는 것이 효과적인 사건

출처 : 서울지방경찰청, "112신고 총력대응 고도화 계획", 2016.3.1.

셋째, 112신고 사건 및 사고처리와 관련하여 생활안전·수사·경비·교통 등 소속 기능에 관계없이 초동조치에 필요한 경력을 동원하고 상황 지휘권을 보유한다. 단, 형사·경비·정보과장·야간 상황관리관 등의 현장 책임자가 임장한 경우에는 현장 책임자에게 경력 지휘권 등 현장조치 권한을 인계한다.

넷째, 상황 대응에 동원된 현장 경찰관들은 112종합상황실장의 지시에 복종하고, 현장 상황에 대해 보고할 의무를 부담한다. 112종합상황실장이 현장 경찰관으로부터 직접 보고를 받고, 경찰서장에게 직접 보고함으로써 지휘 및 보고 체계를 단일화 한다.

다섯째, 112종합상황실장은 항상 상황관리에 집중해야 하며, 보고 등을 이유로 상황실을 벗어나서는 안 된다. 비상상황이 발생하면 선조치·후보고 체계토록 지휘하고, 즉시 유선을 활용하여 지휘관에게 보고토록 한다.

○ 경찰청장 당부사항(2018. 9. 7자)

【112상황실 지령·지휘 역량 강화 관련】
○ 112상황실장(팀장)은 항상 상황관리에 집중해야 하며 보고 등을 이유로 상황실을 벗어나서는 안 됩니다.
○ 선진국에서는 비상상황이 발생하면, 지휘관이 직접 상황실에 내려와 보고를 받습니다.
  – 우리도 청 내 상황보고는 유선으로 하거나, 상황실로 지휘관이 내려와 보고를 받는 체계를 정착해야 하겠습니다.

이처럼 112종합상황실장은 경찰서의 컨트롤타워로서 중요사안 발생시 총괄적인

지휘를 할 수 있도록 권한을 강화하였다. 그러나 소속 부서장의 지시가 아니라는 이유로 형식적으로 근무를 하는 지역경찰(지구대장·파출소장, 순찰팀장, 순찰요원)에 대해 문책을 할 수 있는 지휘권한이 다소 미흡하였다. 이러한 문제점을 개선하기 위해 2010년 7월 경찰청에서는 현행 지역경찰의 근무평정권자에게 112종합상황실장의 의견을 필수적으로 듣도록 지침('경찰청 승진업무처리지침')을 변경하였다. 위와 같은 지침의 변경이 형식적인 의견 청취에 불과할 수도 있다는 우려도 있으나, 112종합상황실장이 지역경찰의 근무평정에 영향을 주는 상징적인 제도로 지휘권 확립에 기여할 것이다.[137]

2. 상황관리관의 임무

상황관리관은 경찰서를 기준으로 경정 및 경감급이 일일 상황관리관의 임무를 지정받아 근무를 하며, 일반적으로 전반 당직근무(18:00~01:00)를 한다.

상황관리관은 모든 시간대 상황을 총괄 관리하고 전반에 상황실에 근무하면서 당직 근무자들에 대한 교양과 감독 및 관서 순찰을 실시한다. 후반근무 시간대(01:00~09:00)에는 대기근무를 하면서 중요사건 발생이 발생한 경우 즉시 현장에 임장하여 상황을 관리하여야 한다.

특히 112종합상황실장이 야간근무를 할 경우 112신고 사건에 대한 총괄 지휘권은 112종합상황실장이 권한을 갖게 되고, 상황관리관은 행정 및 순찰 등 당직업무를 수행한다. 또한 집단민원 등 중요사건이 발생하거나 예견될 경우 「신속대응팀」을 구성하고 운영하여야 한다.

다음의 「신속대응팀」의 구성 및 운영·출동상황 등은 아래의 〈표-31〉과 같다.

〈표-31〉 경찰서 「신속대응팀」의 구성 및 운영·출동상황

구성	관할 지구대 순찰요원, 형사 당직팀, 당직 정보관, 112타격대, 교통외근요원
출동상황	① 사전 예고없이 집단민원 현장에서 충돌이 발생한 겨우 ② 사전 예고정보는 있으나, 소규모 상황인 경우 ③ 충돌의 가능성은 낮으나 우발적 충돌에 대비해야 하는 경우
운영	상황 발생시 즉시 현장출동하여 초동조치, 기동부대 등 경비경력 현장 도착시부터는 경찰서장(경비과장)이 경비경력 및 신속대응팀 총괄 지휘

---

137) 서울지방경찰청, "뾱 112종합상황실장 지휘권 확보 방안 하달", 2014.10.10.

기타 중요사건 및 사고 발생시에는 긴급 현장상황반을 편성하여 지휘가 필요한 경우 현장을 임장하여 초동조치 업무를 수행한다.

3. 112종합상황팀장의 임무

112종합상황팀장은 경찰서를 기준으로 경감급이 담당하며, 112신고 접수 및 지령, 관리에 대한 상황을 지휘 감독한다. 또한 112종합상황실장을 보좌하는 업무를 수행하며, 112종합상황실장 부재시에는 112종합상황실장에 준한 업무를 한다. 야간근무시에 대기근무를 할 수 있으나 중요사건 발생시에는 상황관리관과 마찬가지로 즉시 112종합상황실에 직접 나와 근무하면서 112신고에 대한 상황 및 지령의 소홀함이 없도록 하여야 한다.

상황팀장은 24시간 112지령 및 상황처리에 전종하며 중요 사건이 발생시 출동 요소를 전담하여 지휘한다. 야간 근무시 대기근무는 상황실 또는 최근거리에 위치하며 112신고 수요가 적은 시간대를 지정하되 중요사건 및 사고가 발생시에 즉각적으로 대응할 수 있는 체제를 정비해야 한다.

112상황팀장의 대기근무 시간대에는 지령요원이 지령과 상황처리를 전종하되, 중요사건 및 사고가 발생시에는 112상황팀장이 직접 지휘해야 한다. 특히 대기시간에도 112상황팀장은 중요사건[138]에 대해 상황실에 임장하여 지휘해야 하는 의무가 있

---

138) 서울지방경찰청, "112종합상황실 개편 및 당직근무 개선계획", 2014.2.

중요사건·사고
1. 적, 간첩, 무장공비 등 침투·도발, 거동수상자, 간첩선 또는 의아선박 등 출현
2. 다중이용시설, 항공기, 선박, 열차, 버스 등 피습·피랍·테러 사건
3. 무장탈영병 발생사건
4. 집단 밀입국·밀항 사건 (10명 이상)
5. 국가기관, 지방자치단체, 외국공관, 금융기관, 정당당사 및 중요시설에 대한 화재, 도난, 피격 사건
6. 외국인 관련 살인·강도·피습 등 중요사건
7. 살인·강도(집단, 흉기이용), 집단탈주·인질난동 또는 집단 조직폭력 등 중요사건
8. 독극물·독가스 살포 및 폭발물 폭발(협박, 단순발견 포함), 총기이용사건
9. 유조차·유조선 전복 등 대형 환경오염사고
10. 항공기, 선박, 열차사고 및 대형교통사고 (사망 3명 또는 부상 20명 이상)
11. 대형 화재사고(사망 3명, 부상 10명, 물피 5억원 이상), 지하철 화재, 주민 또는 중요시설을 위협하는 산불
12. 안전 및 자연재해로 인한 사고(사망 3명, 부상 10명, 물피 5억원 이상), 대규모 정전사태 (1개구 이상)
13. 경찰관서의 화재, 피습, 체포된 피의자·유치인의 도주 및 자·타살 사건 등 중요 자체사고
14. 경찰관(의무경찰, 일반직원 포함) 사망, 납치, 구속 등 중요사건, 총기관련 사고 및 사용사건
15. 집단 감염병 및 질병(가축 포함) 발생사건
16. 국가·공공기관 등 주요 정보통신기반 시설에 대한 중요 해킹 및 장애 발생 사건
17. 기타 다수의 경찰력 동원이 필요하거나 사회적 이목이 집중될 우려가 있는 각종 사건, 사고

는 것에 주의해야 한다.

4. 당직팀장의 임무

당직팀장은 경찰서를 기준으로 경위급이 당직팀장의 임무를 지정받아 근무를 하며, 일반적으로 후반 당직근무(01:00~09:00)를 한다.

당직팀장은 상황관리관을 보좌하며 상황관리관과 교대로 당직업무를 수행한다. 상황실에 정착하여 근무하면서 각종 피의자에 대한 신체검사, 청사순찰, 행정 결재 업무 등을 실시한다. 당직팀장은 112신고사건에 대한 상황관리 업무는 수행하지 않으나, 효율적인 업무처리를 위해 중요 사건 및 상황에 대해서는 112상황팀장과 함께 합동하여 조치하여야 한다.

5. 분석대응반(지령요원 및 상황요원)의 임무

분석대응반은 112신고사건에 대한 지령·상황관리·종결 업무를 종합 수행한다.

첫째, 접수요원이 접수한 112신고사건을 지령하여 현장 경력을 배치한다. 지령요원은 중요 신고 접수시에는 해당 지구대·파출소 순찰차를 즉시 출동시키고, 형사·교통순찰차를 추가적으로 배치한다. 미귀가자 사건 등 많은 경력이 필요한 수색이 필요한 신고를 접수한 경우에는 방범순찰대 등 기동중대나 각 경찰서에 배속된 112 타격대 등을 112종합상황실장에게 보고 후 가용할 수 있다.

둘째, 신고 현장 상황에 대한 파악 및 전파를 한다. 현장으로 출동한 경찰관을 통해 각종 신고 상황에 대한 무전 및 전화상으로 보고를 받아 112종합상황실장 및 상황팀장에게 보고한다. 또한 신고 사건에 해당하는 부서에 통보하고 신속한 출동을 요구할 수 있다. 지령요원은 신고 상황을 파악 후 사건에 대한 보고와 함께 추가 경력 동원에 대한 판단 정보를 제공할 필요가 있다. 그리고 관련 부서에 통보 및 조치 사항을 근무일지 등에 기록 유지해야 한다.

셋째, 112신고사건의 접수·처리 현황을 모니터링 한다. 지령 및 상황요원을 신고 사건의 접수·지령하는데 그치는 것이 아니라 신고사건 전반에 대한 관리를 해야 한다. 순찰차 출동·도착 여부, 사건처리 적정 여부 등에 대해 현장 경찰관에게 보고 및 소명을 요구하는 등 적극적인 개입을 하여 문제해결을 도모해야 한다.

아래의 〈표-32〉은 지령 및 상황요원의 선발기준을 나타낸 것이다.

〈표-32〉 지령 및 상황요원의 선발기준

> ▶ 경찰 경력 6년 이상된 자 중/ 지역경찰·지령실·상황실·형사외근·교통외근 경력의 합이 3년 이상이고/ 만 55세 이하 경위·경사·경장인 자로 아래 제한요건에 해당하지 않아야 함
> ▶ 제한요건 : ① 듣기·말하기·타자 능력이 부족하고, 전자장비 사용에 어려움이 있는 자, ② 징계의결 요구 또는 징계기간 중이거나 휴직 중인 자, ③ 상습 민원 야기자, 근무태만 또는 민원으로 징계전력이 있는 자, ④ 질병·부상 등으로 인해 정상적인 근무가 불가능한 자
> ▶ 단, 만 56세 이상이더라도 체력상 문제가 없고, 관련 전문성 등을 감안하여 필요하다고 인정되면 112종합상황실장의 추천을 통해 근무 가능

출처 : 서울지방경찰청, "112종합상황실 개편 및 당직근무 개선계획", 2014.2.

6. 관리반의 임무

관리반은 112종합상황실의 전반적인 지원업무를 수행하게 되고, 112신고 관련 특수시책·교육·홍보 등 업무를 한다. 또한 112신고 관련한 정보공개청구 업무 및 각종 통계분석과 다른 기능과의 협조 업무를 실시한다.

또한 각종 회의시 회의자료 준비와 112종합상황실 직원들의 휴가 및 수당·교육 등 전반적인 인사지원 업무도 수행한다.

112종합상황실의 기구 편제 및 구성

1. 경찰청 치안상황관리관실 기구 편제

경찰청은 2019년 2월 26일자로 전국의 중요 치안·재난 사건을 24시간 통합 지휘하기 위해 경무관급의 '치안상황관리관'이 신설하고, 그 소속 하에 치안상황실을 설치하였다. 치안상황관리관실은 경찰청 차장 소속 하에 두었으며 경무관급을 치안상황관리관으로 보임하여 전국 단위의 중요 사건사고 등에 대한 상황관리를 담당하게 된다.

치안상황관리관은 기존의 생활안전국에서 담당했던 '112기획·운영 업무'와 경비국에서 담당했던 '치안상황·위기관리 업무'를 통합적으로 운영한다. 현재 '치안상황실'은 총경급을 치안상황담당관으로, 경정급을 상황팀장으로, 경감 및 경위급을 상황반장·요원으로 두고 각 팀별 5명씩 4개팀(총 20명)이 4교대 형태로 근무하고 있다.

또한 광역 단위의 사건 및 사고에 효과적으로 대응할 수 있도록 2019년 1월에「통합무전망 지휘 시스템」및「112신고시스템 통합 프로그램」을 구축하였다. 이를 통해 기능 및 지역 간의 총괄 조정 등 중요한 치안·재난 상황에 대한 경찰긴급대응 역량이 높아질 뿐만 아니라, 소방 등 재난관리 유관기관과의 협력도 매우 높아질 것이다.

○ **통합무전망 지휘 시스템 및 112신고 통합 프로그램**

통합무전망 지휘 시스템	전국 무선망을 경찰청 통합 무선 지령대에서 조작 가능 중요 긴급 상황 발생시 관할 경찰관서 무전망 호출 가능
112신고시스템 통합 프로그램	전 지방청별 112신고 현황을 상황판 화면으로 실시간 확인 가능 현장 중요 긴급사건 발생시 적정 처리여부의 확인

2. 지방경찰청 112종합상황실 기구 편제

112종합상황실은 경찰의 신속하고 효율적인 상황관리와 112신고처리를 위해 기존과 다르게 기구를 격상 운영하고 있다. 2014년 지방경찰청에 통합 112종합상황실을 설치할 당시에는 부장제(경무관급)[139] 도입 지방경찰청과 부장제 미도입 지방경

---

139) 서울 및 제주지방경찰청을 제외하고 15개의 모든 지방경찰청에서는 경무관급의 부장제(제1부~제3부)를 운영하고 있

찰청으로 구분되었다. 그러나 현재 각 지방경찰청 112종합상황실 기구 편제를 보면 서울·제주·세종지방경찰청을 제외하고 모두 2부장 소속 하에 112종합상황실을 운영하고 있다. 따라서 아래에서는 서울 및 제주지방경찰청의 112종합상황실에 대해 기술키로 한다.

서울지방경찰청은 지방경찰청장 소속 하에 경무부·생활안전부·수사부·교통지도부·경비부·정보관리부·보안부를 두었으며, 타 지방경찰청과 다르게 생활안전부장(경무관급) 소속 하에 112종합상황실을 두고 있다. 제주지방경찰청은 지방경찰청장 소속 하에 경무과·생활안전과·여성청소년과·수사과·경비교통과·정보과·보안과를 두었으며, 차장(경무관급)의 소속 아래 112종합상황실을 두었다. 세종지방경찰청은 지방경찰청장 소속 하에 경무과·생활안전수사과·경비교통과·정보보안과를 두었으며, 청장(경무관급)의 소속 아래 112종합상황실을 두었다. 단, 세종청의 경우는 2019년 6월 개청 당시 112종합상황실이 과(課) 단위로 신설되었으나, 상황실장(총경)의 정원이 확보되지 않아 경정급이 상황실장, 경감급이 상황팀장으로 근무하고 있다. 또한 인력 등의 부족으로 현재 112 신고는 세종경찰서에서 접수하고 있어 지방청에는 112 접수요원은 없는 상태이다. 향후 경찰청에서는 세종청 112종합상황실장을 총경급으로, 상황팀장을 경정급으로 하는 체제를 구축할 예정이다.[140)]

전술한 바처럼 기존에 부장제를 도입하지 않았던 경기2(現 경비북부)·강원·충북·충남·전북·경북지방경찰청은 현재 모두 부장제가 도입되어 2부장 소속으로 112종합상황실을 운영하고 있다. 이러한 점으로 볼 때, 112종합상황실의 역할과 규모가 계속 확장되어 가고 있음을 알 수 있다. 또한 2부장 소속의 기구 편제는 112종합상황실이 국민의 생활안전과 깊은 관련이 있기 때문이다.

다음의 〈표−33〉는 서울·제주·타 지방경찰청의 112종합상황실 기구편제를 나타낸 것이다.

다. 일반적으로 제1부는 경무과·, 정보화장비과·교통과·경비과를, 제2부는 112종합상황실·생활안전과·여성청소년과·형사과·수사과·사이버안전과·과학수사과를, 제3부는 정보과·보안과·외사과를 담당한다.

140) 경찰청, "치안상황관리 역량 강화 종합계획", 2020.7, p. 14.

<表-33> 서울·제주·타 지방경찰청의 112종합상황실 기구편제

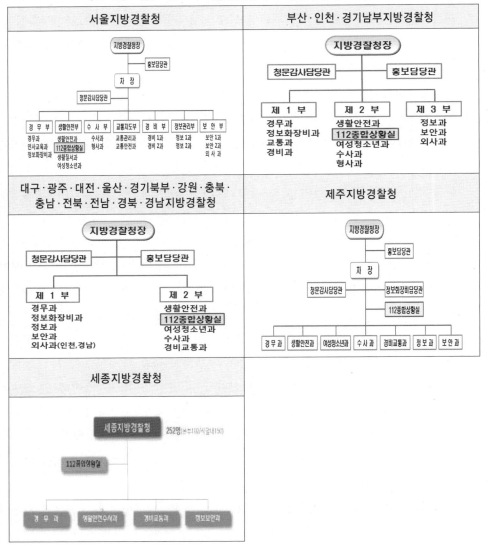

3. 지방경찰청 및 경찰서 112종합상황실 구성

112종합상황실의 조직은 기 운영 중이던 112종합상황실에 대한 정식 직제를 반영하여 과(課) 단위로 개편한 것이 특징이다.

가. 지방경찰청 112종합상황실

　지방경찰청에는 총경급 112종합상황실장 아래 경정급을 팀장으로 하는 상황팀과 112종합상황실의 운영 지원 등을 위해 관리팀을 운영 중이다. 상황팀은 각각 112신고 접수업무를 담당하는 접수반과 지령 및 중요사건 등의 상황을 유지하는 분석 대응반으로 구성되어 있다.

　서울지방경찰청의 경우 112종합상황실장을 두고 상황팀을 4개의 팀으로 나누어 4교대 근무를 실시하고 있다. 4교대 근무의 형태는 주간－야간－비번－휴무의 형태로 운영되고 있으며, 야간근무시 인력 보강을 위해 비번일에 야간근무를 하는 자원근무를 병행 실시하고 있다.

　각 상황팀장은 경정급으로 보하고 있으며 각 팀마다 112신고를 접수하는 접수반과 중요 112 사건을 분석하고 지령하며 상황을 관리하는 분석대응반(종합지령대)이 운영되고 있다. 지방경찰청 분석 대응반은 모든 112신고 사건에 대해 관리 감독하는 것이 아니라 사회적 파장이 있거나 강력 사건이라고 판단되는 중요 신고사건에 대해서 수배·공조·이첩 등 다양한 형태로 현장을 지원하고 관리하고 있다.

〈그림-28〉 서울지방경찰청 112종합상황실 전경

나. 경찰서 112종합상황실

　경찰서는 경정급 112종합상황실장 아래 경감급을 팀장으로 하는 상황팀과 112종합상황실의 운영 지원 등을 위한 관리팀을 운영하고 있다. 통상 1급서의 경우 1개팀에 3명의 경위 또는 경사급의 상황요원이 근무를 하고 있으며, 주요 임무는 112신고의 접수 및 지령·각종 치안상황 파악·휴일 및 야간시 유치장 관리·각 기능 당직관리 등 경찰서 전반에 대한 업무를 수행하고 있다. 특히, 상황팀장은 상황관리의 핵심 임무를 띠고 있으며, 접수되는 모든 112신고에 대한 최종적인 책임을 지고 있다.

경찰서 분석대응반(지령요원·상황요원)은 지방경찰청의 경우와 달리 모든 112신고 사건에 대한 지령과 대응업무를 하고 있으며, 최초 관할 순찰차 출동에서부터 사건의 종결에 이르기까지 모든 단계의 사건 진행 상황을 관리 감독하여야 한다. 특히 중요 사건의 경우에는 경찰서장 및 해당 기능 과장에게 보고를 신속히 하여 현장 지휘가 즉시 이뤄지도록 해야 한다.

또한 추가 경력이 필요하다고 판단되는 경우 즉시 지방경찰청 분석대응반에 보고하고 주변 경찰서나 기동대 등의 경력 지원 요청을 하여야 하므로 경찰서 분석대응반의 역할은 매우 사건 해결에 있어 매우 중요하다.

〈그림-29〉 경찰서 112종합상황실 전경

제4절 112종합상황실 운영 활성화를 위한 제언

112종합상황실이 경찰의 대표적인 컨트롤타워로서 제대로 된 기능을 하기 위해서는 다음과 같이 선행되어야 한다.

1. 112종합상황실장의 명시적인 권한 부여

「112종합상황실 운영 및 처리규칙」을 개정하여 112종합상황실장의 권한이 내부적으로 법적인 효력을 가지도록 해야 한다. 112종합상황실장을 제외한 다른 과장의 경우는 업무의 한계가 명백하여 해당 기능의 업무분장이 명확하다. 그러나 112종합상황실장의 경우에는 '112신고 접수 내용'에 따라 다양하고 중복된 업무를 수행하게 된다. 그러므로 112종합상황실장의 권한을 상기 규칙에 명시적으로 규정함으로써 초동대응에 대한 실질적인 권한과 책임을 부여해야 한다.

　112종합상황실장은 관내에서 발생하는 모든 사건·사고에 있어 통제하고 관리해야 하는 막중한 책임을 진다. 또한 신속하고 효율적인 의사결정과 적절하고 신중한 상황 관리를 위해 모든 기능을 통제할 수 있어야 한다. 특히, 휴일이나 야간의 경우에는 초동 상황에서 지방경찰청장 및 경찰서장의 권한을 행사해야 하기 때문에 권한에 있어 명시적인 근거가 더욱 요구된다고 할 수 있다.

2. 기능별 당직자의 상황실 합동근무

　각 지방경찰청 및 경찰서 112종합상황실에 기능별 당직자가 파견 나와 상시적 근무 협조 체제를 갖추어야 한다. 위급상황에 해당하는 112신고 접수시에는 정확한 신고내용의 전파와 해당 기능의 협조가 필수적이므로, 112종합상황실에 기능별 당직자가 항상 파견 나와 근무하는 형태로 개편해야 한다.

　경찰청에서도 2018년 하반기부터 치안상황관리 체계를 본격적으로 개편하고 기능별 당분직자가 당일 상황담당관의 지휘를 받도록 하였다. 특히, 주야를 불문하고 중요상황에 대한 1차적인 보고는 상황담당관이 하도록 하고, 이후 해당 기능에서 추가적인 보고를 시행키로 하였다. 초동보고 이후의 추가적으로 이루어지지 보충보고 및 조치사항 보고 등은 해당 기능에서 후속적으로 보고토록 해야 한다. 위와 같은 상황 체계를 갖춤으로써 112종합상황실이 중요상황시 전체 상황을 제어하는 중심적인 조직이 될 수 있다.

3. 경찰서장 등 지휘관의 관심과 신뢰

　112종합상황실의 위상을 높일 수 있는 경찰서장 등 지휘관의 관심이 더욱 필요하다. 위기대응 능력은 평소 유사한 상황에서의 충분한 대비와 근무자의 업무 책임감이 더해졌을 때 가장 큰 효과를 낸다. 지휘관의 신뢰와 격려는 무한한 가능성을 창출시키므로, 112종합상황실에 과감한 재량권을 부여하고 결과에 대한 책임을 최소화시켜야 한다.

112신고를 최초로 접수하는 곳이 '경찰의 얼굴'임을 인식시키고, 112종합상황실 직원들의 자긍심을 배가시키는 노력이 절실하다.

4. 인사 및 근무여건의 개선

112종합상황실 근무자의 승진·포상 등 인사와 근무 여건의 파격적인 개선이 필요하다. 경찰청 뿐만 아니라 모든 관서의 112종합상황실은 해당 지역에서 발생하는 모든 사건에 대해 가장 신속하고 정확한 내용을 파악하고 있어야 한다. 그러므로 조직 내 가장 우수한 인재가 모일 수 있는 근무 여건을 조성하여 긴급 상황 발생시 유관부서를 이끌고 나갈 수 있는 능력을 가질 필요가 있다.

제2장 ː 112신고처리의 단계별 요령

제1절 112신고의 사건별 접수 요령

1. 112신고의 단계별 접수 과정

112신고의 접수는 일반적으로 단계별 접수과정을 거쳐 신고 접수를 완료하게 된다. 1단계는 「전화받기」로 신고자와 통화를 하면서 현장 상황을 파악하고, 2단계는 ALI · POL · LBS를 활용하여 「신고자의 위치를 특정」하고, 3단계는 피해상황 및 가해자 정보를 수집하여 「사건 내용을 파악」하며, 4단계는 주변 소음 청취 및 목격자 연락처 확보 등으로 「추가 자료를 파악」해야 한다. 다음에서는 각 단계별로 접수 과정에 대해 구체적으로 기술코자 한다.

가. 1단계 – 전화받기

첫째, 전화를 받는 순간에 신속하게 신고와 관련된 정보를 확인하여야 한다. 신고 접속 경로(라우팅, Routing) 정보를 확인하여 어느 지역에서 전화가 걸려오는지 기억을 하고 신고를 접수한다. 또한 집전화, 휴대폰, 070, 035 등 신고 수단을 확인하여 위치정보조회를 어떠한 방법으로 할 것인지 판단해야 한다. 특히, 가정폭력·성폭력 등의 신고를 접수할 경우에는 최근의 신고이력을 확인하면서 재신고 여부 및 별칭 등을 확인토록 한다.

둘째, 일반적인 신고자의 특성을 이해해야 한다. 신고자는 현재 자신에게 발생한 일에 대해서는 잘 알고 있으나 어떤 방법과 방식으로 경찰에 신고해야 하는지 잘 알지 못한다. 그러므로 자신의 일만 계속 반복해서 이야기하는 경우가 많다. 특히, 신고자는 급박감 및 공포감 등으로 매우 당황하고 흥분된 상태이다. 때문에 경찰이 묻는 질문에 집중하기보다 경찰이 빨리 도착해주기만을 기대한다. 이런 심리적 공황으로 경찰의 질문에 무조건 '예'라고 이야기하는 경우가 많으므로 신고자의 답변을 맹신해서는 안 되고, 다양한 방법으로 내용을 재확인해야 한다. 그리고 신고자와의 소

제2장 112신고처리의 단계별 요령 **137**

통을 위해 신고자와 눈높이를 맞춰서 목소리 톤, 빠르기 등을 조절해야 하며, 신고자의 답변에 간결하고 적절한 응답을 하여 공감을 주도록 해야 한다.

셋째, 처음 들려오는 소리[141]에 주목해 사건의 긴급성을 우선적으로 파악하도록 해야 한다. 긴급한 상황에서 신고자와 오래 통화하는 것은 매우 어려우므로 신고 접수 초기에 긴급성 여부를 파악하는 것이 매우 중요하다. 신고자 목소리의 다급함이나 주변 소음 만으로 신고 상황을 추정하는 것은 분명 어려우나 올바른 위기 대응을 위해서는 매우 중요하다. 특히, 신고자가 아무런 말을 하지 않는 '무응답 신고'의 경우에 접수요원이 계속해서 '여보세요'라고 연발하거나 혼잣말을 하고 있으면 신고자의 소리를 전혀 들을 수 없으므로 유의해야 한다. 과거 경험을 통해 예단하거나 추정하는 것은 매우 위험하므로 선입견을 배제하고 객관적인 상황 판단을 하도록 노력해야 한다.

넷째, 신고자는 '112신고'의 비전문가임을 감안하여 접수요원이 적극적으로 대화를 이끌어야 한다. 신고자가 자신의 말만 계속하는 경우 "신속한 출동을 위해 제가 묻는 말에 정확하게 답변을 해 주시기 바랍니다"라고 말을 함으로써 대화의 주도권을 잡을 필요가 있다. 특히, 신고자가 접수자의 소속과 성명을 물을 경우에 소극적으로 대응을 해서는 안 된다. 신고자에게 접수자의 소속과 성명을 당당하게 알려주는 것은 신고자로 하여금 자신의 시도가 실패했음을 인식하게 하고 접수자가 심리적으로 우위에 있음을 보여주는 것이다.

아래의 〈표-34〉는 신고접수 유형별 특징을 나타낸 것이다.

〈표-34〉 신고접수 유형별 특징

구분	유형별	특 징
전화번호	112	신고자가 112로 전화를 걸어 지방경찰청 112종합상황실에서 접수 ※ 신고자 전화의 종류(집전화, 핸드폰, 070 등) 무관
	112 (SOS)	원터치 SOS 가입자가 112로 전화 ※ 신고자 전화는 핸드폰이며, LBS(위치추적)는 자동으로 가동됨
	112 (방범)	지구대 등에서 '방범대상업소'로 등록한 신고자가 112로 전화 ※ 신고자는 현금취급업소 등으로 강·절도 신고 가능성 높음 유의

---

141) 긴급한 경우의 '첫소리' 예시 : ① 소음을 통한 긴급성 파악 - 부서지는 소리, 싸우는 소리, 고함소리 등, ② 신고자의 목소리를 통한 파악 - 비명소리, 다급한 목소리, 우는 목소리, 조심스럽게 작은 목소리, 격양된 목소리 등, ③ 신고자의 언급을 통한 파악 - 살려주세요, 도와주세요, 빨리 와주세요, 빨리요 빨리 등; 경찰청, 앞의 매뉴얼, p. 26.

	112 (신변보호)	신변보호 대상자로 등록된 전화로 신고 신변보호 대상자가 스마트워치를 이용하여 신고 ※ 가해자에 의한 보복범죄 가능성 염두
문 자 신 고	SMS 접수[142]	신고자가 112에 문자메세지를 보낸 경우 ※ ① 신고자가 전화통화가 힘들 상황일 가능성 염두 　② 신고자 비밀 및 보호에 신중
	112 앱	스마트폰 어플리케이션 '112앱'을 활용하여 신고한 경우 ※ ① 신고자의 신상정보와 위치정보가 동시에 수신 　② 핸드폰에서 지속적으로 신고자의 위치를 전송함
	나들가게	나들가게(동네 수퍼 중 지정) 계산대(POS)에서 보낸 신고 ※ 현금취급업소이므로 강·절도 신고 가능성 대비
임 의 접 수	임의(청)	지방경찰청 112종합상황실에서 임의로 접수
	임의(서)	경찰서 112종합상황실에서 임의로 접수
	임의(지파)	지구대·파출소에서 임의로 접수
	C/S 접수	112시스템 장애시 가동시키는 장애프로그램에서 자동 입력

출처 : 경찰청, 『112신고 접수·지령 매뉴얼』, 2014. p. 17.

신고자의 고정관념

1. '도와주세요' 한마디면 모두 해결되는 것으로 알고 있음
   - 신고자는 경찰이 신고자의 위치를 정확히 알기 어렵다는 점, 여러 가지 추가 정보가 필요하다는 점을 잘 모름
2. 신고자는 112 접수요원이 신고자와 같이 동네에 있는 것으로 알고 있음
   - 시·군·구명이나 읍·면·동명을 말하지 않고 번지수만 말하거나 '동명'을 묻는 질문에 '○○아파트 110동 504호'라고 답하는 경우도 많음
3. 신고자는 112에 신고하면 본인의 정확한 위치가 자동으로 확인되는 것으로 알고 있음
   - 위치정보조회를 하려면 신고자의 동의가 필요한 것을 잘 알지 못함

---

142) 전국에서 112로 보내온 문자는 모두 서울지방경찰청 112서버로 수신되어 위치추적 후 신고내용이 바로 관할 지방경찰청 112종합상황실로 접수된다; 경찰청, 112신고 접수·지령 매뉴얼, 2016, p.21.

나. 2단계 – 신고자 위치 특정

첫째, 신고자가 정확한 위치를 알고 있지 못하는 경우에는 POL－MAP[143] 등을 이용하여 재확인할 필요가 있다. 이는 신고자와 접수자 간의 착오를 방지하고 정확한 장소를 파악하는데 큰 도움을 준다. 예를 들어 신고자는 '강남 펠리스 신축 공사현장'이라고 말을 했음에도 불구하고 접수자는 장소를 '펠리스 모텔 신축 공사현장'이라고 인지할 수 있기 때문이다.

둘째, 신고자가 정확한 위치를 모르는 경우에는 주소 표지판 및 업소 간판 등이 있는 곳으로 유도하거나 주변 사람에게 도움을 요청토록 해야 한다. 또한 최근 신주소 간판이 벽면에 부착되어 있는 경우가 많으므로 '파란색 바탕에 흰 글씨가 보이시죠'라고 말해 신주소(도로명 주소)를 활용하는 것도 방법이다. 112신고통합시스템 상에는 일반 지도와는 달리 모든 도로명 기준번호를 모두 탑재하였으므로 건물이 없는 경우라도 검색 및 위치확인이 가능하다.[144] 뿐만 아니라 공중전화의 긴급버튼을 이용하여 112에 신고토록 하거나 공중전화 부스에 적힌 전화번호(예. 033－222－2222)를 불러달라고 하는 방법을 통해서도 위치 확인이 가능하다.

아래의 〈표－35〉는 신주소 도로명판 종류 및 위치확인 요령을 나타낸 것이다.

〈표-35〉 신주소 도로명판 종류 및 위치확인 요령

구 분	도로명판	설명	위치확인 요령
시작지점용	강남대로 1→699 Gangnam-daero	현재 위치는 강남대로의 시작점 강남대로는 6.99km(699×10m)	강남대로 1번 위치검색
양방향용 (교차로)	92 사임당로 96 Saimdang-ro	교차로에 설치 좌측으로 92번 이하 건물이, 우측으로 96번 이상 건물이 위치	사임당로 92~96번 중 아무 번호나 위치검색
진행방향용	사임당로 250 ↑ Saimdang-ro 90	사임당로의 길이는 2.5km 현재 위치는 사임당로 90번(시작지점으로부터 900m) 지점	사임당로 90번 위치검색
끝지점용	1←65 반포대로23길 Banpo-daero 23-gil	현재 위치는 반포대로23길의 끝지점 반포대로 23길은 650m	반포대로23길 65번 위치검색

출처 : 경찰청, 『112신고 접수·지령 매뉴얼』, 2016 pp. 36~37.

---

143) POL－MAP : Police－Map의 준말로 112신고를 하는 경우 신고자의 위치가 자동적으로 표시되는 경찰지도를 말한다. 현재 순찰차의 위치도 자동 파악되므로 신고자의 위치에 가장 가까이 있는 순찰차를 우선적으로 출동토록 한다.

144) 경찰청, 앞의 매뉴얼, p. 37.

셋째, 주소 검색 시스템인 ALI·POL·LBS 등을 적극 활용해야 한다. ALI는 자동위치정보시스템(Auto Location Information)의 약자로, 자동적으로 주소가 현출되며 전화번호 입력만으로 해당 주소지 파악이 가능하다. 이유는 현재의 112시스템이 112전화 수신시 ALI를 자동으로 작동시키도록 설정된 상태이기 때문이다. 그러나 최근 통신사에서 가입자 D/B를 정확히 입력하지 않은 경우가 많아 주소가 확인된 경우라도 반드시 신고자의 확인을 재확인할 필요가 있다. 단, 인터넷 전화(VoIP, Voice over IP)는 ALI를 통한 위치확인이 곤란하다.

○ 인터넷 전화의 특징

- 인터넷 전화는 VoIP(Voice over IP)를 일컫는 말로 IP전화기로 불림
- 기존 아날로그 전화선 대신 고속 인터넷을 이용하여 전화통화를 하는 시스템
- 우리나라 인터넷 전화는 070·일반유선번호의 형태로 보급되어 있음
- 그러나 전화기를 사용하지 않고 컴퓨터만을 이용한 인터넷 전화(ex. Skype 등)도 있음
- 인터넷 전화는 인터넷이 연결된 곳이면 어디서든 사용이 가능(외국에서도 가능)
- 그러므로 기존 가입자 DB를 통한 등록 주소지 조회 방식으로 정확한 위치파악 불가능
- 인터넷의 IP추적 방식을 통한 위치파악은 가능하나, 대부분 유동IP(접속 시마다 IP값이 달라짐) 방식으로 현실적 어려움이 존재
- 단, 소방을 통한 가입자 정보 확인은 가능(가입자 주소가 아닌 단순 정보 한계)

출처 : 경찰청, 『112신고 접수·지령 매뉴얼』, 2019, p. 31.

POI은 Point Of Interest(관심지점)의 약자로, 주요 시설물, 역, 공항, 터미널, 호텔 등을 좌표로 전자지도에 표시한 것을 말한다. POI 검색 방식은 신고자가 불러주는 큰 건물이나 시설물의 명칭 등을 검색하여 지도상에서 위치를 확인하는 방법이다. POI 검색은 최근 휴대전화를 통한 신고가 대다수를 이루는 상황에서 위치확인을 위한 가장 좋은 수단으로 활용되고 있다. 때문에 POI 검색 방식을 최대로 활용하기 위해서는 관내 지리정보에 많은 관심을 가지고 신설·폐지 등 변경된 정보를 자체 POI에 지속적으로 등록해야 한다.

LBS는 위치기반시스템(Location Based System)의 약자로, 신고자 및 목격자의 동의를 얻어 실시하는 위치추적 방법이다. 시스템상 LBS 조회시에 결과 값에 GPS, Cell, pCell, Wi-Fi로 측위방식이 표시된다. 통신사별 전원꺼짐 표시는 SKT는 'MODAS'로, LGT는 '전원꺼짐'으로 확인이 가능하나, KT는 아무런 표시가 되지 않으

므로 조회 일시와 측위시간의 대조를 통해 전원꺼짐 여부를 확인할 수 있다. 단, KT 의 경우에 3일 이내의 위치 값만을 보여주므로 유의해야 한다. LBS를 활용하여 신고 자 위치를 일정 범위 내로 축소한 후에 신고자에게 재차 POI 등을 질문하여 현재 위치를 구체적으로 특정할 수 있다. LBS 위치추적 방법에 대해서는 후에 구체적으로 기술코자 한다.

넷째, 위치 특정을 하기 위해 기타 다양한 수단을 활용해야 한다. 기타 수단에는 전신주·국가지점번호·버스정류장 ID번호·주차차량 차적조회·특정 장소로 이동요 구 등이 해당된다. 국가지점번호란 전 국토를 10m×10m의 격자 형태로 나누어 각 구역마다 고유번호를 부여한 것이며, '가나 1234 1234'의 10자리(한글 2자리＋숫자 8자리) 형태로 구성된다. 산악표지판은 산악 및 국립공원 등에서 조난자 구조를 위해 설치한 표지판이며, 각 운영주체(소방·해경·한전·국립공원관리공단 등)의 고유 번호를 통해 위치확인이 가능하다.

다음의 〈표-36〉은 국가지점번호판 및 산악표지판 등의 예시를 나타낸 것이다.

〈표-36〉 국가지점번호판·산악표지판 등 예시

국가지점번호판	산악표지판	산악표지판에 국가지점번호를 표시한 예시
국가지점번호 가나 Ga Na 1002 1583 행정안전부	호암생칼관 마당바위 산불·산악사고 신고 119 현/위/치 K2 천지약수 서울시소방재난본부	국가지점번호 라아 La A 8485 1333 설악산 국립공원관리공단 긴급/문의(현지전화)033-5512-7952 ※ 설치 대상 : 소방, 해경, 한전, 국립공원 관리공단 관리 표지판 등

출처 : 경찰청, 『112신고 접수·지령 매뉴얼』, 2016 p. 33.

또한 경찰에서는 위치 특정의 정밀화를 위해서 119 통보 건에 대해 '위치추적 프로세스'를 개선하였다. 소방이 경찰에 신고사건을 통보하는 경우 소방을 제3자로 간주하여 추가적인 위치정보를 조회하는 것이다. 왜냐하면 경찰의 위치추적은 소방의 경우보다 위치추적의 대상이 더 넓고,[145] GPS·Wi-fi의 원격제어[146] 또한 경찰의

---

145) Wi-Fi 위치추적의 경우 경찰은 모든 통신사의 핸드폰에 대해 가능하나, 소방은 SKT만 가능하다.

146) 국회 미래창조과학방송통신위원회 위원장인 새누리당 한선교 의원은 10일 긴급 구조 상황에서 구조활동의 실효성을 높이기 위해 이 같은 내용을 담은 「위치정보의 보호 및 이용등에 관한 법률」 개정안을 10일 발의했다고 밝혔다. 개정 안은 긴급구조 위치정보를 조회할 때 구조대상자 휴대전화의 GPS와 와이파이가 꺼져 있는 경우 정확한 위치정보 조

경우만 가능하여 신고자의 위치를 보다 정확히 확인할 수 있기 때문이다. 이 때의 '원격제어'란 긴급 구조상황에서 구조 대상자의 이동전화 위치추적장치(GPS) 및 와이파이(Wi－Fi) 기능을 강제로 활성화하는 것을 말한다.

전신주번호를 통한 위치확인 방법	
	1. 전신주 번호 중 상단부는 전산화번호(고유번호)는 전국에 한 곳이고, 중단부는 한전의 관리번호이므로 이 중 어느 것을 입력하여도 위치 확인 가능 예) '1779Z981' 혹은 '호죽92L7R2' 조회 2. 상단부(전산화번호) : 8자리 숫자는 전국을 가로·세로로 2km 격자로 나눈 후 부여한 번호 3. 중단부(관리번호) : 선로관리를 위해 부여한 번호(L은 왼쪽, R은 오른쪽으로 분기됨을 의미) 4. 신고자가 전신주를 잘 발견하지 못할 경우 하늘의 전깃줄을 쳐다보고 따라가서 확인토록 안내하는 것도 요령

출처 : 경찰청, 『112신고 접수·지령 매뉴얼』, 2016 p. 32.

아래의 〈표－37〉은 전화번호별 위치정보조회 가능 여부를 나타낸 것이다.

〈표-37〉 전화번호별 위치정보조회 가능 여부

전화번호	내 용	특 징
02(지역번호)	일반전화, 인터넷전화	ALI 검색, 한국통신, 인터넷전화
070	인터넷전화	소방에 요청시 위치정보조회 가능
010, 011등	휴대폰	위치정보조회 가능
	우체국 전화, 알뜰폰, 외국산폰 (모토로라, 블랙베리, 아이폰 등)	기지국 값만(행정구) 확인 가능
0450061020474687	타 통신사 기지국으로 접속	위치정보조회 불가

회를 위해 강제로 활성화할 수 있도록 근거규정을 마련했다; NEWSis, 2014.4.10.자 "긴급구조시 핸드폰 GPS 강제 활성화 추진"

전화번호	내 용	특 징
035(유심칩 미장착)	유심칩 고장, 폐휴대폰, 공휴대폰 등	위치정보조회 불가
00135, 081, 086 등	외국에서 직접 전화 또는 해외 로밍 (일부 정상적인 휴대폰도 포함)	위치정보조회 불가
012-3456-7890	안심폰	위치정보조회 가능, 지정자와 통화 가능
013-0345-6789	카폰	콜백 가능

다. 3단계 - 사건 내용 파악

첫째, 피해자 구호의 필요성과 피해자 인상착의 정보를 신속하게 수집해야 한다. 특히, 피해자의 안전여부와 현재 범행의 진행여부에 대한 파악이 중요하다. 때문에 신고자가 비정상적으로 신고를 하더라도 우선 장난신고로 예단하지 말고 사건에 대해 주의 깊게 대처해야 한다. 또한 발생 시각과 피해 상태에 대한 정확한 파악이 필요하다. 예를 들어 발생 시각을 파악하는 경우 신고자가 '방금 전'이라고 말을 하여도 '3분 전'인지 '12 : 57경'인지 최대한 근접한 자료 수집을 위해 노력해야 한다.

비정상적 신고에 대한 적절 대응 사례

1. 맥주 땅콩 주문 사례('13년 7월, 강원지방경찰청)
   - 모텔에서 함께 음주 중 성관계를 거절하는 피해자에게 상해를 가하며 강간 시도하자, 피해자가 맥주와 땅콩을 주문하는 것처럼 112에 신고, 접수요원이 위급상황임을 직감, 적절한 대응으로 6분만에 피의자 검거
2. 자장면 주문 사례 ('16년 2월, 경기남부지방경찰청)
   - 모텔에서 전 남자친구(피의자)로 부터 협박을 당하던 피해 여성이 위기를 모면코자 112로 "자장면 2그릇만 갖다 주세요" 라며 신고. 접수요원은 위급상황임을 직감, 유사한 모텔 상호로 순찰차량을 각각 출동 지시, 피의자 현장 검거
3. 엄마야 신고 사례('14년 6월, 서울지방경찰청)
   - 모텔에서 전에 알고 지내던 남자가 성폭행을 하려고 하자. 이를 모면하기 위해 피해자의 딸에게 전화하는 것처럼 112신고 한 것을, 접수요원이 적절한 대응으로 모텔위치 확인 피의자 검거

출처 : 경찰청, 『112신고 접수·지령 매뉴얼』, 2016 p. 40.

둘째, 가해자가 현장에 있는 경우에는 질문을 자제하고 주변 소음을 청취하면서 위험성을 확인하는 지혜가 필요하고, '예/아니오' 상태로 답변을 할 수 있도록 질문을 변경해야 한다. 예를 들어 '지금 범인이 옆에 있다면 「예/아니오」로 대답해 주십시요'라고 말을 하는 것도 방법이다. 또한 현재도 범행이 실행 중인지에 대한 여부도 파악하면 더욱 좋은 정보 수집이라 할 수 있다.

셋째, 가해자가 현장에 없는 경우에는 도주시각·방향·공범여부·인상착의·흉기 소지 등 가해자에 대한 일반 정보와 머리부터 발끝 순으로 모자·헤어스타일·안경· 옷 색깔 등 특징점 위주로 파악을 주력해야 한다. 우선 외관상으로 보이는 것부터 파악을 하고, 추정되는 것은 나중에 파악을 하면 된다. 긴급한 상황에서 모든 사항을 다 파악하려는 것은 신고 접수가 지체되어 오히려 피해자 구조 및 용의자 검거에 장애가 될 수 있다.

넷째, 후속 조치에 대한 고려로써 사건 파악시 시간·장소·도주방향·인상착의 순으로 정보를 수집하여 지령 단계에서 신속하게 정보를 전파할 수 있도록 해야 한다. 예를 들어 '14:27경/ 올림픽대로 김포공항 방향/ 빨간 오토바이/ 20대 남자/ 파란색 모자/ 상의 검정색/ 하의 청바지'와 같이 지령하는 순으로 접수를 해주면 훨씬 빠른 전파가 가능하다.

용의자 인상착의 파악 요령	
성별, 머리	외형상 보이는 성별, 머리스타일(검정 스포츠, 금색 귀덮은 머리 등)
상하 복장	상위부터 하위 순으로 색상, 종류, 특징을 파악 ※ 파란 패딩잠바, 검정 츄리닝, 흰색 쪼리 슬리퍼/ 야구모자, 회색 후드티, 흰색 반팔, 청바지, 검정 운동화 등
나이, 키, 체형	외형상 보이는 나이대를 대략적 추정 정확한 수치보다 외관상의 특징점을 위주로 체형을 파악 ※ 180 이상 큰 키, 넓은 어깨, 운동선수같은 다부진 체격/ 160 이하 작은 키, 배가 나온 뚱뚱한 체형 등
기타	가방 소지 여부 및 색상·종류(노란 백팩, 갈색 서류가방 등), 문신· 피어싱, 안경·시계·반지 등 액세서리, 말투 등 특이점

출처 : 경찰청, 『112신고 접수·지령 매뉴얼』, 2016 p. 41.

라. 4단계 - 추가 자료 파악

첫째, 신고자의 휴대폰 번호를 확보하기 위한 노력이 필요하다. 일반전화나 070전화의 경우는 휴대폰의 추가 확보가 반드시 필요한 것은 아니나, 035번이나 045번의 경우에는 반드시 연락 가능한 전화번호를 확보하여야만 한다.

둘째, 신고 접수 내용의 입력이 모두 되었다고 하더라도 몇 초간 통화를 유지해야 한다. 이유는 신고 후의 상황 변화를 확인하고 신고 접수 대기시간을 단축할 수 있기 때문이다.

셋째, 신고 접수 완료 전에는 혼잣말을 한다거나 주변 동료와의 잡담을 주의하여야 한다. 신고가 마감되었다고 하더라도 여전히 통화가 지속되는 경우가 많고, 중요사건 발생시에는 신고접수 내용이 그대로 공개되기 때문에 주의를 요한다.

○ 접수 표준질문지

질 문		착안점
① 긴급신고 112입니다.		□ 신고이유 청취(직관적 상황 파악)
② 신고자 위치 파악 (최우선 출동건은 위치확인과 동시에 Code 0 선지령 하달)		
▶ 위치가 어떻게 되나요		□ 주소　　□ POI　　□ 기타 방법
실내	▶ 어떤 형태 · 색깔의 건물인가요	□ 아파트/단독주택/상가 · 회사/빌라 · 원룸
	▶ 몇 층 인가요	□ 지하/지상(층수 · 호수) 및 건물 전체 층수
	▶ 건물 입구에 특징이 있나요	□ 정문/후문/비상구　　□ 구조/색깔　　□ 보안문 여부
	▶ 건물이 도로변에 있나요	□ 대로변/이면도로/골목/교차로
	▶ 기억에 남는 건물이나 간판이 있나요	□ 은행/관공서/편의점 · 슈퍼/교회/지하철(출구) □ 간판 이름 및 전화번호
실외	▶ 주변에 눈에 띄는 건물이나 간판이 있나요	□ 은행/관공서/편의점 · 슈퍼/교회/지하철(출구) □ 간판 이름 및 전화번호
	▶ 도로명주소 표지판이 보이십니까	□ 도로명주소 표지판
	▶ 가로등이나 전신주가 보이십니까	□ 가로등 · 전신주 번호
	▶ 바닥에 특이한 것은 없나요	□ 거주자우선 주차구역(번호)/맨홀뚜껑 등
기타	▶ 어디에서 어디를 가던 중이었나요	□ 최초 출발장소/목적지
	▶ 무엇을 타고 어디에서 내렸습니까	□ 이동수단(택시/버스/지하철)　　□ 하차지 지명
	▶ 어느 방향으로 얼마정도 이동했나요	□ 이동시간/이동거리
③ 피해 상황 파악		
▶ 구체적으로 어떤 피해를 입으셨나요		□ 응급의료구호 필요　　□ 성폭행관련 여경 필요
▶ 피해가 아직 진행 중인가요		□ 진행 중/종료(최초 발생부터 신고시까지 시간)
④ 가해자 정보 파악		
▶ 가해자가 도망갔나요, 옆에 있나요		
▶ (도주한 경우)인상착의가 어떻게 되나요		□ 인상착의(성별/나이/키/체격/복장/기타)
▶ (도주한 경우)언제 어디로 도주했나요		□ 도주방향/시점　　□ 도주수단(번호/차종/색상)
▶ 흉기를 가지고 있나요		□ 총기류/도검류/쇠파이프 등
▶ 가해자는 누구인가요, 아는 사람인가요		
▶ (아는 경우)어떻게 아는 사람인가요		□ 동거(결혼 · 사실혼)/채권 · 채무/회사동료/친척/인터넷 지인
⑤ 기타 추가 정보		□ 친 · 인척/친구 연락처　　□ 주변 음향 청취 ※ 이미 확인되었거나 불필요한 사항은 반복 질문 지양

출처 : 경찰청, 『112신고 접수 · 지령 매뉴얼』, 2016 p. 14.

2. Code 분류 제도

가. Code 분류 개념 및 기준

코드 분류란 112신고에 코드를 부여하여 현장 경찰관에게 전달하는 것을 말한다. 코드분류는 최초 신고를 접수한 경찰관의 판단이 우선하며 신고자의 목소리, 주변 상황, 신고내용 등을 종합하여 신고코드를 결정하게 된다. 경찰청은 2010년 1월 경찰력의 신속하고 효율적인 대응을 위해서 112신고에 대해서 신고내용의 긴급성·중대성·위험성을 근거로 Code 분류 제도를 시행하였다.

초기의 코드 분류는 112신고를 긴급·비긴급으로 구분하여 코드를 3단계(1~3)로 나누었다. 그러나 코드간의 구별이 쉽지 않아 많은 신고가 Code 1에 집중되는 현상이 발생되는 문제점이 발생하였다. 이유는 오히려 코드 분류가 접수자의 생각을 막고 문제 발생시 책임을 묻는 도구로 전락하여 대부분의 신고를 1순위로 접수하는 등 수동적인 근무를 유발하고 있기 때문이다. 위와 같은 문제점을 개선하고 신고에 대한 효과적이고 차별적인 대응을 위해 2016년 4월 1일에 기존 3단계의 코드 분류를 5단계(0~4)로 세분화하는 코드 분류 제도가 시행되었다.

아래의 〈표-38〉은 코드 분류의 변화를 나타낸 것이다. 기존 3단계와 5단계 코드 분류의 차이점은 분류 기준을 구체적으로 제시한 것 외에도 코드별 목표시간을 설정하여 해당 사건에 대해서 책임감을 높인 것이라 할 수 있다.

〈표-38〉 코드 분류의 변화

구분	코드	분류 기준
긴급	1	범죄로부터 인명·신체·재산보호, 심각한 공공의 위험 제거 및 방지, 신속한 범인검거 등의 경우로 최우선 출동이 필요한 신고
비긴급	2	경찰에 의한 현장조치의 필요성은 있으나, Code 1에 속하지 않는 경우, Code 1이나 다른 중요한 업무에 지장을 초래하지 않는 범위에서 신속 출동
	3	경찰 출동요소에 의한 현장조치 필요성이 없는 경우 ※ 관련기능 및 타기관 통보·안내 등

▼

구분	코드	분류 기준	목표시간
긴급	0	Code 1 중 이동범죄, 강력범죄, 현행범 중 실시간 전파가 필요한 경우(선지령 및 제반출동요소 공조출동)	최단시간
긴급	1	생명·신체에 대한 위험이 임박, 진행 중, 직후인 경우 또는 현행범인 경우	최단시간
비긴급	2	생명·신체에 대한 잠재적 위험이 있는 경우 또는 범죄예방 등을 위해 필요한 경우	긴급신고 지장없는 범위
비긴급	3	즉각적인 현장조치는 불필요하나 수사, 전문상담 등이 필요한 경우 ※ 즉시출동 불요, 먼저 신고자와 통화하여 약속 등을 통해 출동 또는 타부서 통보 필요	당일 근무시간
상담	4	긴급성이 없는 민원·상담 신고	타기관 인계

출처 : 경찰청, 『112신고 접수·지령 매뉴얼』, 2016 p. 43.

개선된 코드 분류 제도에 근거하여 긴급신고와 비긴급신고를 다음과 같이 분류할 수 있다.

첫째, 긴급신고의 기준은 '생명·신체 위험과 현행범인'으로 요약할 수 있으며, 이에 해당되는 경우에는 Code 1으로 분류한다. '생명·신체 위험'은 살인·강도·납치감금·성폭력·주거침입·집단사태 등 중요범죄로 생명·신체에 대한 중대한 위험이 임박하거나 진행 중이거나 직후인 경우, 범죄가 아니거나 또는 경찰 고유 사무가 아니더라도 피해자 구호가 필요하거나 생명·신체의 위험을 방지할 필요가 있는 경우를 들 수 있다. '현행범인'은 생명·신체에 대한 위험을 수반하지 않더라도 범죄행위가 진행 중이거나 직후인 경우를 말한다고 할 수 있다. 이 때 강력범죄의 현행범이거나 여성의 고함(으악)신고, 연쇄·이동성 범죄 등 선지령이 필요한 사건은 Code 0로 접수한다.

둘째, 비긴급신고의 기준은 '범죄예방과 즉각조치 불필요'로 요약할 수 있는데, 이 경우에는 Code 2·3으로 분류한다. 구체적으로 생명·신체의 위험이 발생할 가능성이 있거나 범죄예방 등을 위해 필요한 경우에는 Code 2로, 사건 발생 후 상당한 시간이 경과하여 차후 조치가 불필요한 경우에는 Code 3로 접수한다.

다음의 〈표-39〉는 코드 분류의 구체적인 예시를 나타낸 것이다.

<表-39> 코드 분류의 구체적인 예시

구분	기준	구체적인 예시
긴급 신고	생명· 신체 위험	여자가 성폭행 당하고 있다 → 코드 0 앞차 트렁크에 여자 머리카락 같은 것이 보인다 → 코드 1 비가 와서 축대가 무너지려고 한다 → 코드 0 도로 한 복판에 고라니 사체가 있다 → 코드 1
	현행범인	오코바이를 탄 사람이 가방을 날치기하고 도망갔다 → 코드 0 주차된 차량의 문을 열어보고 다니는 사람이 있다 → 코드 1
비긴급 신고	범죄예방	주취자(남자)가 길거리에서 자고 있는데 위험해 보인다 → 코드 2 골목에서 사람들이 서로 말다툼하고 있다 → 코드 2 언제인지 모르겠지만 집에 있던 금반지가 없어졌다 → 코드 3
	즉각조치 불필요	한달 전에 지인에게 성폭행을 당했다 → 코드 3 공사장 소음, 쓰레기 투기, 택시 승차거부, 유기동물 → 코드 4(지자체 소관 업무) 임금체불 → 코드 4(노동부 소관 업무) 벌집을 제거해 달라 → 코드 4(119 소관 업무)

나. 사건종별 접수 코드 분류

사건종별 접수 코드는 6개의 중분류 및 57개 소분류로 구성되어 있다. 중분류는 중요범죄, 기타범죄, 질서유지, 교통, 기타경찰업무, 타기관·기타로 구성되며, 각 종별 소분류는 다음과 같다. 첫째, '중요범죄'는 살인, 강도, 치기, 절도, 납치감금, 성폭력, 가정폭력, 아동학대(가정내), 아동학대(기타), 데이트폭력이다. 둘째, '기타범죄'는 폭력, 사기, 공갈, 협박, 도박, 재물손괴, 주거침입, 풍속영업, 수배 불심자, 기타형사범, 스토킹, 학교폭력, 마약류(약물), 피싱사기이다. 셋째, '질서유지'는 시비, 행패소란, 청소년비행, 무전취식승차, 주취자, 보호조치, 위험방지, 기타경범이다. 넷째, '교통'은 교통사고, 교통불편, 교통위반, 사망·대형사고, 인피도주, 음주운전이다. 다섯째, '기타경찰업무'는 상담문의, 변사자, 비상벨, 경비업체요청, 가출 등, 분실습득, FTX, 자살, 실종(실종아동등)이다. 여섯째, '타기관·기타'는 내용확인불가, 화재, 구조요청, 소음, 노점상, 기타·타기관, 서비스요청, 청탁금지법, 재해·재난, 위험동물이다.

다음의 <표-40>은 사건종별 접수 코드를 나타낸 것이다.

<表-40> 사건종별 접수 코드

중요범죄	기타범죄	질서유지	교통	기타경찰업무	타기관·기타
살인	폭력	시비	교통사고	상담문의	내용확인불가
강도	사기	행패소란	교통불편	변사자	화재
치기	공갈	청소년비행	교통위반	비상벨	구조요청
절도	협박	무전취식승차	사망·대형사고	경비업체요청	소음
납치감금	도박	주취자	인피도주	가출 등	노점상
성폭력	재물손괴	보호조치	음주운전	분실습득	기타·타기관
가정폭력	주거침입	위험방지		FTX	서비스요청
아동학대 (가정내)	풍속영업	기타경범		자살	청탁금지법
아동학대 (기타)	수배불심자			실종 (실종아동등)	재해·재난
데이트 폭력	기타형사범				위험동물
	스토킹				
	학교폭력				
	마약류(약물)				
	피싱사기				

출처 : 경찰청, 『112신고 접수·지령 매뉴얼』, 2019 p. 45.

○ 사건종별(54종) 관련 정의

구 분		내 용
중요범죄 (9)	살인	타인을 살해하는 전반적인 행위
	강도	폭행·협박으로 타인의 재물을 강취하거나 기타 재산상의 이익을 취득하거나 제3자로 하여금 이를 취득하게 하는 것
	치기	절도 유형 중 타인의 재물을 잡아채어 훔치고 도주하는 행위
	절도	타인의 재물을 절취하는 행위(무주물·자기점유물 제외)
	납치감금	강제수단을 써서 억지로 데려가거나 일정 구역의 장소에 신체의 자유를 구속하는 행위
	성폭력	상대의 의사에 반하여 이루어지는 성적 범죄행위
	가정폭력	가정구성원 사이에 신체적·정신적·재산상 피해를 수반하는 행위(동거했던 친족 제외)

	아동학대 (가정내)	가족구성원(성인)이 18세 미만의 아동에게 신체적·정신적 폭력이나 가해행위
	아동학대 (기타)	가족구성원을 제외한 사람(보육교사 등)이 18세 미만의 아동에게 신체적·정신적 폭력이나 가해행위
기타범죄 (13)	폭력	사람의 신체에 대한 유형력 행사, 신체적 공격행위
	사기	사람을 기망하여 재물의 교부를 받거나 재산상의 이익을 취득하는 행위
	공갈	남에게 협박하여 재물을 받거나 불법으로 이익을 얻는 행위
	협박	상대방에게 공포심을 일으키기 위하여 생명·신체·자유·명예·재산 따위에 해를 가할 것을 통고하는 행위
	도박	재물을 걸고 내기 하는 행위
	재물손괴	타인의 재물, 문서 또는 전자기록 등 특수매체기록을 손괴 또는 은닉 기타 방법으로 그 효용을 해하는 행위
	주거침입	거주자 의사에 반하여 타인의 주거에 침입한 경우
	풍속영업	선량한 풍속에 반하여 풍속영업규제에관한법률을 위반하는 행위
	수배불심자	수배자 또는 거동수상자를 상대로 검문검색 또는 검거를 위한 행위
	기타형사범	형사법 범죄 중 112접수 사건종별에 없는 경우
	데이트폭력	연인 또는 연인이었던 사이에 위해를 가한 경우
	스토킹	지속적으로 접근하여 만남 또는 교제를 요구하거나 지켜보기, 따라다니기, 기다리기 등의 행위를 한 경우
	학교폭력	학교 내·외에서 일어난 신체적·정신적 폭력행위 중 피해자가 학생인 경우
질서유지 (8)	시비	상호 또는 일방이 불만을 품고 말다툼을 하는 행위
	행패소란	소리를 지르거나 난폭한 행위로 소란을 피우는 행위
	청소년비행	19세 미만의 청소년이 행하는 음주, 흡연, 소란 등 선도가 필요한 행위
	무전취식 승차	요금이나 음식값을 지불할 의사나 능력 없이 택시, 음식점 등을 이용하고 그 대금을 지불하지 않는 행위
	주취자	타인에게 위해행위 없이 술에 취한 자
	보호조치	자기 또는 타인에게 위해를 끼칠 우려가 있어 보호가 필요한 경우
	위험방지	사람의 생명·신체·재산의 위험이 발생할 우려가 있어 조치가 필요한 경우
	기타경범	경범죄처벌법에 규정된 범죄
교통 (5)	교통사고	차의 교통으로 인하여 사람이 사상하거나 물건이 손괴된 경우
	교통불편	불법 주정차, 차량정체, 신호등 고장 등으로 인한 교통체증 및 통행 불편
	교통위반	음주, 무면허 등 도로교통법상 교통질서 위반 행위
	사망· 대형사고	사람이 사망하거나 다수의 인적·물적 피해가 발생한 경우
	인피도주	인명사고 야기 후 뺑소니 한 경우(물피뺑소니 제외)
기타경찰 업무 (9)	상담문의	경찰 상담이 필요한 경우
	변사자	사람이 죽었다고 신고하는 경우
	비상벨	절도나 기타 비상사태를 알리기 위해 울리는 벨(편의점, 금융기관, 공중화장실 등)
	경비업체요청	사설 경비업체에서 출동을 요청하는 경우
	가출 등	실종에 해당하지 않는 단순가출 및 미귀가자 신고

	분실습득	물건을 잃어버렸거나 습득한 경우
	FTX	신고유형별 실제 현장 훈련
	자살	스스로 자기의 생명을 끊으려고 하는 경우
	실종 (실종아동 등)	18세 미만 아동, 지적장애, 치매노인 등 보호자로부터 이탈하여 생사를 알 수 없게 된 경우
타기관 기타 (10)	내용확인불가	불완전 신고 또는 신고내용이 명확하지 않은 경우
	화재	불로 인해 인적, 물적 피해가 발생한 경우
	구조요청	재난 등으로 인해 위험한 상황이 발생하여 구조가 필요한 경우
	소음	생활, 집회소음 등 시끄러워 불편함을 느끼게 만드는 소리
	노점상	길가에 물건을 벌여 놓고 장사를 하는 행위
	기타, 타기관	경찰업무가 아닌 타기관이 처리할 업무
	서비스요청	경찰업무 중 현장조치는 원칙적으로 불필요하나 국민의 편익을 위해 부수적인 도움을 주는 경우
	청탁금지법	공직자 등 본인 또는 일반인이 100만원을 초과하는 현금, 선물 등(식사 제외) 금품 수수 관련 신고시 현행범에 해당하여 즉시 수사착수가 필요한 경우
	재해·재난	지진, 산사태, 홍수, 해일, 태풍 등 자연적 피해가 발생한 경우
	위험동물	맹수, 멧돼지 등 야생동물, 목줄 없는 맹견 등 출현으로 국민의 생명·신체에 위험이 야기된 경우

3. 중요 사건별 접수 요령

가. 유괴납치감금 사건

밀양 유괴사건에... 학무모 불안 증폭 (경남매일, 2018.7.11.자)

지난 9일 오후 밀양에서 스쿨버스에서 내려 집으로 가던 초등학교 3학년 A양(9)이 사라졌다. 경찰의 수사에도 흔적조차 찾을 수 없던 A양은 다음날 오전 납치 행각을 벌인 B씨(27, 남)가 마을회관 근처에 A양을 두고 달아나 가족의 품으로 돌아올 수 있었다.

앞서 지난 4일에도 강원 춘천의 한 빌딩에서 9살 여자아이를 유인하려고 한 혐의로 40대 남성이 구속됐다. 이 남성은 당시 승강기를 기다리던 아이에게 "엄마가 화장실에 있으니 빨리 가자"며 손목을 잡아끌었다. 당시 아이는 남성의 팔을 뿌리치고 승강기에 타 다른 피해를 보지 않았다.

유괴납치 사건은 사회적 파장이 매우 큰 사건이므로 초기 수사가 매우 중요하다. 신고 접수 단계에서 '보이스피싱'으로 의심된다고 하더라도 우선 실제 상황이라고 판단하여 모든 조치를 강구해야 한다. 또한 선입관을 철저히 배제하여 초동수사가 지연되거나 전파가 미흡하여 사건이 미궁으로 빠지는 일이 없도록 해야 한다.

위 유괴납치 사건은 피해자의 안전을 최우선으로 해야 하므로 성급하게 신고자에게 경찰관이 전화를 하는 등 신고자의 위험을 증가시키는 행동을 절대 금지해야 한다. 신고 접수자는 신속하게 0코드(납치감금)를 입력 후 선지령이 가능토록 해야 하고, 피해 상황 및 가해자 인상착의 등을 파악하여 추가적으로 기재하여야 한다.

신고자에게 안전을 위해 사복경찰관이 출동할 것임을 안내 후에 112통합시스템상 신고장소는 신고자가 현재 있는 장소를 입력하여 접수토록 한다.

나. 테러협박 사건

경찰 "고려대 폭파" 협박전화 건 30대 검거(한국일보, 2018.4.3.자)

고려대를 폭파하겠다며 협박 전화를 한 30대 남성이 범행 약 13시간 만에 경찰에 붙잡혔다. 서울 성북경찰서는 3일 오후 7시쯤 서울 돈암동 소재 한 고시텔에서 위계에 의한 공무집행방해 혐의로 이모(38)씨를 긴급체포했다고 밝혔다. 이씨는 같은 날 오전 4시 24분쯤 공중전화를 이용해 112에 "고려대를 폭파하러 가겠다"고 거짓 신고를 한 혐의를 받는다.

폭발물 테러협박 사건은 불특정 다수를 대상으로 행하는 사회혼란 성격을 갖고 있으므로 신고 접수 초기 단계의 신중한 판단이 요구된다. 허위신고임을 예단하지 말고 인내심을 가지고 '폭발물을 설치한 이유가 무엇인지, 다른 곳에서 폭발물을 설치했는지' 등 계속적으로 대화를 유도해야 한다. 또한 흥분한 신고자와의 교감을 형성하도록 '당신이 지금 매우 기분이 나쁠 것 같다. 그 기분 내가 잘 이해할 수 있을 것 같다' 등의 심적 공감을 얻을 수 있는 말을 하는 것도 중요하다.

가능한 길게 통화하여 구체적인 위치·시간, 폭발물에 대한 상세 정보를 수집함과 동시에, 위치파악을 위한 주변 소음에 대해서도 면밀히 청취를 해야 한다. 신속하게 0코드를 입력하고 경찰서에 신고 사건을 하달함과 동시에 경찰특공대 등 전담부서에 즉시 연락을 하여 조치토록 해야 한다.

다. 강간 등 성범죄 사건

가요주점 여성 동업자 성폭행 후 방화 살해한 50대 징역 25년 (뉴시스, 2019.1.25.자)
A씨는 지난해 9월 26일 오전 6시 15분께 충북 청주시 상당구 용암동 자신이 운영하는
가요주점에서 동업자 B(47, 여)씨의 머리를 둔기로 수차례 때려 기절시킨 뒤 성폭행한
뒤 건물 내부에 불을 질러 B씨를 살해한 혐의로 재판에 넘겨졌다.

성범죄 사건은 개인의 입장에서 주위에 알려지기를 원치 않는 특성이 매우 강해
신고 접수율이 매우 낮으며 사건 해결에도 소극적인 경우가 많다. 신고 접수시부
터 피해자의 의사나 감정을 충분히 배려하고 언행에 유의해야 한다. 관할 및 공소
시효·고소기간 경과 등 시간 등에 구애받지 말고 신고를 신속하게 접수한다.

우선 성범죄 신고는 피해자 안전 확보가 우선이므로 접수 즉시 급박한 상황인지
여부와 현재 장소가 안전한 곳인지를 확인해야 한다. 피해자에 대해 적극적으로 공
감을 표시하고 여경과의 통화여부 및 비노출 출동 여부 등에 대한 확인을 해야 한
다. 또한 심경변화가 많은 점을 감안하여 경찰관이 도착할 때까지 통화를 유지하여
신고자의 감정을 완화시키면 사건 수사에 큰 도움이 될 수 있다.

가해자와의 관계를 확인하는 것이 성범죄 피의자 특정에 매우 중요한 요소이므로
신고 접수 초기에 정보를 획득토록 해야 하며, 경미한 사안이라도 단순 상담으로 마
감하는 경우가 있어서는 안 된다. 신고자가 여성 경찰과의 통화를 원하는 경우에는
즉시 여성 경찰 또는 해바라기센터와 연결하여 3자 통화를 실시한다. 단, 상담만을
원하는 경우에는 1366[147) 또는 해바라기센터를 안내하면 된다.

아래의 〈표−41〉은 피해신고 접수시 긴급성에 따른 코드별 대응 요령을 나타낸
것이다.

---

147) 〈여성긴급전화센터 1366〉
• 개요 : 여성폭력방지 지역협의체의 구심점으로 피해자에 대한 1차 긴급 상담 및 서비스(의료, 상담, 법률, 보호시설)
연계 등 위기개입 서비스를 24시간 제공
• 연락처 : 국번없이 1366(휴대폰으로 상담시 : 해당지역번호 + 1366)

코드 구분	신고 내용	대응 요령
긴급 (코드 0·1)	성폭행 중·직후, 범인 도주 중	− 선(先) 지령 − 피신 권유 등 안전확보 − 가해자 위치 및 흉기소지 등 파악
비긴급 (코드 2·3)	과거에 일어난 성폭행 피해	− 신고자에 대한 '공감 표현'[148] − 여경과 통화가능 우선 안내 − 피해자와 만날 시간 및 장소 등 확인으로 피해사실 　노출되지 않도록 배려
비출동 (코드 4)	성폭행 피해 관련 상담문의	게시글(SNS) 확보, 상담 신고라도 반드시 여청수사팀 통보 여성긴급상담센터(1366번 또는 110번) 등 안내

라. 가정폭력 사건

> **"환청 들려" 아내 살해 '가정폭력' 50대 구속 (노컷뉴스, 2018.12.10.자)**
> 지난 7일 새벽 2시쯤 서울 강서구 내발산동 자택에서 주방에 있던 흉기로 아내 A(50)씨를 여러 차례 찔러 숨지게 한 안모(55)씨가 구속됐다. 경찰은 사건 당시 다른 방에 있던 딸의 신고를 받고 출동해 안씨를 현장에서 붙잡았다. 그는 과거에도 2차례 가정폭력 전과가 있는 것으로 나타났다.

가정폭력은 가정 내에서 발생하는 것임에도 불구하고 다른 범죄에 비해 피해가 크고 회복이 쉽지 않은 특성을 갖는다. 좁은 공간에서 폭행이 이루어지므로 피해자의 안전성 확인이 매우 중요하며, 가해자가 현재 음주 상태 및 약물 복용여부, 흉기소지여부에 대한 사실을 필수적으로 확인해야 한다. 이러한 이유는 가해자의 이상 정신상태 등으로 인한 돌발 상황을 미연에 막고자 하기 때문이다. 또한 신고자 및 가족의 신고취소 요청 시에도 반드시 출동하여 현장을 확인하도록 내용을 기재하고, 신고이력을 확인하여 상습적으로 신고가 접수되는 곳인지 파악하여 정보 전달을 해야 한다.

급박한 상황인 경우에는 우선적으로 위치를 파악하고 출동 지령을 한 후, 통화 상

---

148) 공감표현의 예 : "많이 힘드셨을 텐데 경찰에 잘 신고해 주셨습니다. 경찰이 도와 드리겠습니다."

태를 계속적으로 유지하면서 피해자의 안전을 확보해야 한다. 피해자의 안전이 확보가 되었다면 순찰차가 출동 중임을 알리면서 추가적으로 상세한 정보를 수집한다.

마. 교통사고

> **음주운전 뺑소니로 2명 사망, 6명 부상... 70대 운전자에 징역 8년**
> **(Legal Times, 2019.1.30.자)**
> 김씨는 2018년 7월 12일 오후 5시 39분쯤 혈중알콜농도 0.186%의 술에 취한 상태로 싼타페 승용차를 운전하여 서울 광진구 앞 맞은편 이면도로를 진행하던 중 전방 주시를 소홀히 한 나머지 김씨의 진행 방향 우측에 정차되어 있던 오토바이와 렉스턴 승용차를 들이받고, 계속 진행하여 전방에 있던 보행자 2명(59세 남, 48세 여)을 들이받아 바닥에 넘어지게 한 다음 밟고 지나갔다. 차에 치안 보행자 2명은 갈비뼈 골절 등으로 현장에서 즉사했다.

교통사고는 피해자 안전 확보가 중요하므로 피해상태 파악과 함께 2차 피해 예방을 위해 신고자를 안전한 곳으로 유도해야 한다. 신고자가 부상을 입거나 당황한 경우에는 자세한 장소를 묻지 말고, 차량의 진행 방향을 확인하고 비상등을 켜고 있을 것을 요구한다.

신고자가 가해차량을 추적하는 경우에는 가해자 차량번호를 확인했다면 가능한 한 위험성을 낮추기 위해 정차한 후 신고해 줄 것을 권고해야 한다. 특히, 신고자가 도주차량을 현재 추적 중인 경우에는 무리하게 추격하지 말고 도주차량에 대한 정보를 정확히 제공할 것을 재차 요청한다. 그리고 2차 사고 예방을 위해 사고 현장에서 벗어나서 도로 밖의 안전한 장소에서 경찰을 기다리도록 안내를 한다.

119에 대한 출동요청은 경찰관이 직접 신고하도록 하고, 언론보도가 예상되는 대형사고의 경우에는 종합 지령대에 통보하여 입체적인 조치가 되도록 해야 한다.

바. 보호조치 및 주취자 사건

> **만취한 채 순찰차에서 잠자던 50대 주취자 사망(프레시안, 2018.10.22.자)**
> 22일 오전 4시 20분쯤 성환읍의 한 도로변에 '만취상태로 쓰러져 있는 남성이 있다'는 신고를 받고 출동해 순찰차량으로 A씨(55)를 파출소까지 데리고 왔다. 그러나 A씨는 파

출소에 도착한 후에도 몸을 가누지 못할 정도로 만취한 상태여서 경찰은 순찰차에서 하차시키지 못하고 잠시 잠을 자도록 조치했다. 이후 파출소 직원이 오전 6시 20분쯤 잠이 든 A씨를 깨우러 갔으나 A씨는 의식이 없는 채 누워 있어 119가 긴급 출동, 심폐소생술을 실시했지만 이미 숨을 거둔 뒤였다.

목소리가 술을 먹은 것 같다고 하더라도 주취자 임을 예단하지 말고, 동일한 장소에서 계속 신고가 되는 경우에는 신고사건 코드분류를 함에 있어 '보호조치'보다는 '내용확인불가'의 사건 내용으로 신고를 접수하여 사실을 확인토록 해야 한다. 주취자인 경우에도 긴급성 및 보호필요성 등을 파악하여 사건 내용에 기재해 줌으로써 현장 출동 경찰관들이 출동 전 신고에 대해 어느 정도의 정보를 얻을 수 있도록 해야 한다.

단순히 술에 취해 신고를 계속하는 경우 신고 접수를 무시하지 말고, '귀가해 달라는 출동요청은 안됨을 수회 고지/ 계속 반복적으로 신고하여 보호요청을 요구/ 출동 확인 필요'라고 수회 통화한 내용 등을 요약하여 명시함으로써 출동 경찰관들의 출동 판단에 도움을 줄 수 있다.

제2절 112신고의 사건별 지령 요령

1. 112신고의 지령 과정

각 지방경찰청 112종합상황실에서 112신고가 접수되어 관할 경찰서로 하달되면 대부분의 신고를 경찰서 112종합상황실에서 지령을 하게 된다. 이 때 '지령(指令)'이라 함은 '지휘하여 명령한다'의 줄임말로 112신고의 처리를 위한 경력출동 및 조치지시 등을 의미한다. 일반적으로 112신고 지령은 사건내용 하달, 출동요소 결정, 출동위치 지정, 조치 및 유의사항 지시, 관련부서 통보, 이행여부 확인 등의 절차를 거친다. 다음에서는 각 절차상 내용에 대해 구체적으로 기술키로 한다.

가. 사건내용 하달

접수가 완료된 112신고는 1차적으로 경찰서 112종합상황실에서 전적인 책임을 지고 처리하게 된다. 때문에 경찰서에 근무하는 지령요원은 사건을 정확하게 빈틈없이 출동 경찰관에게 전달하여야 한다. 아울러 사건의 중요도에 따라 무전 교신의 완급(緩急)이 필요하며, 중요사건인 경우에도 내용이 확실히 전달되도록 반복하여 여러 번 지령을 해야 한다. 또한 음어·약호사용을 가급적 철저히 하여 지령요원의 전문성을 기함과 동시에 불필요한 의사소통을 방지하여야 한다. 예를 들어 내용이 긴 신고의 경우에는 신고내용을 모두 말하기보다는 핵심이 되는 단어를 중점적으로 말하고 출동 이후에 사건내용을 전체적으로 전달하는 것이 효과적이다. 단, 사건을 너무 요약해서 전달하는 경우 의미가 불분명해지거나 내용이 왜곡되거나 누락될 수 있으므로 주의를 요한다.

나. 출동요소 결정

112총력대응체제 실시 이후에 신고사건에 대한 1차적 출동요소는 신고장소와 가장 가까운 곳에 위치한 112순찰차이다. 과거에는 '책임 관할' 중심의 출동요소 배치가 지배적이었으나, 경찰력의 신속하고 효율적인 대응을 위해 현재는 '최근거리 위치' 중심의 출동 전략으로 변화하였다. 출동요소는 112순찰차, 오토바이, 형사기동대, 교통순찰차, 도보순찰자 등으로 나눌 수 있으며, 일반적인 신고 출동에 가장 많이 사용되는 것은 112순찰차이다. 그러나 신고 유형에 따라 중요 범죄사건의 경우 형사기동대가 순찰차와 함께 출동하고, 교통관련 신고의 경우에는 교통순찰차가 우선적인 출동을 하기도 한다.

다. 출동위치 지정

출동위치가 명확하게 신고내용에 기재된 경우에도 경찰서 지령요원은 출동자에게 위치를 재강조해 주어야 한다. 일반적으로 사건의 지령요원이 출동자보다 사건에 대한 분석을 더욱 자세히 할 수 있으므로, 출동장소의 정·후문 및 내·외부 등에 대해서 구체적으로 지령을 해야 한다. 또한 신고자, 피해자, 목격자, 가해자 등에 대해서도 구분하여 지령을 함으로써 출동자의 혼동을 막아야 한다.

만약, 신고자의 위치를 정확히 알지 못하는 경우에는 신속하게 위치파악을 위한 조치를 시작해야 한다. 경찰서 형사과에 사건내용을 통보하여 신고자의 전화번호에 대한 가입자 조회(통신수사) 뿐 아니라 지방경찰청 112종합상황실에 위치정보 조회를 의뢰해야 한다. 이 때, 공문 결재 지연으로 인한 신고자의 위치 파악이 지연되지 않도록 지령요원은 사건에 대해 관심을 갖고 해당 부서의 조치사항을 지속적으로 점검하여야 한다.

라. 조치 및 유의사항 지시

지령요원의 신고내용을 정확히 분석하여 출동 경찰관에게 사건 대응요령 및 조치사항을 지시하여야 한다. 특히, 불의의 피습을 당할 우려가 있는 중요 사건에 대해서는 신체 안전을 위한 경찰장구 휴대 및 사용법을 지령한다. 또한 사건의 특징점을 잘 파악하여 경광등 및 사이렌 등의 취명 여부도 신중히 판단해야 한다. 현장으로 출동하는 경찰관은 신고 결과에 보다 많은 관심이 있으므로, 지령요원의 사건의 배경이나 신고 이력 등을 분석하여 출동 과정 중에 추가적인 자료를 제공해주는 것이 좋다.

최근 신고 현장에 출동하여 조치를 취하던 중 피습을 당하는 경찰관의 수가 증가하고 있어, 출동 경찰관의 안전을 확보하는 것이 지령요원의 중요한 임무가 되었다. 지령요원은 신고조치를 우선하기에 앞서 출동자의 안전과 피해 확산 방지를 위해 사건별 유의사항에 대한 숙지를 비롯해 상황대비 능력을 강화해야 한다.

○ 관련 언론보도

〈강북구 오패산터널서 총격전... 경찰관 사망〉 MK뉴스, 2016.10.19.자.
서울 강북구 번동 오패산 터널 앞에서 폭행 용의자가 현장 조사를 벌이던 경찰관에게 사제총기를 발사해 경찰관이 숨졌다. 강북구 번동파출소 소속 김모 경위는 19일 오후 6시 28분 "둔기에 맞았다"는 폭행 피해 신고가 접수돼 현장에서 조사를 벌이던 과정에서 폭행 용의자 송모(45)씨가 쏜 사제총기에 맞고 쓰러졌다. 총격은 10발 정도 이뤄진 것으로 나타났다. 조사 도중 등 뒤에서 총격을 당한 김 경위는 심정지 상태에서 바로 병원으로 옮겨졌으나 병원에서 치료를 받던 7시 40분쯤 숨졌다.

〈영양 순직 경찰관 추모 물결... 경찰 "공권력 강화해야"〉 이데일리, 2018.7.10.자.
"똑같이 일선 파출소에서 근무하다 보니 남 일 같지 않습니다."

김 경감은 지난 8일 낮 12시 49분쯤 경북 영양군 한 주택에서 출동해 난동을 부리던 백모(42)씨가 휘두르는 흉기에 찔러 숨을 거뒀다. 현장에서 있던 오모(53) 경위도 크게 다쳐 현재 안동병원에서 치료 중이다. 경찰청은 순직한 김 경감에게 1계급 특진과 옥조근정훈장을 추서했다. 경찰은 이날 영양군민회관에서 김 경감의 영결식을 열고 시신을 국립 대전현충원에 안장했다.

〈출동하다 참변당한 경찰관 사망… 경찰청장 "죄송한 마음 뿐"〉 스포츠경향, 2019.1.27.자.

현장으로 출동하던 순찰차가 승용차와 정면출동해 50대 경찰관이 숨졌다. 전날인 26일 오후 11시 45분께 전북 익산시 여산면에서 신고를 받고 출동하던 익산경찰서 여산파출소 소속 순찰차가 손모(26)씨가 몰던 크루즈 차량과 정면으로 충돌했다. 이 사고로 순찰차 조수석에 탔던 박모(58) 경위가 숨졌다. 순찰차 운전자 국모(54) 경위와 손씨는 상처를 입고 병원에서 치료를 받고 있다. 순찰차자는 사고 충격으로 도로 옆 배수로에 빠져 크게 파손됐다. 박 경위 등은 "운전 중 크루즈 차량 운전자와 시비가 붙었다"는 아우디 운전자 신고를 받고 출동 중이었다. 손씨는 아우디 운전자와의 충돌을 피하기 위해 현장을 벗어나던 중이었던 것으로 알려졌다.

마. 관련부서 통보 및 이행여부 확인

신고 조치에 있어 가장 중요한 것은 피해자 구호이다. 신고내용을 분석하여 응급구호가 필요시에는 경력 출동과 더불어 소방(119)에 공동대응을 요청하여야 한다. 또한 사안에 따라 유관기관에 통보를 하거나 조치를 위한 출동 요청을 한다. 예를 들어 폭발물 관련한 신고의 경우에는 경찰특공대 출동과 더불어 군(軍)부대에 통보 조치를 하고, 중요 문화재의 경우는 문화재 관리기관에, 전기 및 가스신고의 경우는 한전 및 가스안전공사 등에 사건내용 통보를 해야 한다. 그리고 재난·재해 상황시는 지방자치단체 등과도 긴밀한 협조체계를 구축해 초기 단계에서부터 복합적 활동이 이뤄질 수 있도록 사전적인 대응이 필요하다.

출동요소가 임의적으로 사건 현장에 출동하지 않는 경우가 발생하기도 하므로 지령요원은 출동요소의 현장 출동 여부를 폴맵 확인 및 무전 교신을 통해 반드시 확인해야 한다. 개별적 사유로 출동 지령을 불이행하는 경우에는 경고하고, 계속 불이행시 사안에 따라 담당 부서(감찰 등) 통보하여 적절한 조치가 행해지도록 한다.

○ 표준지령지

순서	구분	조치 내용
1	출동요소 결정	– 신고장소 최근접 112순찰차 우선 출동 지령 ※ Code 0·1은 발생장소 최근접 / Code 2는 관할 순찰차에 우선 출동 지령 ※ 위치(관할)가 부정확한 경우에는 근접 순찰차 임의 지정
2	출동위치 지령	– 출동장소가 명확한 경우에도 건물의 층수, 정·후문 등 구체적으로 위치를 지령 – 신고자 / 피해자 / 목격자 / 가해자 / 범죄발생 위치 등 구분하여 지령 – 위치가 불명확한 경우 위치파악 위해 형사과(강력팀) 통신수사 요청 및 출동 지령
3	출동시 유의사항 지시	– 상황 대비할 수 있도록 방검복·테이져건 등 경찰장구 휴대 지시 – 출동시 노출·비노출 / 경광등·사이렌 취명 여부 판단 – 성폭행 등 가·피해자 분리 필요사건 판단, 분리 지시
4	추가경력 지원	– 가해자 수, 흉기휴대 기타 현장상황 고려하여 112순찰차 추가 출동 지령 ※ 모든 가용경력에 대해서 초동조치와 관련한 지휘권 행사
5	긴급배치 지시	– 중요강력사건 등 필요시 긴급배치 실시 ※ 치안상황처리 매뉴얼 중, "제3장 경찰긴급배치" 참고
6	현장지휘자 지정	– 중요사건일 경우 현장 책임자(경찰서장·형사과장 등) 지정·통보 ※ 문자통보 기타 모든 연락체계 등 활용, 현장임장 확인 의무
7	관련 관서, 부서 통보	– 응급구호 필요시 119구급대 출동 요청 – 사안에 따라 육환기관 통보 및 조치·출동 요청 ※ 폭발물 관련 → 군부대 / 중요문화재 → 문화재청 / 전기·가스 → 한전, 가스안전공사 등 – 기타 관련 관서 출동 요청
8	지휘부 보고	– 선조치 후보고
9	상황 유지	– 추가 확인사항 등을 출동요소에 반복 지령·공유 – 현장책임자 임장 시까지 출동요소 지휘
10	지령 이행 여부 확인	– 출동요소 임의로 현장임장하지 않는 경우 등 확인 ※ 지령 불이행 시 사안에 따라 사후 감찰조사 의뢰 등 조치

출처 : 경찰청, 『112신고 접수·지령 매뉴얼』, 2016, p. 62.

2. 112신고의 종결처리

가. 종결처리

112신고의 종결처리는 신고 현장의 상황 조치가 끝나면 바로 실시하는 것을 원칙으로 한다. 때문에 피의자가 지구대로 연행되었다거나 경찰서로 인계되어 신병에 대한 관리 조치가 계속 이뤄지고 있다고 하더라도 현장 상황이 종결되었으면 종결처리를 해야 한다. 종결처리를 하는 경우에는 단순한 조치사항만을 기재하는 것을 지양하고, 현장에서의 탐문·수색 등의 조치사항 등을 상세히 기록해야 한다.

특히, 현장에서 만난 목격자, 관계자 등 제3자의 연락처 등도 가급적 기록에 남겨 사후 발생할 수 있는 상황에 대비하는 것이 좋다. 지구대 등에서 임의적으로 종결한 사건에 대해서는 경찰서 112종합상황실에서는 1차적으로 지령요원이 종결내용에 대해 점검을 하고 최종적으로 112종합상황팀장이 2차적으로 점검함으로써 적의 조치 여부를 확인해야 한다.

나. 종결 Code

112신고의 종결코드는 7개의 중분류와 37개의 소분류로 구성되어 있다. 중분류는 검거, 현장종결, 계속조사, 인계종결, 미처리, 허위·오인, 비출동 종결로 구성되며, 각 종별 소분류는 다음과 같다.

첫째, 검거는 체포, 임의동행, 통고처분, 즉결심판, 검거후 훈방이다. 둘째, 현장종결은 현장조치, 합의해산, 순찰강화, 상담안내, 훈방이다. 셋째, 계속조사는 계속조사, 보호조치, 수배조치, 타부서인계, 타청/타서인계이다. 넷째, 인계종결은 타기관인계, 귀가조치, 병원인계이다. 다섯째, 미처리는 이미해산, 불발견, 신고취소, 무조치종결, 무응답이다. 여섯째, 허위·오인은 허위, 오인, 오작동, FTX이다. 일곱째, 비출동 종결은 경찰콜센터, 110, 타청·타서, 기타, 상담안내, 수배조치, 조치없이 종결, 동일, 이첩, FAX전송종결이다.

다음의 〈표−42〉는 사건종별 종결 코드를 나타낸 것이다.

〈표-42〉 사건종별 종결 코드

검거	현장종결	계속조사	인계종결	미처리	허위오인	비출동종결
체포	현장조치	계속조사	타기관인계	이미해산	허위	경찰콜센터
임의동행	합의해산	보호조치	귀가조치	불발견	오인	110
통고처분	순찰강화	수배조치	병원인계	신고취소	오작동	타청타서
즉결심판	상담안내	타부서인계		무조치종결	FTX	기타
검거후 훈방	훈방	타청/타서인계		무응답		상담안내
				미도착종결		수배조치
						조치없이 종결
						동일
						이첩

출처 : 경찰청, 『112신고 접수·지령 매뉴얼』, 2019 p. 87.

○ 종결 Code 설명

구 분		내 용
검거	체포	현행범·긴급체포 및 수배자 검거
	임의동행	경찰관서로 임의동행하여 형사입건한 경우(임의동행 하였으나 입건하지 않은 경우는 현장조치로 종결코드 변경)
	통고처분	교통스티커 발부 등 통고처분
	즉결심판	즉결심판 처리한 경우
	검거후 훈방	절도 등 현장에서 검거하였으나 사안이 경미하여 훈방한 경우
현장종결	현장조치	현장에서 조치가 이루어진 경우 중 합의해산, 순찰강화, 상담안내, 훈방이 아닌 경우(예, 주취자가 현장에서 스스로 귀가, 가정폭력 피해자가 처벌불원)
	합의해산	교통사고, 경미사건 등에 대해 현장에서 당사자 간 합의로 경찰의 사건입건 없이 종결한 경우
	순찰강화	특별한 범죄피해 없어 취약지에 대한 주변 순찰로 종결
	상담안내	출동한 현장에서 법적절차 등 상담 후 종결
	훈방	경미사건에 대해 훈계하여 풀어준 경우
계속조사	계속조사	지역경찰관서에서 경찰서에 인계하지 않고 계속 조사하는 경우
	보호조치	대상자를 지구대(파출소) 내 보호조치
	수배조치	분실품 등 전산입력 또는 무선수배 종결하는 경우
	타부서인계	피의자 미검 및 요구조자 미발견시 형사계, 여청계 등 타부서에 인계/ 통보
	타청/타서 인계	사건을 경찰청 소속 타청 및 타서 인계

인계종결	타기관인계	검찰수배, 불법체류자 등 검거 또는 행려자를 경찰이 아닌 검찰, 출입국관리소, 노동부, 사회보호기관 등 타기관으로 인계하였을 경우
	귀가조치	가족·지인 또는 주거지로 인계
	병원인계	요구조자 등을 병원 인계
미처리	이미해산	출동하였으나 상황이 종결된 경우
	불발견	출동하였으나 신고자, 대상자 및 신고상황이 발견되지 않는 경우
	신고취소	신고자가 상황 오인·반복하여 신고를 취소하는 경우
	무조치종결	출동하였으나 특별한 신고내용 없어 종결하는 경우
	무응답	접수시 무응답된 것
허위, 오인	허위	거짓신고, 장난신고 등 입건한 경우
	오인	신고자가 착오로 신고한 경우
	오작동	기계적 결함 또는 실수로 신고된 경우
	FTX	FTX(실제 현장 훈련)
비출동 종결	경찰청 콜센터	182 연결 또는 안내 후 종결
	110	110 연결 또는 안내 후 종결
	타청, 타서	타청, 타서 연결 또는 안내 후 종결
	기타	무응답 신고전화에 대해 문자전송, 콜백 조치 후 종결
	상담안내	출동 없이 단순 상담 후 종결
	수배조치	단순 무전수배 등 출동없이 수배만 하고 종결
	조치없이 종결	명백한 비출동 사안으로 신고내용이 없어 접수단계에서 종결(예, 주취자 횡설)
	동일	이미 처리 중인 동일 사건이 있어 별다른 조치없이 종결
	이첩	타청, 타서로 사건을 이첩한 경우
	FAX 전송종결	신고내용이 행정자치부 등 외부기관 업무에 해당하여 112접수단계에서 신고내용 등을 소관기관에 FAX 전송 후 종결

출처 : 경찰청, 『112신고 접수·지령 매뉴얼』, 2016 p. 82.

3. 중요 상황관리 요령

가. 용의자 추격

일반적으로 신고가 접수되는 경우 용의자는 현장을 이탈했을 가능성이 높으므로, 많은 경력을 현장으로 출동시키기보다는 필수인력은 현장으로 보내고 다른 경력은 도주 정황이 예상되는 곳으로 출동시켜야 한다. 또한 신고자로부터 용의자가 도주한 시각에 대한 구체적인 정보를 확인하여 현장 지휘관 및 경력에게 공지함으로써 불필요한 경력 낭비를 막을 필요성도 있다. 그리고 도보로 도주한 용의자가 버스·택시·지하철 등 대중교통을 이용해 도주했을 가능성을 염두하고 버스·택시회사를 상대로 인상착의를 전파하여 협조요청을 해야 한다. 아울러 변장에도 대비해 가급적 추격 범위를 넓혀서 바깥쪽에서부터 범행장소 방향으로 좁혀 수색을 실시한다.

차량 도주가 확인된 경우에는 도주시각 및 교통상황 등을 고려하여 추격 범위를 정하고, 각 주요 길목에 순찰차를 고정적으로 배치하는 방식으로 추격한다. 용의자를 최초로 발견하거나 추격을 시작한 순찰차량이 있을 경우에는 추격 순찰차를 책임 순찰차로 지정하고 다른 순찰차로 하여금 지원토록 조정해야 한다.

나. 차단선 구축

차단선 구축은 용의자 검거에 있어 가장 중요한 것이며, 완전성과 신속성이 핵심이라 할 수 있다. 차단선 구축은 통상 용의자가 차량을 도주하는 경우 경찰이 검거를 위해 실시하는 방법으로 직접차단과 간접차단으로 구분할 수 수 있다.

먼저 직접차단은 진행 방향의 목지점에 배치된 경력이 없어서 공조를 기대하기 힘들고 도주차량으로 인명피해 등 위험발행이 예상되나 다른 수단으로 도주차량 검거가 불가한 부득이한 경우에 실시하는 차단 방식이다. 추격 중인 순찰차가 도주차량의 측면이나 후면을 직접적으로 충돌하여 용의자를 검거한다. 둘째, 간접차단은 1~2대의 순찰차가 용의차량을 추격 중이고 진행 방향에 경력이 배치된 경우에 활용하는 차단방식이다. 순찰차를 도로 가운데 정차시켜 1~2개 차로를 차단하거나 신호기 조작을 통해 교통의 흐름을 방해하거나 혹은 중단시켜 용의차량을 정차시키는 방법이다. 여러대의 순찰차가 진행 중인 도주차량을 포위하거나 추월하여서 도주차량의 전방을 막는 방식이다.

도주차량의 추격 개시는 현장 경찰관의 판단에 의하나, 추격 즉시 112종합상황실에 보고해야 하고 이후의 추격의 계속 여부는 112종합상황실의 판단에 따라야 한다. 도주차량 추격시 가장 중요한 것은 안전조치의 확보이며, 범죄의 경중·위험수준을 종합적으로 평가하여 추격여부를 결정한다.

다. 수색 및 탐문

수색 및 탐문은 차단선 구축이 확실하게 이뤄졌을 경우 추가적으로 행해지는 방법이다. 만약 차단선 구축이 유지되지 못한다면 수색·탐문은 효과성을 가질 수 없으며 불필요한 절차가 될 수 밖에 없다. 현장 지휘관은 경력을 수색조와 탐문조로 구분하여 임무를 부여하고 수색범위에 대해 구체적으로 지시를 해야 한다. 수색조는 차단선을 구축하고 있는 순찰차를 제외한 모든 경력을 동원하고, 사소한 발견이라도 즉시 보고토록 해야 한다. 그리고 현장의 수색 경력이 임의적으로 정해진 수색 범위를 벗어나지 않도록 점검을 하는 것이 좋다. 수색을 하는 도중 추가 정보에 주의를 기울이고 필요한 경우에 차단선을 변경하여 수색·탐문을 유동적으로 행할 수도 있다.

다음의 〈표-43〉은 현장 수색·탐문 요령을 나타낸 것이다.

<표-43> 현장 수색·탐문 요령

• 수색은 사건 발생지점에서부터 바깥쪽으로 실시한다. • 수색조는 경광등을 끄거나 필요시에는 사복을 입어 비노출로 수색을 실시한다. • 현장 및 주변 유류물에 대한 수사와 더불어 CCTV 및 주차차량 블랙박스도 수사를 실시한다. • 현장 주변에서 발생한 절도사건(옷, 현금, 차량 등)의 발생 여부를 확인한다. • 도보 도주 시에 순찰차 근무자는 1인 승차, 1인 도보로 나누어서 수색을 실시한다. • 버스승강장, 지하철역에 대한 수색을 추가적으로 실시하고 주변에 있는 목격자를 대상으로 탐문을 실시한다. • 용의자가 현장 주변에 숨어 있을 가능성에 대비하여 차량 밑이나 골목 안도 놓치지 않도록 주의한다.

출처 : 경찰청, 『112신고 접수·지령 매뉴얼』, 2016 p. 70.

만약, 용의자가 대중교통(버스·지하철·택시 등)을 이용하여 도주한다고 판단되는 경우에는 이동로의 탐색이 중요하다. 우선 버스를 타고 이동시에는 인터넷으로 해당 시·도 버스정보시스템 및 교통정보시스템에 접속하여 용의 차량의 경유 정류장 및 목적지 도착 예정시간 등을 실시간으로 확인할 수 있다. 단, 마을버스 등의 경우에는 버스 회사를 통해 해당 버스의 운전자 연락처를 요청받아 조치해야 한다. 지하철을 이용하는 경우에는 지하철 노선을 파악하고 중앙관제센터에 통보하여 해당 지하철의 운행 지점 등을 실시간으로 파악 가능하다. 또한 T-map 등 대중교통 앱을 통해서도 지하철 등의 도착 현황을 확인할 수도 있다. 택시를 이용하는 경우는 회사를 통해 해당 택시 운전자의 연락처를 파악하고, 운전자에게 사건개요 및 용의자 인상착의 등을 긴급 전파하는 택시회사 동보장치[149]를 이용하여 용의자를 수배할 수 있다.

아래의 〈그림-30〉은 카카오 택시에 동보장치를 활용하는 것을 나타낸 것이다.

---

149) 택시회사 동보장치란 강·절도, 납치 등 강력사건 발생시 지방경찰청 및 경찰서 112종합상황실에서 운행 중인 택시 운전자에게 사건개요, 인상착의, 담당 연락처 등을 일제히 전파하는 시스템을 말한다.

〈그림-30〉 카카오 택시 동보장치 활용

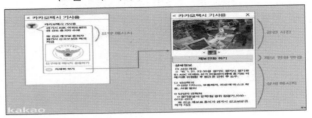

라. 현장보고

현장보고는 순서에 따라 최초보고, 중간보고, 종결보고로 나눌 수 있다.

첫째, '최초보고'는 출동 경찰관이 현장에 도착하여 목격한 상황을 그대로 보고하는 것을 말한다. 이처럼 최초보고는 경찰 조치 전의 보고이기 때문에 사건의 객관성보다 보고자의 주관성(느낌·판단 등)이 더 많이 개입한다. 최초보고는 무전보고하는 것 외에도 사진·동영상·문자 등 다양한 방식을 통해 전송할 수 있다.

아래의 〈표-44〉는 최초보고 실시 대상 사건을 나타낸 것이다.

〈표-44〉 최초보고 실시 대상 사건

1. Code 0 사건 중 조폭, 집단폭력, 묻지마 사건 등 중요 강력사건 2. 화재, 재난·재해, 대형 교통사고 및 각종 인피발생 사건·사고 3. 자살기도, 집단 민원, 비상벨, 한달음, 원터치SOS, 스마트 워치 및 기타 경력지원 등 추가조치 필요 사건 4. 그 외 지령요원이 중요사건으로 판단해 '최초 보고' 실시할 것으로 지령한 사건

둘째, '중간보고'는 사건 정보가 접수되는 대로 수시로 보고하는 것을 말한다. 중간보고는 사건의 진행 경과에 따라 보고를 하는 것이기 때문에 사건의 객관성이 무엇보다 요구된다. 사건내용, 피해정도, 가해자 정보, 조치사항 등 다양한 상황정보를 보고한다. 상황실(팀)장 및 지령요원은 출동 경찰관이 업무 처리에 몰두하는 경우, 20~30분 단위로 중간 진행 상황을 확인해야 한다.

셋째, '종결보고'는 해당 사건이 마무리되었을 때 보고하는 것을 말한다. 그러므로 종결보고는 사건에 대한 종합적인 의견이 모두 포함되며, 사건에 대한 경찰의 조치가 종결되었음을 의미한다. 이 때의 '종결'은 사건의 전체적인 종결만을 의미하는 것은 아니므로, 피의자 등의 체포 이후 계속 조사를 하는 경우에도 종결보고를 하도록 해야 하다. 종결보고는 일반적으로 신고 접수 후 1시간 이내 하도록 규정하고 있다.

마. 공조 및 이첩

신고사건의 '공조'는 해당사건에 대해 최초 관할하는 경찰서에서 진행상황에 대한 관리가 필요한 경우에 행하는 조치이다. 반면, 신고사건의 '이첩'이란 해당사건에 대한 진행상황의 관리가 필요치 않은 경우를 의미한다. 즉, 공조의 경우는 관할 경찰서에서 신고사건을 담당하고, 이첩의 경우에는 관할 경찰서가 이전된다고 할 수 있다.

2개 이상의 경찰서 간 공조는 지방경찰청 112종합상황실에서 직접 지령을 하여 지휘를 한다. 이 때 지방경찰청은 경력의 긴급배치·길목 차단·수색 실시 등의 기본 방침에 대해서만 결정을 하고, 세부적인 수색지역·수색방법·경력규모 등에 대해서는 경찰서에서 판단을 한다. 단, 현재 추적 중이고 단계를 거치기 어려운 긴급한 경우에는 지방경찰청에서 직접 상황을 지휘할 수 있다. 지방경찰청 간의 공조는 지방경찰청 상황팀장이나 종합지령대 간의 사건 공조 의뢰를 통해 시행한다.

중요 112신고 처리 요령

1. 강력사건 처리 요령

가. 총기 사용 신고

총기 휴대 및 사용 사건은 피해자의 신속한 구조가 무엇보다 중요하다. 신고 접수와 동시에 소방에 통보·전파하여 119구조대를 즉시 출동시키고 추가적으로 피의자가 휴대하고 있는 총기의 종류 및 피해자 여부 등을 전파해야 한다. 또한 112타격대 및 경비·형사·특공대 등 전담 기능에 통보한 후, 112상황실(팀)장은 지휘관에게 긴급 보고를 한다.

총기 사용은 매우 위험한 상황이므로, 지령요원은 현장 출동 경찰관의 안전에 특히 신경을 써야 한다. 방탄복 등 안전장구의 착용을 지시 및 확인하고 피의자 검거를 위한 단독 진입을 가능한 제한해야 한다. 현장에 최초 도착한 경찰관은 원거리에 하차하여 피해에 유의하면서 현장 접근을 시도하고, 형사 및 특공대 등 전담 경력이 도착할 때까지는 우선 현장 유지와 상황보고를 한다. 단, 총기 사용이 임박하여 피해 발생이 목전이라고 판단되면 총기 등을 사용하여 피의자를 제압한다. 112종합상황실에서는 무엇보다 현장의 안전이 중요하므로 무리하게 현장의 사실 확인을 독촉하는 일이 없도록 상황을 면밀히 분석하여야 한다.

나. 강도·날치기 신고

강도 및 날치기 신고가 접수되면 관할을 불문하고 최인접 순찰차를 현장으로 출동시킨다. 그리고 파출소장(순찰팀장)을 현장책임자로 지정하여 현장 상황을 지휘하게 하고, 다른 순찰차 등은 도주 예상로에 배치시켜야 한다. 신고자로부터 파악한 피의자 인상착의 등을 반복하여 지령하고, 인접 경찰서에 공조 요청을 한다.

흉기 등을 소지한 피의자인 경우에 대비해 피습에 대비하기 위한 경찰 장구를 반드시 착용토록 지시하고 이를 재확인한다. 최초 현장에 도착한 경찰관은 피해자의 구호를 최우선하면서 피의자에 대한 추가 정보를 파악하여 즉시 전파해야 한다.

강력팀에서는 CCTV관제선터에 전담 형사를 배치하여 피의자를 특정하도록 하고, 도주방향이 확인된 경우 112종합상황실에 보고하여 지역경찰과 공조가 되도록 한다. 차량을 이용하여 도주한 것으로 확인되면 즉시 수배차량 검색시스템(WASS)에 긴급 수배하고 인접 지방경찰청 및 경찰서와 공조한다. 만약, 도주로가 파악되지 않은 경우에는 피의자의 혈흔, 물품 등 유류품의 발견을 위한 수색을 개시한다. 또한 현장 주변에 주차된 차량 번호를 수집하여 블랙박스 영상도 확보하도록 지시한다.

다. 폭파·테러·협박 신고

폭발물이 설치되었거나 폭파가 예상되는 관할 경찰서에 우선적으로 선(先)지령한 후, 지구대 및 112타격대와 현장 지휘관 등을 출동토록 해야 한다. 폭파신고가 공중전화를 이용한 경우에는 신속하게 공중전화 주변에 대해 현장 보존하고 과학수사팀에 통보하여 현장감식을 진행토록 해야 한다. 만약, 신고가 휴대폰인 경우에는 통신사 등과 협조하여 가입자 조회를 통해 인적사항 등을 확보한다. 또한 현장 주변에 설치된 CCTV와 주차된 차량의 블랙박스 영상을 확인하는 등 초동수사를 개시한다.

지령요원은 피해 확대 방지를 위해 폭파 예상지역의 시민 및 시설 종사자 등에 대피를 하도록 안내 방송을 실시하도록 무전을 한다. 그리고 현장 지휘관으로 하여금 가능한 한 넓은 범위의 Police Line을 설치하여 일반인의 출입을 엄격히 통제하도록 한다.

폭파 사건은 원칙적으로 특공대 및 군부대의 폭파전담요원(EOD) 등이 도착시까지 현장 보존이 원칙이므로 무리하게 폭발물을 이동하거나 확인을 해서는 안 된다. 그리고 교통순찰차를 현장의 원거리와 근거리에 중복 배치하여 자동차를 우회시킴으로써 교통 혼잡을 방지토록 해야 한다.

라. 유괴·납치 신고

유괴·납치 신고는 신고자가 현재 위치한 곳으로 강력팀을 즉시 출동토록 하고 지역경찰은 학교 등 피해자의 예상 행적지로 비노출 출동토록 지령한다. 즉시 형사·수사과장에게 사건에 대해 통보하고 지역경찰에서 신고자 및 피해자에게 연락을 하지 않도록 조치한다.

원칙적으로 유괴·납치 피해자의 가족은 형사과장의 지시 아래 강력팀 형사만 접촉토록 해야 한다. 단, 경찰서와 피해자의 집이 너무 원거리여서 시간이 지체되는 경우에만 지역경찰이 접촉을 하도록 한다.

우선 지령요원은 '보이스피싱' 신고 여부를 우선적으로 확인하기 위해 피해자의 학교 및 직장 등에 대해 파악하여 즉시 전파해야 한다. 차량에 의한 유괴·납치로 파악된 경우에는 112종합상황실장에게 보고 후, 즉시 수배차량 검색시스템(WASS)에 입력하여 긴급수배토록 한다. 아울러, 용의차량에 대한 정보를 신속히 무전 전파하고 모든 경력을 긴급배치하도록 해야 한다.

피의자가 주변 인물일 가능성에도 대비하여 가족·친인척 등에게 불필요하게 사건을 말하지 않도록 주의시키고, 가족의 심리적 안정과 돌발 상황을 대비하기 위해 여성 경찰관을 피해자의 집에 배치토록 한다.

마. 교통사고 후 도주(뺑소니) 신고

교통사고 도주 사건은 범죄자(수배자), 음주운전, 도난(무적)차량 등인 경우가 대부분이므로 필사적으로 도주를 시도할 가능성이 농후하다. 그러므로 도주사건에 대해 가볍게 여기고 대응을 하다가는 출동 경찰관의 안전이 크게 위협받을 수 있다.

도주신고 접수 후에는 최인접 순찰차을 현장으로 신속하게 출동시켜 피해자를 최우선적으로 구호하게 해야 한다. 지령요원은 소방에 통보하여 119구급대를 동시 출동 요청하고, 현장 출동자로 하여금 2차 사고 예방을 위한 안전조치를 취하도록 반복 지령한다. 또한 인적피해 여부를 확인한 이후에는 모든 경력에 대해 긴급배치를 실시하고 인접 경찰서 등에도 공조를 요청한다.

차량번호를 전산조회 실시하여 소유주 등을 확인하고 용의차량에 대한 무전 수배를 실시한다. 또한 중대 인피의 경우 수배차량 검색시스템(WASS)에 입력하고 고속도로순찰대에도 통보하여 톨게이트 등에서 검색을 강화해야 한다. 현장에서는 119구급대를 도와 피해자 구호에 최선을 다하고, 향후 수사를 위한 유류품 수집을 철저히 하도록 한다.

바. 성폭력 신고

성폭력 신고를 접수하면 중대성와 긴급성을 판단하여 사건의 출동 범위를 판단한다. 현재 성폭력이 진행 중이거나 직후인 경우에는 피의자 검거를 위해 긴급배치와 더불어 지역경찰·형사·여청수사팀이 동시에 출동해야 한다. 그러나 과거에 발생된 성범죄의 경우에는 신고자의 의사를 최대한 반영하여 조치를 취하도록 한다.

성폭력 범죄는 주위의 이목을 고려하여 경광등을 소등하고 원거리에 하차하여 자연스럽게 피해자를 만나도록 해야 한다. 만약에 피해자가 13세 미만이거나 장애인인 경우에는 지방경찰청 성폭력특별수사팀을 출동 요청하고 사건을 인계하도록 한다. 가해자의 흉기 소지 가능성을 대비하여 지령요원은 출동 경찰관의 안전을 재확인하고, 경찰장구의 소지를 지령하도록 한다.

피의자가 도주한 경우에는 도주 방향과 인상착의를 지속적으로 반복하여 전파하고, 과학수사팀에 통보하여 현장에 대한 보존 및 감식을 진행한다. 특히, 성폭력은 증거가 멸실될 우려가 높은 만큼 신고접수 단계에서부터 증거 확보에 대한 노력[150]이 병행되어야 한다.

피해자의 신체적·정신적 피해정도를 고려하여 가능한 경우에 피해자의 의사를 묻고 해바라기센터에 인계하여 원스톱처리가 이뤄지도록 해야 한다. 또한 피해자가 미성년자 또는 장애인인 경우에는 보호자에게 신병을 인계시까지 피해자를 보호하도록 한다.

○ 지원체계 네트워크

관할기관명	전화번호	지원내용
여성긴급전화 (24시간)	국번없이 1366	24시간 상담, 찾아가는 현장상담 긴급피난처 운영, 관련기관 연계
다누리 콜센터 (24시간)	1577-1366	24시간 이주여성상담, 긴급피난처 운영과 방문상담, 관련기관 연계
지역 내 가정폭력상담소	1366 각 지역센터를 통한 안내	폭력 피해자 상담 및 후속지원, 폭력가해자 교정프로그램 운영
여성·학교폭력피해자 원스톱지원센터	전국 병원 16개소	성폭력, 가정폭력 피해자 응급의료 지원 및 수사지원
해바라기 아동/여성지원센터	전국 병원 15개소	13세 미만 성폭력 피해 아동 심리정서적 의료지원
범죄피해자 지원센터	1577-1925	폭력 피해자 경제적·의료적 지원
청소년 상담 (24시간)	1388	청소년 폭력, 자녀상담, 일시보호
아동보호전문기관	1577-1391	아동학대 상담 및 긴급보호
노인보호전문기관	1577-1389	노인학대, 자살상담
보건복지콜센터	129	사회복지 서비스 상담
건강가정지원센터	1577-9337	가족상담, 부부상담
다문화가족지원센터	1577-5432	한국어 교실 등 프로그램지원을 통한 지역센터 정보제공
정신보건센터	1577-0199	정신과적 문제상담 및 의료지원

---

150) 112신고 접수시 성폭력 증거확보를 위한 고지 사항 : ①속옷 등 옷을 갈아입지 말고 현장을 청소하지 마세요, ②몸을 씻지 말고 대소변도 삼가세요, ③옷을 갈아입었다면 세탁하지 말고 출동한 경찰관에게 주세요.

사. 여성대상 범죄 신고(몰카의심, 인터넷상 여성안전 위협행위 등)

'몰카 의심' 신고시 용의자 인상착의와 도주로, 카메라 위치 등을 신속하고 자세하게 전파하고, 여성청소년수사팀 등에 신속하게 전파하여 총력대응체제를 유지한다. 또한 지역경찰의 신속한 출동 여부 파악과 함께 단순 몰카 의심 내용이라도 드론·소형 펜·안경 이용 등 신종 몰카의 가능성을 항상 염두해 두도록 지시한다. 또한 범죄혐의점에 대해 단순한 판단을 금하며 전담부서에 인계하여 사건을 면밀히 분석하는 등 적극적인 조치를 하도록 확인해야 한다. 만약 범죄 혐의점이 불분명할 경우 불심검문의 절차 및 한계를 준수하여 카메라의 영상·사진을 임의제출받아 확인하고, 증거품 발견시에는 「형사소송법」규정에 따라 압수토록 지령해야 한다.

인터넷상 여성안전 위협행위 신고시 인터넷상 게시글 내용을 정확하게 확인하고 지역경찰 및 형사를 동시에 출동시켜 사안을 확인토록 해야 한다. 만약, 피의자가 불특정한 신고의 경우 형사 및 사이버 등 관련 기능에 통보하여 피의자 특정을 위한 수사를 개시하도록 조치한다. 이때, 피의자를 특정한 결과 타 관할의 사건으로 확인된 경우에는 112종합상황실에서 직접 관할 지역에 공조 요청을 실시하여 계속 수사를 진행한다. 피의자를 검거한 경우에는 단순 통고처분하기보다 살인예비, 협박, 정보통신망법위반, 경범죄처벌법위반 등 사안을 종합적으로 해석하여 즉결심판 청구나 형사입건을 검토하도록 지령한다.

아울러 피해 여성의 감정을 충분하게 공감하려는 노력이 필요하며, 피해 상황에 대해서는 적극적인 법률해석을 하도록 한다. 일부 내용 만을 근거로 순찰강화 또는 상담안내 등으로 종결하는 사례가 없도록 적극 모니터링 해야 한다. 또한 현장의 상황 판단이 곤란하고 어려울 경우에는 112종합상황실에서 여성청소년 또는 형사 기능의 코칭을 받아 초동조치를 주도한다.

O 여성 대상 범죄 112신고 유형 및 적용법률

> 1. 야간에 귀가중인 20대 여성을 처음보는 50대 남성이 따라와 "10만원 줄 테니 가슴 한 번 만지자"며 추근대다가, 여성의 집(공동현관문이 있는 다세대주택 3층)까지 찾아와 초인종을 누르며 문을 열라고 함
>   ⇒ [적용법률] 경범죄처벌법 제3조 19(불안감 조성) / 형법 제319조제1항(주거침입)

⇒ 추근대는 과정에서 신체접촉이나 폭행등이 있었는지 확인하여 형법 제298조(강제추행), 제257조(폭행)도 적용 고려

2. 40대 남성이 공원화장실 여성칸에서 용변을 보고 있는 여성을 훔쳐봄
   ⇒ [적용법률] 성폭력범죄의 처벌 등에 관한 특례법 제12조 (성적 목적을 위한 공공장소 침입)

※ 공중화장실이 아닌 일반음식점 화장실은 형법 제319조(주거침입) 적용

3. 30대 남성이 평소 알고 지내던 20대 여성에게 자신이 자위하는 영상이나 사진, 음란한 문자 등을 지속적으로 핸드폰 메시지로 보내는 경우
   ⇒ [적용법률] 성폭력범죄의 처벌 등에 관한 특례법 제13조(통신매체이용음란)

4. 휴대전화를 이용하여 8회에 걸쳐 피해자의 휴대전화로 위협적인 말이나 메시지, 잔인한 장면이 담긴 사진을 반복적으로 도달하게 한 경우
   ⇒ [적용법률] 정보통신망 이용촉진 및 정보보호 등에 관한 법률 제74조(벌칙), 제44조의 7(불법정보의 유통금지 등) / 경범죄처벌법 제3조 19(불안감 조성) / 형법 제283조 제1항(협박)

5. 50대 남성이 핸드폰 카메라를 이용하여 지나가는 여성 6명의 허벅지를 몰래 촬영
   ⇒ [적용법률] 성폭력범죄의 처벌 등에 관한 특례법 제14조(카메라 등 이용 촬영)

6. 50대 남성이 도로 쪽에 나 있는 창문에 손을 넣어 샤워하고 있는 20대 여성의 나체를 촬영
   ⇒ [적용법률] 성폭력범죄의 처벌 등에 관한 특례법 제14조(카메라 등 이용 촬영) 형법 제319조(주거침입)□ 50대 남성이 찜질방에서 자고 있는 여성의 허벅지를 만짐
   ⇒ [적용법률] 성폭력범죄의 처벌 등에 관한 특례법 제11조 (공중밀집장소 추행)

7. 30대 남성이 불특정다수가 접속하여 볼 수 있는 인터넷 동영상에서 20대 여성 A에 대해 허위의 사실인"A는 술집 여자출신이다, XX년"라고 말함
   ⇒ [적용법률] 형법 제311조(모욕) / 정보통신망 이용촉진 및 정보보호 등에 관한 법률 제70조(벌칙)

2. 일반사건 처리 요령

가. 보이스피싱 신고

보이스피싱(VoicePhishing) 발생 신고 접수 후에는 관할 불문하고 최인접 순찰차을 출동시킨다. 동시에 지능팀에 통보하여 피해 확대 방지를 위한 조치를 하도록 해야 한다.

현장 출동 경찰관은 신속하게 도착 후에 피해자의 피해 여부를 확인하고 피해가 발생한 경우 신속하게 금융기관의 핫라인에 연결하여 계좌 지급 정지를 요청토록 한다. 만약, 경찰관이 도착했음에도 불구하고 신고자가 계속 범인과 통화를 하는 경우에는 불필요한 대화를 하지 말고 그냥 전화를 끊도록 요청한다.

전화 등 통신을 이용하지 않은 경우에는 범인의 인상착의와 도주방향을 실시간으로 무전 전파하고, 주변 CCTV에 대한 영상을 확보해야 한다. 경력을 활용한 긴급배치와 더불어 범인 도주로 변경에 따른 탄력적인 경력 배치를 하도록 한다.

○ 모바일 범죄 형태

구 분	내 용
보이스피싱 (VoicePhishing)	음성(Voice)＋개인정보(personal data)＋낚시(fishing)의 합성어로 인터넷 전화 등을 이용하여 해커(Hacker)가 사용자에게 직접 전화를 걸어 음성으로 피해자들로부터 신용카드 번호나 신분도용에 사용될 다른 정보들을 받아서 이를 범죄에 사용하는 것
스미싱 (smishing)	스마트폰 SMSS로 보낸 이벤트·무료쿠폰·대출·사진송부 등의 메시지를 피해자가 클릭하면 악성코드가 피해자의 스마트폰에 설치되고, 가해자는 이 악성코드를 이용해서 피해자의 인증정보를 알아낸 다음 소액결제를 하는 방법
파밍 (Pharming)	각종 웹사이트 또는 이메일로 위장하여 모방된 웹 페이지에 접속시켜 개인정보를 입력하도록 유도하고 이를 불법적으로 도용하는 피싱사기

나. 풍속·도박 신고

풍속 신고는 지령시에 신고자의 정보(전화번호 등)가 노출될 수 있으므로, 가급적 유선전화를 통해서 신고 내용을 하달한다. 신고내용에 따라 형사기동대 등 지원 경력을 요청할 수 있으며, 현장 책임자(순찰팀장·생활질서계 등)가 신고 장소에 대한 강제 진입 여부를 판단해야 한다.

불법게임장이나 전문 도박단의 경우에는 다수인이 가담하고 있을 가능성이 매우 높으므로, 단속을 하기 위해서는 경력 또한 다수가 출동해야 한다. 현장 책임자는 신고 내용을 구체적으로 분석하여 단속을 위한 경력을 112종합상황실에 요청한 후, 단속 계획을 수립하여야 한다.

일반적으로 풍속업소 주변 및 입구 등에는 CCTV 등 각종 장비 등이 많이 설치되어 있으므로, 사복을 착용하고 자가용 등을 이용한 비노출로 출동조치를 해야 한다. 만약, 순찰차로 출동을 해야 하는 경우에는 경광등을 소등하고 싸이렌 취명을 하지 않은 상태에서 원거리에 하차하여 도보로 이동을 한다.

현장에 도착한 후에는 임무를 구분하여 증거 확보를 위한 사진 및 동영상 촬영과 신병 구분(피의자·참고인 등)을 신속하게 실시해야 한다. 또한 경찰관 1~2명은 도주 방지를 위해 출입구에 배치하고 통모 방지를 위해 가급적 분리하여 조사를 하도록 한다.

다. 가정폭력 신고

가정폭력은 은밀성과 반복성을 특징으로 하므로, 신고 접수시 신고 이력에 대한 확인이 필요하다. 반복적으로 신고가 된 경우에는 신고 출동시 먼저 가해자의 신병에 대한 검토가 선행되어야 하고, 만약 발생할지 모르는 돌발 상황에 대비해 안전에도 신경을 써야만 한다. 그러므로 지령요원은 방검복과 삼단봉 등 경찰장구의 지참을 지시하고 반드시 재확인 점검한다.

신고 출동 중에 '취소 신고'가 다시 접수된다고 하더라도 꼭 현장으로 출동하여 피해자를 만나서 피해 사실을 확인해야 한다. 현장에서 가해자가 문을 열어주지 않을 경우, 경찰관의 출입 확인에 대한 경고를 하도록 한다. 그럼에도 불구하고 계속해서 출입을 거절하는 경우 '112신고'를 근거로 경찰 유형력을 행사하여 가내에 출입하여 현장 확인을 할 수 있다.

O 가정폭력의 정의와 범죄의 유형

구 분	내 용
정의	가정구성원 사이의 신체적·정신적·재산상 피해를 수반하는 행위

가정구성원의 범위	− 배우자(사실상 혼인관계에 있는 자 포함) 또는 배우자 관계에 있었던 자
	− 자기 또는 배우자의 직계존비속 관계(사실상 양친자 포함)에 있거나 있었던 자
	  계부모와 자녀의 관계 또는 적모와 서자의 관계에 있거나 있었던 자
	  동거하는 친족관계에 있는 자(※ 동거하지 않는 형제자매는 해당 없음)

행위유형	신체에 대한 유형력 행사 : 강간, 강제추행, 준강간, 준강제추행, 미성년자 간음·추행, 폭행, 상해, 체포, 감금 정신적·재산적 괴롭힘 : 협박, 강요, 공갈, 재물손괴, 명예훼손, 사자명예훼손, 출판물에 의한 명예훼손, 모욕 기타 : 유기, 학대, 주거·신체 수색

가해자와 피해자는 반드시 분리하여 의견 청취를 하고, 피해자의 처벌의사와 관계없이 출동 경찰관이 상황을 종합적으로 판단하여 사건의 방향을 설정한다. 피해가 확인되는 경우 피해자를 의료시설에 인계하고, 보호시설로 이동하고자 하는 경우 시설로 인계 후에 해당 장소가 노출되지 않도록 보안에 유의한다. 가해자에게 접근을 제한할 필요성이 있다고 경우에는 '격리 및 접근금지' 등의 긴급임시조치[151]를 취하도록 한다.

라. 학교폭력 신고

학교폭력 신고가 접수되면 출동 경찰관은 학교에 진입하기 전에 「학교전담경찰(SPO)」을 통해 학교장에게 사전에 신고 사실을 통보하도록 해야 한다. 또한 신고 사실에 대해서 피해자 보호자에게도 사전에 통보하여 불필요한 오해를 막을 필요가 있다. 만약, 학교 측에서 자체적인 처리를 하겠다는 이유로 경찰관의 출입을 막거나 퇴거를 요청하는 경우에는 법률상 경찰이 사실을 확인해야 함을 학교 측에 설명하도록 지령을 한다.

교내에 진입하는 경우에는 학생들을 자극할 수 있으므로 경광등 및 싸이렌을 켜지 않도록 하고, 폭력이 진행 중인 경우에는 즉시 폭력행위를 중지하도록 해야 한다. 신고 내용이 '교사의 체벌'과 관련된 경우에는 교권 침해 논란의 소지가 있으므로 특히 언행에 유의하고 신병 처리(현행범 체포 등)는 신중히 판단해야 한다.

폭행이 종료된 경우는 수업 종료 후에 다른 사람이 없는 곳에서 비공개적으로 신고에 대한 면담을 실시한다. 특히, 가해자와 피해자가 같이 있는 경우에는 반드시 사전에 분리하고 서로의 신상 정보가 노출되지 않도록 주의해야 한다. 아울러, 가해자 중에 다른 학교의 학생이 개입된 경우에는 관할 경찰서의 학교전담경찰관에게 공조 요청하여 협조를 받아 신고 처리를 하도록 한다.

마. 아동학대 신고

아동학대 범죄 신고를 접수한 경우에는 피해 아동의 안전을 최우선적으로 확인하여야 한다. 아동의 안전확보를 위해 이웃집이나 인근 가게로 피신을 유도하거나 출

---

151) 긴급임시조치 : ① 피해자 또는 가정구성원의 주거 또는 점유하는 방실로부터의 퇴거 등 격리, ② 피해자 또는 가정구성원의 주거, 직장 등에서 100미터 이내의 접근금지, ③ 피해자 또는 가정구성원에 대한 전기통신(예, 전화, 휴대폰)을 이용한 접근금지

입문을 시정 후에 통화하도록 조치를 해야 한다. 아동이 현재 위치를 잘 알지 못하는 경우에 선(先)지령 후 LBS(통신사 위치추적) 및 POI(특정장소 112신고 정보) 조회 등을 통해 위치를 특정한다.

수집된 정보를 상세하게 출동 경찰관에게 지령하고 신고 이력 등을 통해 상습 여부를 확인한다. 아동 등 신고자가 심리적으로 불안해하는 경우에는 정보의 수집보다 신고자를 안심시키는데 주력한다. 특히, 피해 아동이 여아인 경우에는 출동팀에 여성 경찰관을 포함시키도록 지령한다.

지령요원은 지역경찰 뿐만 아니라 여청수사팀 및 학대예방경찰관에게도 동시에 현장 출동을 지령해야 한다. 학대예방경찰관은 신고 내용을 아동보호전문기관에 통보하고 응급인 경우 기관의 동행 출동을 요청한다.

가택에서 출입을 거절하는 경우 경찰관에게 '현장출입 및 조사권'이 있음을 고지하고 내부 확인을 요청하고, 계속해서 거절시에는 유형력을 행사하여 강제 출입할 수 있다. 현장에서는 가해자와 피해자를 반드시 분리하고, 피해아동부터 조사 후 학대 의심자 순으로 진행한다.

3. 생활민원 처리 요령

가. 불법 주정차 신고

불법 주정차 신고는 해당 장소가 「도로교통법」상 주·정차 금지 구역인지 여부가 먼저 파악되어야 한다. 주정차 금지 구역인 경우에는 운전자 유무에 따라 경찰관에 의한 통고처분 또는 지방자치단체의 과태료 부과 조치를 할 수 있다.[152] 그러나 차량의 주차 구역이 주차장이나 사유지는 「도로교통법」상 도로에 해당하지 않아 단속을 할 수 없다. 단, 도로가 아닌 경우에도 고의적으로 차량의 통행을 방해하는 경우는 소유주에게 이동명령을 하고 계속 거부시 채증 자료를 확보하여 교통방해죄(형법 제185조)로 처벌할 수 있다.

---

152) 「자동차관리법」 제26조(자동차의 강제처리) ① 자동차(자동차와 유사한 외관 형태를 갖춘 것을 포함한다. 이하 이조에서 같다)의 소유자 또는 점유자는 다음 각호의 어느 하나에 해당하는 행위를 하여서는 아니 된다. 1.자동차를 일정한 장소에 고정시켜 운행 외의 용도로 사용하는 행위, 2.자동차를 도로에 계속하여 방치하는 행위, 3.정당한 사유 없이 자동차를 타인의 토지에 방치하는 행위
② 시장·군수·구청장은 제1항 각 호의 어느 하나에 해당된다고 판단되면 해당 자동차를 일정한 곳으로 옮긴 후 국토교통부령으로 정하는 바에 따라 그 자동차의 소유자 또는 점유자에게 폐차 요청이나 그 밖의 처분을 하거나, 그 자동차를 찾아가는 등의 방법으로 본인이 적절한 조치를 취할 것을 명하여야 한다.

신고 내용이 단순 불법 주정차 신고인 경우에는 위와 같이 '도로 여부'를 두고 경찰 조치를 판단할 수 있다. 그러나 불법 주정차 문제가 폭행 등으로 이어질 수 있다고 우려되는 경우에는 경찰관이 현장으로 출동하여야 한다. 만약, 경찰 조치가 '사유지 주차'라는 이유로 소극적으로 행해지는 경우 비난의 여지가 있으므로 차량조회, 120번 연결, 지방자치단체 통보 등 여러 수단을 강구할 필요가 있다.

나. 소음 신고

소음 신고의 종류는 통상 일반소음, 층간소음, 공사장 소음 등으로 구분할 수 있다. 일반소음 신고의 경우는 「경범죄처벌법」 제3조 1항 21호(인근소란)[153]으로 규제가 가능하다. 그러나 고의가 아닌 경우에는 「경범죄처벌법」으로 처벌이 곤란하므로 소음의 정도, 발생지 및 원인, 소음으로 인한 피해, 요구사항 등 상황을 종합적으로 고려하여 처리하여야 한다.

층간소음은 「층간소음 이웃사이센터」[154]에서 상담을 받을 수 있으며, 상담이 아닌 실질적인 보상을 원하는 경우에는 「환경분쟁조정위원회」[155]에 의뢰하여 조정이 이루어질 수 있다. 또한 애완용 개 등의 짖는 소리의 분쟁의 경우는 환경분쟁조정 대상이 아니므로 반상회 개최나 공동주택관리규약 작성 등을 통해서 시정하도록 해야 한다.

공사장 소음은 「소음진동관리법」상의 규제 대상이므로 소음 정도, 발생지 및 원인, 소음으로 인한 피해, 요구사항 등을 종합적으로 청취하여 지방자치단체 환경 담당부서로 인계하도록 설명한다. 또는 지방자치단체 생활민원신고번호인 120번을 안내해도 된다.[156]

---

153) 「경범죄처벌법」 제3조 1항 21호(인근소란) 악기·라디오·텔레비전·확성기·전동기 등의 소리를 지나치게 크게 내거나 큰 소리로 떠들거나 노래를 불러 이웃을 시끄럽게 한 사람 → 10만원 이하의 벌금, 구류 또는 과료

154) 층간소음 이웃사이센터 : 한국환경관리공단에서 층간소음으로 인한 갈등을 해결하기 위해 2012년에 개소, 층간 소음 관련 전화 상담 서비스 제공 및 필요시 외부전문가를 파견하여 현장측정 및 층간소음 발생원인에 대해 무료 정밀 진단(연락처 : 044-201-7954, 평일 09:00~18:00 운영)

155) 환경분쟁조정위원회 : 환경분쟁조정법에 의거하여 설치, 사업 활동이나 기타 사람의 활동에 따라 발생하였거나 발생이 예상되는 각종 오염, 진동, 악취 등에 의한 재산과 건강상의 피해와 관련된 분쟁을 조정(연락처 : 중앙위원회 02-504-9303)

156) 「소음진동관리법」 제21조(생활소음과 진동의 규제) ① 특별자치도지사 또는 시장·군수·구청장은 주민의 평온한 생활환경을 유지하기 위하여 사업장 및 공사장 등에서 발생하는 소음·진동을 규제하여야 한다.
② 제1항에 따른 생활소음·진동의 규제대상 및 규제기준은 환경부령으로 정한다.
「소음진동관리법」 제23조(생활소음·진동의 규제기준을 초과한 자에 대한 조치명령 등) ① 특별자치도지사 또는 시

부서 안내 및 조정 등의 절차를 안내하였음에도 불구하고 싸움으로 번질 우려가 있는 경우는 경찰관이 출동하여 조치해야 한다. 단, 쌍방 간의 조정에 경찰관이 적극적으로 개입하거나 즉시강제를 통해서 소음을 중지시킬 수 없는 것임을 미리 안내해야 한다. 그러나 경찰관의 소극적인 대응으로 사건이 오히려 확대될 수 있는 점을 감안하여 현장에서 대응의 주의가 필요하다.

다. 승차거부 신고

승차거부 신고는 통상 택시기사와의 시비가 연관되어 있는 경우가 적지 않다. 먼저 신고자의 현재 위치를 파악하고 현장에 택시가 존재 여부를 확인해야 한다. 만약, 택시가 이미 현장을 이탈한 경우에는 신고자로 하여금 120번에 신고토록 한다. 그러나 택시가 현장에 존재하고 신고 내용와 현장 확인을 통해 승차거부가 확인된 경우에는 운전자에게 통고처분을 한다. 단, 이 때 택시기사가 승차거부를 하였다는 증거자료의 확보가 중요하므로, 신고자의 주장만으로는 처벌이 곤란할 수 있음에 유의한다.

「택시운송사업의 발전에 관한 법률」 제16조[157]에서는 택시운수종사자의 준수사항을 규정하고 있으므로, 택시기사에 위 조항과 통고처분 이의절차에 대해 설명해주어야 한다.

장·군수·구청장은 생활소음·진동이 제21조 제2항에 따른 규제기준을 초과하면 소음·진동을 발생시키는 자에게 작업시간의 조정, 소음·진동 발생 행위의 분산·중지, 방음·방진시설의 설치, 환경부령으로 정하는 소음이 적게 발생하는 건설기계의 사용 등 필요한 조치를 명할 수 있다.
④ 특별자치도지사 또는 시장·군수·구청장은 제1항에 따른 조치명령을 받은 자가 이를 이행하지 아니하거나 이행하였더라도 제21조 제2항에 따른 규제기준을 초과한 경우에는 해당 규제대상의 사용금지, 해당 공사의 중지 또는 폐쇄를 명할 수 있다.

157) 「택시운송사업의 발전에 관한 법률」 제16조(택시운수종사자의 준수사항 등) ① 택시운수종사자는 다음 각 호의 어느 하나에 해당하는 행위를 하여서는 아니된다.
1. 정당한 사유없이 여객의 승차를 거부하거나 여객을 중도에서 내리게 하는 행위
2. 부당한 운임 또는 요금을 받는 행위
3. 여객을 합승하도록 하는 행위
4. 여객의 요구에도 불구하고 영수증 발급 또는 신용카드결제에 응하지 아니하는 행위(영수증발급기 및 신용카드결제기가
　설치되어 있는 경우에 한정한다)
② 국토교통부장관은 택시운수종사자가 제1항 각 호의 사항을 위반하면 「여객자동차 운수사업법」 제24조 제1항 제3호에 따른 운전업무 종사자격을 취소하거나 6개월 이내의 기간을 정하여 그 자격의 효력을 정지시킬 수 있다.

라. 불법 낚시 신고

신고자가 '주낙'이나 '자망' 등의 용어를 사용하는 경우에는 낚시 전문가일 가능성이 높으므로, 관련 근거를 명확하게 숙지하여야 한다. 우선 신고 접수시에 불법적인 어업 여부를 파악하기 쉽지 않으므로 불법이 이뤄지는 장소에 경찰관을 출동시키겠다고 고지를 하는 것이 좋다. 배를 이용하여 낚시를 하는 경우에 내수면 전담 경찰대(한강경찰대 등)가 있는 경우에는 합동으로 단속을 실시하다. 그러나 전담 경찰대가 없는 경우에는 관할 순찰차를 정박이 예상되는 인근 선착장에 배치를 시켜야 한다.

지령요원은 최초에 현장에 도착한 순찰차에게 현장 상황을 보고토록 하여 신고내용과의 일치성을 확인한다. 형사입건 사항으로 확인된 경우에는 증거자료를 확보 후에 수사기능에 인계하고, 과태료 사항인 경우에는 자인서를 받아 지방자치단체에 단속 결과를 통보한다.

○ 하천에서 배터리, 투망, 그물을 이용하여 어류 포획시

구 분	근 거	처벌 한도
배터리	「내수면어업법」 제19조 (유해 어업의 금지)	허가없이 전류를 사용하여 수산동식물을 포획한 경우 (2년 이하의 징역 또는 2천만원 이하의 벌금)
그 물	「내수면어업법」 제9조 (허가어업)	그물을 사용하는 자망어업, 낭장망어업, 각망어업은 특별자치도지사·시장·군수·구청장에게 허가를 받아야 하며 허가없이 어업을 한 경우 (1년 이하의 징역 또는 5백만원 이하의 벌금)
투 망	「내수면어업법」 제11조 (신고어업) 시행령 제9조	투망어업은 특별자치도지사·시장·군수·구청장에게 신고하여야 하며 신고 없이 투방어업을 한 경우 (5백만원 이하의 과태료)

제4절 112신고 처리 강화를 위한 제언

1. 범죄신고 대응부서의 인식 개선

강력사건이 발생하게 되면 심리적으로 피해자는 1초의 시간이 매우 길게 느껴지고 경찰관의 출동이 매우 더디다고 생각한다. 경찰관은 강력사건 발생에 대한 책임으로 그 어느 때보다 신속하게 현장에 출동을 하지만 범죄는 이미 종료가 된 경우가 대부분이다. 이런 짧은 시간에 사건이 발생하고 종료되는 경우가 적지 않아 상황지휘가 지령요원에게 집중되어야 함에도 추가 경력지원이나 전파에 있어 상황실장과의 이견 등 이유로 시간이 지체되는 경우가 있다. 또한 지역경찰의 현장 지휘관인 지구대장이나 파출소장의 경우 경찰서 지령실에서 직접 무전으로 호출하는 경우가 별로 없어 발생 사건에 대해 관심이 적다.

이 문제점을 개선하기 위해 경찰서 지령요원에게 강력사건 발생시 지휘관 현장출동·보고와 추가 경력 지원 및 전파 등에 대한 상황지휘 권한을 전적으로 부여하여 발생사건에 대한 책임제를 실시하고 신속히 범인을 검거하는 경우 포상 등의 실시로 사기 향상을 도모해야 한다. 또한 지구대장 등이 현장으로 출동하여 상황을 지휘하게 되면 그 소속 지역경찰들의 움직임이 더욱 빨라지고 책임감이 더욱 부여되어 지령요원의 부담이 상대적으로 많이 감소할 수 있다.

유기적 공조체제는 지령실의 업무지시로만 형성될 수 있는 것이 아니므로 지구대장 등 현장 지휘관이 사건 발생 현장에서 책임감을 가지고 상황지휘를 할 수 있도록 지령요원에게 경력운용에 대한 상황지휘 권한을 부여해야 한다.

저자는 2006년 2월부터 2017년 2월까지 약 6년간 서울송파경찰서, 서울광진경찰서, 성남중원경찰서 112종합상황실에서 실제 지령요원 및 상황팀장으로 근무를 한 경험이 있다. 위 경험에 의하면, 대부분의 경사·경위급 112종합상황실 지령요원들은 자신들보다 상급자인 경감·경정급의 지구대장 등을 현장으로 출동하라고 무전하는 것에 많은 부담을 느끼고 있는 것으로 파악되었다. 때문에 지령요원에 대한 업무의 문책(問責)은 최소화하고 포상을 적극적으로 실시함으로써 적극적인 근무를 유도해야 한다.

2. 112종합상황실요원의 전문성 향상

현장에 강한 경찰은 바로 많은 업무지식을 통한 현장 활용에서 나온다고 해도 과언이 아니다. 경찰청에서는 전술한 것처럼 112신고 초기 역량 강화를 위해 코드분류제도·공청제도·112스마트시스템[158] 등 다양한 업무시책을 내놓았다. 그러나 사실상

---

158) 112스마트시스템이란 성폭력범죄 112신고 접수시, 전자발찌착용자 등 주변 성범죄자 자료가 경찰서 112시스템 및 지

경찰서 지령요원들이 위 제도를 정확히 이해하지 못하고 있으며, 업무에도 제대로 활용치 못하고 있다. 유형별 지령방법·코드분류 매뉴얼·112신고 관련 시스템의 반복 교육의 강화로 112종합상황실 근무자의 전문성을 향상시켜야만 한다.

또한 지역경찰관들을 대상으로 지령요원의 지령방법 및 의사소통 등 여론을 환류(feed-back)하여 지령요원 평가에 반영을 한다. 각 경찰서별 지리감 숙지평가 계획을 세워 주요 사거리 및 건물의 위치, 지역별 관할 순찰차 숙지 여부 등을 지속적으로 체크하여 우수자와 미달자에 대한 구분을 해야 한다. 강력사건이 발생했을 경우 사건을 대하는 지령요원의 대처는 평상시 위기관리능력에 그대로 따른다. 습관처럼 자동적으로 행해지는 대처능력이 범인을 조기에 검거하고 피해자를 구조하는데 큰 도움을 주게 된다.

112순찰차 신속배치시스템(IDS, Instant Dispatch System by Navigation)은 112순찰차의 실시간 위치와 사건 발생장소를 112신고센터에 설치된 전자지도에 표시해 활용하는 시스템으로, 사건 발생장소와 가장 가까운 순찰차를 출동시키거나 순찰차들을 입체적으로 지휘하는데 활용된다. 평소 IDS 전자상황판을 활용토록 하고 CCTV 조작방법과 순찰차의 적정 장소 배치 무전을 반복 실시하는 것만이 지령요원의 전문화 양성의 길이다. 또한 출동 지령에서만 그치는 것이 아니라 실제 화면을 통한 현장 도착 여부 확인, 피의자 도주 방지를 위한 피의자 관리 철저 무전 등 지령요원은 상황의 리더로서 지역경찰관을 이끔은 물론 업무보조까지 하며 사건해결이 마무리 될 때까지 계속적인 점검을 해나가야 한다.

〈그림-31〉 IDS시스템과 CCTV관제시스템 동시 설치

구대 112 PC·순찰차 네비게이션에 현출되어 초동조치에 도움을 주는 제도이다.

3. 지역경찰과 112종합상황실간 정기적 교육 실시

112종합상황실과 지역경찰은 112신고처리를 하면서 적극적으로 협조를 해야 하는 관계임에도 불구하고 업무 수행 중 잦은 마찰로 상호 업무에 대한 오해가 존재한다. 부서 간의 오해는 비록 사소할 지라도 효율적인 업무 추진에 장애로 작용할 수 있기 때문에 소통을 통한 교육이 반드시 필요하다. 또한 2013년 6월 19일 경찰청 대청마루에서 실시한 '생활안전국장과 전국 지방경찰청 상황실장 및 경찰서 직원간 간담회' 회의 결과, 112종합상황실과 지역경찰과의 정보 공유 및 공감대 형성이 매우 중요하다는 결론을 얻은 바 있다. 위 공감대 형성을 위해서는 무엇보다 '112신고사건의 신속·공정한 처리'라는 같은 주제로 교육 등 정기적인 만남을 통한 격의 없는 대화의 장 마련이 매우 필요하다고 할 수 있다.

위와 같은 문제를 해결하기 위해 2013년 김기용 경찰청장 재직 당시에 경찰청 교육정책관실 주관으로 각 경찰서에서는 지방경찰청에서 선발한 '동료강사'와 경찰서에서 선발한 '자체강사'가 지역경찰을 상대로 112·형사·교통·청문감사 등 각 기능별 교육을 실시하였다.[159] 초기에는 별도 통일된 기준도 없이 교육이 급하게 진행되었으나, 이후 교육 표준안 등이 마련되어 다양한 분야의 업무가 교육을 통해 상호소통될 수 있는 자리가 마련되어 지역경찰의 큰 호응을 얻었다. 그러나 이후 동료강사들의 대한 처우대책의 미흡과 지역경찰의 합동 교육 문제가 나타나서 교육의 질과 호응도가 낮아지는 원인이 되었다.

경찰청에서는 교육 담당 직원을 별도 선발[160]하고 교육을 실시하는 직원에게 표창 및 포상휴가 등 인센티브를 제공하여 학습의욕 고취와 강의에 대한 실질적인 동기부여가 되도록 노력해야 한다. 또한 나아가 범죄정보 및 활용 등의 전문교육을 통해 지역경찰을 수준을 끌어올려야 한다.[161] 그리고 112종합상황실에서는 강의의 향상을 위해 매월 지역경찰을 대상으로 교육 평가를 받아서 그 결과를 강사에게 제공함으로써 교육에 반영하도록 해야 한다. 또한 교육시간은 가능한 한 지역경찰의 주간근

---

159) 동료강사 선발분야는 총 12개 기능, 21개 분야로서 다양한 교육을 실시하고 있으나, 112종합상황실실무 과정은 생활안전실무과정에 포함되어 있다.

160) 현행 지방경찰청에서 운영하고 있는 '현장강사제도'를 적극적으로 활용하는 것도 좋다.

161) 이정원, 앞의 논문, p. 73.

무를 최대로 활용하고, 월별 교육기회를 증가시켜 선택 수강을 하도록 함으로써 자발적인 교육이 되도록 해야 한다.

주간 근무에 교육을 실시하면 지역경찰의 교육 부담 해소와 동시에 지속적인 교육이 실시될 수 있다. 또한 '표준 무전보고요령' 및 '주요 현장사례' 등을 통한 업무 지식의 공유로 112신고처리의 현장 대응력이 강화 될 것이다. 아울러 지역경찰의 조직 소속감 증대와 자율적이고 책임 있는 업무처리로 국민에 대한 신뢰가 회복될 수 있다.

4. 중요 업무 취급 부서 체험 확대

112종합상황실의 업무 성격은 '보호조치 등' 단순한 업무에서부터 '납치의심 등'의 복잡한 업무까지 매우 다양하다고 할 수 있어 이를 처리하는 112종합상황실 근무자의 업무 전문성 향상은 필수적이다.

112종합상황실에서 오랫동안 근무한 장기 근무자라고 하더라도 형사·교통·정보 등 타 업무에 대한 지식부족으로 업무가 혼선되고 부서 간 공조가 미흡한 경우가 종종 발생하고 있다. 지령요원이 형사·수사 등 타 업무 경력자인 경우 범죄현장에서의 '통신수사 및 증거채취' 등 초동 대응 지령에 탁월하다. 이로 인해 사회적 파장이 우려되는 사건과 직접적으로 관계가 있는 「중요업무 취급부서」의 업무를 체험하고 배울 수 있는 기회가 필요하다.

여기에서 '중요업무 취급부서'란 강력반·실종팀 등이 속한 형사과, 학교폭력·성폭력팀이 속한 여성청소년과, 풍속업소 단속반이 속한 생활안전과, 집회시위를 관리 담당하는 정보과, 탈북자·총기사고 등을 담당하는 보안과 등을 말한다. 이러한 다양한 부서의 업무 체험을 통해 지식 향상은 물론 초동조치시 미진한 부분에 대한 적극 대처가 가능할 것이다.

112종합상황실의 합동근무 방법은 주기적인 합동 근무를 원칙으로 교육 당일 비번 및 휴무 근무자가 체험 부서의 치안수요가 높은 시간대에 각 부서지로 가서 업무를 체험하고 근무를 한다.

〈표-45〉 각 부서별 치안수요가 높은 시간대

형사과 (실종팀·강력팀)	여성청소년과 (성폭력·학교폭력)	생활안전과 (풍속업소 단속)	정보과 (집회시위)	보안과 (탈북자·총기 등)
야간근무	주·야간근무	야간근무	주간근무	주간근무

위의 〈표-45〉는 각 부서별 치안수요가 높은 시간대를 나타낸 것이다. 실종팀 및 강력팀이 속한 형사과는 야간근무 시간대, 성폭력 및 학교폭력을 담당하는 여성청소년과는 주·야간근무 시간대, 풍속업무를 담당하는 생활안전과(생활질서계)는 야간근무 시간대, 집회시위 업무를 담당하는 정보과는 주간근무 시간대, 탈북자 및 총기 등 업무를 담당하는 주간근무 시간대에 합동근무를 하면 효과적이다.

112종합상황실에서는 매월 해당부서의 근무일정 등을 파악하여 각 팀별 합동근무 계획을 세워 시행하고, 합동근무로 축적된 업무지식을 직원 간 공유하고 각종 신고 접수시 적극 활용한다면 신속한 112신고처리에 큰 도움을 줄 것으로 판단된다.

예로 112종합상황실 직원들이 형사과에서 합동근무를 한 후에 '납치의심신고'를 접수하는 경우 기존보다 효과적으로 신고에 대응할 수 있다.

첫째, 순찰차량 1대는 신고 장소로 신속히 출동하여 신고자를 면담토록 하고, 나머지 순찰차량을 파악된 정보를 토대로 긴급배치를 통해 검문검색을 실시토록 한다. 둘째, 강력반은 신속히 통신 수사를 통해 용의자에 대한 정보를 획득토록 하고, 주변 CCTV·블랙박스·GPS(렌터카) 등을 활용하여 범죄 단서를 파악토록 한다. 셋째, CCTV 관제센터에 통보하고 주변 CCTV 자료 분석을 의뢰한다. 넷째, 현장 주변 주차차량을 기록하고 블랙박스 장착 차량을 확인토록 지령하고 이를 수사팀에 통보토록 한다.

위와 같은 합동근무는 112종합상황실 요원의 신고사건에 대한 책임성 및 전문성이 향상되어 각종 신고 상황에 대한 안목과 지휘능력이 제고될 것이며, 업무지식 향상은 물론 타 부서 근무자와의 인간관계 형성으로 부서 간의 효율적인 업무 공조가 이루어져 112신고사건의 신속 처리가 가능해질 것이다. 또한 지령요원의 타 업무 체득을 통한 효과적인 112신고의 초기 대응 강화로 국민의 치안만족도가 높아져 경찰에 대한 국민신뢰 회복에도 많은 도움을 줄 것으로 판단된다.

5. 중요사건 업무 공유 추진

경찰의 112신고 초기 대응은 경찰에 대한 국민 신뢰도와 직결되어 다양한 상황에서도 현명하게 대처할 수 있는 '유능한 경찰'의 육성이 필요하게 되었다.

다수의 112종합상황실 근무자들이 많은 경험과 오랜 근무경력에도 불구하고 강력사건 등 발생시 평소 유형별 대응요령이 사전 연습되어 있지 않아 무기력한 대응을 반복하고 그러한 모습은 경찰의 신뢰도에 매우 부정적인 영향을 끼쳐 경찰의 발전에 큰 장애요인으로 작용하였다. 또한 각 경찰서별·팀별·개인별로 업무 처리하는 방식이 서로 상이하여 112신속처리의 문제점으로 작용되어 통일된 기준의 표준적 업무처리 방식이 필요하게 되었다.

위와 같은 문제점을 해결하기 위해 112종합상황실 요원 간에 업무 처리 방식을 공유할 수 있는 토론의 장이 꼭 필요하다. 효율적인 문제 해결은 서로 머리를 맞대고 고민할 때 더욱 효과적이므로 '112 지식 토론회'와 같은 제도를 마련하여 업무 지식을 공유해야 한다.

아래의 〈표-46〉은 112 지식 토론회 실시 방법 예시 안을 나타낸 것이다.

〈표-46〉 112 지식 토론회 실시 방법 예시 안

구분	내용
주제	지방경찰청 및 경찰서 발생 주요 사건
시기	월 1회를 원칙, 매월 마지막 주 적의기간 (2~3H)
장소	경찰서 회의실
대상	야간 및 휴무 근무자(7~8명 내외), 비번근무자는 자율적 참석 유도
토론내용	출동지령·현장확인·수배해제 등 각 단계별 조치사항

토론회 시기는 월 1회를 원칙으로 실시하고 매월 마지막 주 적의 기간에 2~3시간 실시하며, 장소는 경찰서 강당 및 회의실 등을 이용한다. 참석 대상은 토론회 당일 야간 및 휴무 근무자로 편성하여 약 7~8명 내외를 선정하고, 비번 근무자의 경우에는 희망자에 한해서 자율 참석을 하도록 유도하면 될 것이다.

토론 주제의 선정은 관내에서 발생한 주요 사건을 매월별 토의 주제를 사전 선정하고, 화재·가스폭발·강도·치기·흉기난동 등 순으로 다양한 사건을 간접체험 할 수 있는 기회를 제공한다. 또한 서울지방경찰청 112종합상황실과 협조하여 지방경찰청 관내에서 발생한 월별 특이사건을 파악하여 참석 대상자들에게 토론 준비를 위한 자료를 사전 배부한다. 토론은 사건별 출동 지령방법·현장조치 확인·수배 및 해제 등 각 단계별 구체적 업무 토론을 실시하고, 토론 내용은 신고 유형별로 대응 요령을 요약하여 책자로 만들어 각 팀별 지식을 공유하면 될 것이다.

이로써 112종합상황실 요원들은 각종 사건에 대한 간접체험으로 업무지식 향상은 물론 현장 대응력이 강화될 것이며, 중요사건에 대한 각 단계별 대응요령의 숙지로 지역경찰과 112종합상황실간 혼선이 감소하고 통일되고 표준화된 업무가 가능할 것이다. 또한 토론된 내용의 직원간 공유로 점진적 업무능력의 향상을 통한 신속한 112신고처리가 가능할 것으로 판단된다.

6. 112상황팀장의 코칭 역량 강화

112상황팀장은 112종합상황실장과 함께 112신고사건 등 각종 치안상황의 처리에 대한 총지휘 책임을 진다. 특히, 초동조치와 관련한 긴급대응의 1차적 조치 권한은 112상황팀장이 절대적인 권한을 가진다고 해도 과언이 아니다. 나날이 복잡해지고 다양해지는 신고 현장에서 현장 경찰관이 신속한 판단이 어렵거나 애매한 경우에는 112상황팀장의 명확한 지침 부여 역할이 매우 중요하다.

112상황팀장은 각종 112 신고사건 등에 적극적으로 개입하여 사건의 처리 방향 및 정도를 조절하고 종결의 최종적인 책임을 지고 있다. 즉, 경찰의 긴급대응 역량에 가장 큰 영향을 미치는 요인이 바로 112상황팀장의 대응력이라고 할 수 있다. 그러므로 실무에 강하고 전문성을 가진 112상황팀장 육성을 위한 제도의 마련과 교육 훈련 등이 매우 필요하다.

이와 같은 112상황팀장을 통한 현장 대응력 강화를 위해 현재 추진되고 있는 제도가 바로 「112신고 현장코칭시스템」이다. 위 시스템은 2019년 3월에 경기남부지방경찰청에서 시범운영한 후 2019년 6월부터 전국의 경찰서에 확대 적용되어 실시되고 있다. 코칭 절차는 신고 현장에 출동한 경찰관이 코칭을 요청하면 해당 경찰서 상황팀장(경감급)이 1차 코칭을 하고, 경우에 따라 지방청의 상황팀장(경정급)이 2차 코칭을 하게 된다. 상황에 따라서는 경찰청의 상황팀장(총경급)이 직접 코칭을 할 수도 있는데, 경찰청은 테러와 같은 '17개 속보사항' 등 규모가 큰 사건에 대해 사건 시작부터 종결까지 코칭을 실시한다.

112상황팀장은 최신 매뉴얼 및 현장조치 체크리스트 등을 활용하여 현장 경찰관의 조치를 지원하거나, 가정폭력 등과 같이 여러 부서에 공통으로 해당되는 사건의 경우 112종합상황실에서 각 부서에 통보, 연락하여 신속한 사건 조정도 가능하다. 현장에서의 반응은 매우 긍정적으로 평가되고 있으며 다양한 사례별 코칭 자료가 누적되고 있다.[162] 경찰청에서는 향후 코칭시스템의 활용도가 높아질 것으로 예상되어 코칭 유형별 또는 사례별로 검색할 수 있는 시스템도 구축할 예정이다.

---

162) 2020년 7월 현재 약 1,685건의 112신고 코칭사례가 경찰 내부 시스템(Pol-net)에 등록되어 활용 중이다.

제 4 편

위치정보조회

제1장 ┆ 위치정보조회의 이해

제1절 위치정보조회의 의의

1. 위치정보조회의 개념

「위치정보법」 제2조에서는 '위치정보'와 '개인위치정보'에 대해서 정의하고 있다. '위치정보'란 이동성이 있는 물건 또는 개인이 특정한 시간에 존재하거나 존재하였던 장소에 관한 정보를 말한다.[163] 또한 '개인위치정보'는 특정 개인의 위치정보를 말하며, 위치정보만으로 위치를 알 수 없는 경우에는 다른 정보와 결합하여 위치를 알 수 있는 것까지 포함한다.[164] 따라서 '위치정보조회'란 신고자의 동의를 얻어 통신사로부터 제공받은 개인위치정보를 통해 신고자의 위치를 파악하는 것이라고 할 수 있다.

위치정보조회(이하 '위치추적'이라 한다)의 법적근거는 「위치정보법」 제29조(긴급구조를 위한 개인위치정보의 이용)이며, 이를 통해 112 신고자의 위치를 조회할 수 있다.[165] 또한 2012년 5월 14일에 「위치정보법」이 개정되어 '자살·납치·실종·미귀가' 등의 제3자의 위험을 신고한 경우에 대해서도 위치추적을 할 수 있게 되었다.[166]

위와 같은 신고자 위치정보의 확보는 경찰의 현장 대응력을 한 단계 높이는 계기가 되었고 보다 정확한 자료의 제공이 필수적이다. 그러나 112신고를 하는 대부분의 신고자들이 휴대폰에 내장된 GPS·Wi-Fi 기능을 꺼 놓은 상태로 신고를 함으로써, 대부분의 신고가 기지국 기반으로 측위되어 실제 위치와 오차가 크게 발생하였다. 이를 위해 경찰청은 112 신고자의 정확한 위치파악을 위해 방송통신위원회 및 이동

---

163) 「위치정보의 보호 및 이용 등에 관한 법률」 제2조 제1항(위치정보)

164) 앞의 법률 제2조 제2항(개인위치정보)

165) 박종철, 앞의 논문, p. 68.

166) 이를 '제3자 위치정보 제공 요청'이라고 하는데, 경찰관이 직접 신고자를 통해 문자 또는 통화내역 등을 통해 긴급구조상황 여부를 확인해야 한다.; 「위치정보법 시행령」 제28조의2(구조받을 사람의 의사확인 방법 등)

통신사와 협력하여 신고자 휴대폰의 GPS·Wi-Fi를 원격으로 제어(강제 On/Off)할 수 있는 시스템을 구축하였다.[167] 본격적인 운영에 앞서 경찰청은 충남지방경찰청을 시범 관서로 지정하여 2014년 1월 17일부터 2월 12일까지 원격제어시스템을 시범적으로 운영 한 후 2014년 2월 13일부터 시스템을 정상 운영하였다.[168]

위 원격제어시스템은 2012년 10월 31일 이후에 국내에서 제조된 휴대폰에 기능을 적용하여 보급 중이므로, 외국에서 생산된 휴대폰(아이폰·HTC·블랙베리·샤오미 등)의 경우에는 적용이 불가하다.[169] 또한 휴대폰의 유심(USIM)[170] 칩이 제거된 것이나 타(他) 이동통신사의 유심 칩을 삽입한 휴대폰의 경우(035계열 번호)에는 위치추적을 할 수 없다.[171]

이 외에도 현행 시스템상 위치추적이 불가한 것은 '비전형적 신고번호'에 의한 접수 유형이다. 대표적인 비전형적 신고번호는 '035계열, 045계열, 국제전화, 해외로밍, 알뜰폰, 기타 등'이다.[172] 위 비전형적 신고번호에 대한 구체적인 신고 대응방법은 후술키로 한다.

경찰청은 위와 같은 문제점 해결을 위해 과학기술정보통신부 및 소방청 등과 함께 '긴급구조용 지능형 정밀측위 기술개발'을 기획하고 연구를 시작하였다. 위 긴급구조용 지능형 정밀측위 기술은 112 및 119로 긴급구조 요청이 접수될 경우 위치확인 오차를 50m 이내로 줄이는 방안을 말한다. 2019년 1월부터 2022년까지 4년간

---

167) 경찰청 지식관리시스템(KMS), "112신고자 휴대폰 GPS·Wi-Fi 원격제어시스템 운영", 2014.1.21.

168) 원격제어시스템 사용요령은 112접수·지령요원이 지방경찰청 112종합상황실 접수대에서 'LBS'버튼으로 정보 요청을 하면 순차적으로 Cell(2초 이내) → Wi-Fi(15초 이내) → GPS(20초 이내) 순으로 위치정보 조회가 가능하다.

169) 감사원, 앞의 감사보고서, p. 30.

아이폰의 정밀측위 기능 한계	• 2013년 9월 이전 제품 : 이동통신사가 신고자의 정밀측위 정보를 제공받을 수 없음 • 2013년 9월 이후 제품 : 112 등 긴급통화가 연결된 상태에서는 이동통신사가 신고자의 정밀측위 정보를 제공받을 수 있으나 정밀측위에는 30~120초가 소요되므로 실효성이 떨어짐(112 평균 신고접수시간 46초) ※ 삼성전자, LG전자 등 국내 제조사는 긴급통화가 끊긴 후에도 GPS 및 와이파이 정밀측위가 가능하도록 제작
아이폰의 정밀측위 실패 사례	• 2014. 10. 10. 15:26경 서울특별시에서 아버지가 우울증 약을 복용 중인 30대 아들(전날 22:00 이후로 연락두절)을 112신고하였으나 정밀 측위가 불가능하여 기지국 일대를 수색하였음에도 불구하고 발견 실패, 2014. 10. 14. 09:20경 사망한 채로 발견 • 2014. 5. 29. 경기도 수원시에서 경제적으로 어려움에 빠진 30대 남자가 전날 새벽에 집을 나간 이후 귀가하지 않는다고 아내가 14:49경 112에 신고하였으나 정밀측위가 불가능하여 차량을 조회하고 추적하였으나 미발견, 2014. 6. 15. 17:03경 사망한 채로 발견

170) 유심(USIM: Universal Subcribeer Identity Module)이란 사용자 인증을 목적으로 휴대전화 사용자의 개인정보를 저장하는 모듈을 말한다.; 감사원, 앞의 감사보고서, p. 20.

171) 경찰청, "현장 수사경찰을 위한 수사지식 나눔트리", 제28호, 2015.9.13.

172) 최형우, "비전형적 112신고 전화번호에 대한 대응방안", 경찰교육원, 2016, p. 5.

연구비 총 201억원을 투입하여 기존 2차원 평면 위치정보를 3차원 입체 정보까지 확인할 수 있도록 고도화하기로 하였다. 또한 인공지능(AI) 기술까지 접목하여 실외는 물론 실내 위치 정밀도록 높이고 위치 오차범위로 줄일 전망이다.[173]

2. 위치정보조회의 요건

경찰이 신고자의 위치추적을 하기 위해서는 「위치정보법 시행령」 제28조에 의해 긴급구조 상황 여부를 판단해야 한다.[174] 이를 위해 경찰은 신고자에게 요구조자의 성명·연락처·관계·기타 사항 등을 확인할 수 있으며, 신고자가 위 요구사항의 확인을 거절할 경우 위치추적을 실시하지 않을 수 있다.[175]

긴급구조 요청을 할 수 있는 자는 「위치정보법」 제29조에서 규정하고 있다. 대상을 구체적으로 살펴보면 요구조자 자신, 목격자, 긴급구조를 요청받은 자, 실종아동 등 보호자를 말하며, 이 때도 특수번호 전화서비스를 통해 각각의 동의 및 의사를 확인하는 경우에만 긴급구조요청이 가능하다.[176] '제3자의 신고'는 요구조자의 상황에 따라 긴급구조의 여부를 구체적으로 판단하고 있다. 특히, 제3자의 신고는 경찰관서에서 구조받을 사람(요구조자)의 의사를 확인한 후 위치추적을 해야 한다.[177] 또한 경찰관서는 제공받은 개인위치정보를 개인의 동의가 있거나 긴급구조활동을 위한 불가피한 경우가 아니라면 제3자에게 이를 알려서는 아니 된다.[178]

아래의 〈표-47〉은 경찰의 위치정보 조회 요청 대상 및 동의자를 나타낸 것이다.

---

173) 한국경제(2019.1.20.자), "긴급구조 위치 확인 오차범위 50m내로 줄인다", http://news.hankyung.com/article/2019012023601.

174) 「위치정보법 시행령」 제28조(긴급구조 상황 여부의 판단)

175) 박종철·우대식, 앞의 논문, p. 68.

176) 특수번호 전화서비스란 「재난 및 안전관리 기본법」 제3조 7호에서 규정한 소방의 119신고 및 해경의 122신고와 「경찰법」 제2조에서 규정한 경찰의 112신고를 말한다.

177) 「위치정보법」 제29조 제3항

178) 「위치정보법」 제29조 제11항

〈표-47〉 경찰의 위치정보 조회 요청 대상 및 동의자

신고자	조회 대상	신고내용	동의자
요구조자	요구조자	본인 구조요청	—
목격자	목격자	신고자와 장소적으로 인접한 사람에 대한 구조요청	목격자 동의
제3자 (구조요청을 받은 자)	요구조자	신고자가 요구조자와 장소적으로 인접해 있지 않으며, 요구조자의 위치를 알지 못하는 경우의 구조요청	요구조자 동의
실종아동 등 보호자	실종아동 등	실종아등 등에 대한 긴급 구조요청	보호자 요청

출처 : 경찰청, 「현장 수사경찰을 위한 수사지식 나눔트리 제28호」, 2015.9.13.

아래의 〈표-48〉은 제3자 신고시 긴급구조 여부 판단을 나타낸 것이다. 위의 표를 구체적으로 살펴보면, 범죄피해자·치매환자·지적장애인·실종아동·자살기도·조난의 경우에는 긴급구조 상황에 해당되기 때문에 위치추적이 가능하고, 단순가출·행방불명·연락두절의 경우에는 추가 단서 확보시까지 위치추적이 불가능하다고 볼 수 있다.

그러나 제3자의 위치추적 신고는 남용 등의 문제점을 많이 안고 있기 때문에 「위치정보법」 제29조 제3호에서는 '요구조자의 의사 확인'을 추가 요건으로 제시하고 있다.[179] 즉, 경찰관의 '긴급구조 상황 판단'과 '요구조자의 의사 확인'을 동시에 요구하고 있는 것으로, 제3자의 위치추적 의뢰 요건은 대단히 엄격하다.[180] 그럼에도 불구하고 최근 경찰이 피의자를 놓치고 불법으로 위치추적을 한 사례도 있어서 위치추적의 남용 방지를 위한 운영상의 제한도 필요하다 할 것이다.[181]

---

179) 박종철, 『경찰긴급대응론』, 서울: 대한피앤디, 2014, p. 126.

180) 경찰청에서는 엄격한 법률 해석으로 위치추적 권한이 소극적으로 운영된다는 비판에 따라 현재는 제3자 위치추적에 대한 허용요건을 완화하여 운영 중이다. 즉, 정황상 긴급구조 상황이라고 추정되는 경우라면 위치추적을 허용하고 있다.

181) KBS뉴스(2020.5.9.자), "피의자 놓치고 불법 위치추적 '황당한 경찰'... 감사 착수", news.kbs.co.kr/news/view.do?ncd=4442358&ref=A.

〈표-48〉 제3자 신고시 긴급구조 여부 판단

상황 구분	내 용	위치추적
범죄피해자	납치·감금, 강도, 성폭력 등 생명·신체를 위협하는 범죄피해를 입거나 예상되는 경우	긴급구조 상황에 해당
치매환자	보호자의 보호없이는 정상적 생활이 불가능한 자로 현재 보호 상태를 이탈하여 생명·신체에 대한 위험이 예상되는 경우	
지적장애인		
실종아동		
자살기도	자살을 암시하거나 유서가 발견, 음성·문자 등을 타인에게 전송한 경우	
조난	자연재해 또는 산중·해상 등 자연적 환경에서 적절한 보호수단이 없이 방치되어 생명·신체에 대한 위험이 예상되는 경우	
단순가출	보호자의 보호상태를 이탈하기는 하였으나, 생명·신체에 대한 위험을 추정할 특별한 징후를 발견치 못한 경우	추가 단서 확보시까지 위치정보 조회 곤란
행방불명 연락두절		

출처 : 경찰청 내부자료

○ 관련 언론보도(2020.5.9., KBS뉴스)

【피의자 놓치고 불법 위치 추적 '황당한 경찰'... 감사 착수】

지난 15일 충북 청주의 한 지구대에서 불법 체류자인 태국인 38세 A씨가 조사를 받다가 도주했습니다. A씨는 조사 도중, 화장실이 가고 싶다고 수갑을 풀어달라고 요청했고, 민원인들로 지구대가 소란스러운 점을 틈타 옆문으로 도망쳤습니다. 친구 차로 도망친 A씨는 2시간여 만에 경북 구미의 고속도로 휴게소에서 붙잡혔습니다.

하지만 이 과정에서 지구대 경찰관 B씨가 A씨의 위치를 불법으로 파악한 것으로 드러났습니다. 피의자가 도주하자 경찰관 B씨는 112에 전화를 걸어 "아는 사람이 죽을지도 모른다"고 신고해 위치정보를 받은 겁니다. 이 과정에서 B씨는 자신이 경찰인 것을 밝히지 않은 것으로 전해졌습니다.

수사 중인 경찰이라도 범죄자 등 개인 휴대전화 위치정보를 파악하려면 사후에라도 법원에서 영장을 발부받아야 한다는 규정을 어긴 겁니다. 피의자를 놓친 경찰관이 위치정보를 불법으로 수집하고 한달 가까이 영장 발부 등의 절차도 거치지 않은 상황이었습니다. 해당 경찰관은 "피의자를 빨리 체포하기 위한 최선의 선택이었다"고 해명한 것으로 알려졌습니다.

3. 비전형적 신고번호의 유형

전술한 바와 같이 현행 112신고시스템상 위치추적이 불가한 유형은 '비전형적 신고번호' 112신고가 접수되는 경우이다. 구체적인 비전형적 신고번호의 종류는 035계열, 045계열, 국제전화, 해외로밍, 알뜰폰, 기타 등으로 구분할 수 있다. 위 신고번호는 위치추적 자체가 어려운 경우가 대부분이므로 초기에 어떠한 대응을 하는지가 중요하다.

아래의 〈표-49〉는 비전형 신고번호 유형과 사유를 나타낸 것이다.

〈표-49〉 비전형적 신고번호 유형과 사유

유 형	접속 사유	비 고
035계열 (15자리)	· 자급제 단말기 중 무등록 휴대전화(공기계) · 유심칩이 장착되지 않은 휴대전화 · 타 이동통신사의 유심칩을 장착한 휴대전화	IMEI
045계열 (15자리)	· 신고자의 가입 이동통신사가 아닌 타 이동통신사의 기지국을 이용하여 112신고시스템으로 접속되는 경우	IMSI
국제전화	· 중국(86), 일본(81), 필리핀(63), 베트남(84) 등 외국에서 한국의 112신고시스템으로 접속되는 경우	
해외로밍	· 00100(KT), 00201(SK), 00600(LG) 등 해외로밍서비스로 112신고시스템에 접속되는 경우	
알뜰폰	· 위치추적 시스템으로 위치정보 확인이 불가한 알뜰폰	
기타	· 휴대전화 침수, 비정상적 전원 꺼짐(Off), 요금 미납 등	

첫째, 035계열의 신고[182]는 유심칩이 없으므로 휴대전화의 고유 인식 정보인 IMEI번호[183]가 112시스템에 접속되는 경우이다. 그러므로 신고자에게 112와 연결된 전화를 끊지 말 것을 안내하고, 불가피한 경우에는 반드시 112에 대시 전화를 하도록 고지하여 신고자와 연결을 유지하여야 한다. 그리고 신고자 인적사항과 추가 연락처 및 위치 특정 사항에 대한 정보(가시정보 등)를 이끌어내야 한다. 특히 035계열은 가입자의 정보를 확인한 이후에도 신고자와 통화가 불가하므로 초동대응이 무엇보

---

182) 035계열의 신고는 035 이외에도 아이폰 계열의 013, 중국산 샤오미 계열의 086 등이 있다; 최형우, 앞의 논문, p. 5.

183) IMEI(휴대전화 고유 인식 정보) : International Mobile Equipment Identity

다 중요하다.

둘째, 045계열의 신고는 신고자의 전화가 일시적으로 다른 이동통신사의 기지국을 경유하여 국제 이동국 식별번호인 IMSI번호[184]가 112시스템에 접속되는 경우이다. 위 유형은 IMSI번호 분석을 통해 가입자 정보를 유추할 수 있는데, 0450 뒤에 오는 2자리 정보[185]를 토대로 가입자 이동통신사를 확인할 수 있다. 예로 LG(06)의 경우는 끝에서부터 8자리 정보가 가입자의 전화번호인 경우가 대부분이다. 때문에 신고자와 전화가 끊긴 이후에도 접수요원이 신고자와 통화할 수 있으며, 위치추적 시스템으로 위치정보 조회를 요청할 수 있다. 그러나 타 이동통신사의 경우는 정보보호로 인해 통신수사를 통해 가입자 정보를 확인할 수 있다.

셋째, 국제전화나 해외로밍의 신고는 현재의 112신고시스템을 통해서는 위치추적이 불가하다. 그러므로 최초 신고 접수시 신고자와 전화 연결을 오래 유지하는 것이 중요하고, 전화 끊김에 대비하여 추가 연락처 등을 반드시 확보해 두어야 한다. 또한 국제전화를 통한 연결망 구축과 이동통신사의 해외 신고자에 대한 위치 정보 제공에 대한 절차 및 서류 등을 사전에 파악해 두어야 한다. 만약 신고자가 위험하고 긴급한 상황에 처해 있다고 추정되는 경우는 인터폴 통보 및 수사체제로의 전환이 신속히 이뤄져야 하기 때문이다.

넷째, 알뜰폰[186]에 의한 신고는 기본적으로 Wi-Fi망에 접속된 경우에만 위치추적이 가능하므로 위치정보 확인이 매우 제한적이다. 알뜰폰의 경우에는 정상적인 전화임에도 불구하고 휴일이나 야간에 가입자 신원조회가 불가능하고, 중소 알뜰폰 사업자의 경우 수사기관의 협조 요청에 대한 회신이 지연되는 단점이 있다. 때문에 신고자와의 통화 연결이 단절되지 않도록 초기 대응이 매우 중요하며, 신고자에게 알뜰폰·자급제폰[187] 등의 사용여부를 파악할 필요가 있다.

다섯째, 기타의 경우 요금 미납이나 비정상적인 전원 꺼짐 등으로 오류가 난 상태에서 112신고가 접수되는 경우이다. 이 때는 가입자 조회를 신속히 실시하고 정상적인 전화인 경우 요금납부 등 오류 발생 원인을 파악하여 개별적으로 대응을 달리 하여야 한다.

---

184) IMSI(국제 이동식 식별번호) : International Mobile Station Identity

185) LG(06), SK(5), KT(08): 최형우, 앞의 논문, p. 6.

186) 알뜰폰이란 기간통신사업자의 설비를 빌려서 전화를 개통해주는 별정통신사를 말한다.

187) 자급제폰은 공기계를 구입한 후에 고객이 원하는 통신사에서 개통을 하는 휴대전화를 말한다.

○ 관련 언론보도(2017.12.18., 경향비즈)

【알뜰폰 '위치추적' 휴일엔 허점】

지난 17일 경기 김포시 빌라 신축 공사장에서 노동자 2명이 갈탄 중독으로 숨진 사고를 계기로 알뜰폰의 안전상 취약점이 부각되고 있다. 알뜰폰(기간통신사업자의 설비를 빌려 전화를 개통해주는 별정통신사) 가입자의 경우 위치정보가 기지국 중심으로 제공되는 경우가 많고 평일 야간과 휴일에는 신원 조회마저 불가능한 경우가 있다. 당시 신고를 받고 구조에 나선 소방당국과 경찰도 이런 어려움을 겪어야 했다. 생활비를 아끼기 위해 사용하는 알뜰폰이지만 '안전'은 사각지대에 놓여 있는 셈이다.

18일 경찰과 알뜰폰 업계에 따르면 알뜰폰도 범죄 수사와 구조를 위한 위치정보를 제공하지만 일반 통신사와 달리 와이파이나 GPS 정보가 제공되지 않는 경우가 많다. 이 경우 기지국 위치정보로만 추적해야 하는데 그 범위는 지역에 따라 수백m에서 수km까지 넓어진다. 이번 사건에서도 당국은 기지국 위치정보만 활용해 500m 범위에서 수색에 나서야 했다.

이때 신원정보를 알았다면 가족과 회사에 연락해 사고 위치를 좀 더 빨리 파악할 수도 있지만 대다수 알뜰폰 사업자의 경우 업무시간 외에는 가입자의 개인정보 확인이 불가능한 상황이다. 경찰이 이번 사건에서도 신고자가 이용할 것으로 추정되는 알뜰폰 업체 4곳에 신원조회 공문을 발송했지만 답을 받지 못했다. 경찰은 휴일에도 신원정보를 파악할 수 있었다면 좀 더 빠른 구조가 가능했을 것으로 보고 있다.

제2절 위치추적 시스템의 종류와 절차

1. 위치추적 시스템의 종류

위치기반서비스(LBS : Location Based Service)란, 위치정보를 수집하여 이용하거나 위치정보 자료를 제공하는 모든 형태의 서비스를 말한다.[188] 즉, 위치추적 시스템은 위치기반서비스를 활용하여 신고자의 위치정보를 파악하는 것을 말한다.

위치추적 방식은 네트워크(Cell) 기반, 위성신호(GPS) 기반, Wi−Fi신호 기반, 혼합 측위 기반으로 구분된다.[189] 구체적으로 네크워크 기반은 이동통신사 기지국의 위치 값(Cell−ID) 및 기지국과 단말기 간의 거리 등을 측정하여 위치를 계산하는 방식이며, 위성신호 기반은 GPS(Global Positioning System) 위성에서 송신하는 신

---

188) 방송통신위원회, "LBS 산업육성 및 사회안전망 고도화를 위한 위치정보 이용 활성화 계획", 2010, p. 5.

189) 방송통신위원회, 앞의 보고서, p.5.

호를 바탕으로 위치를 계산하는 방식이다.

또한 Wi-Fi신호 기반은 네트워크 기반의 일종으로 Wi-Fi AP(Access Point, 접속점)의 위치를 조회하여 단말기의 위치 값을 측정하는 방식이며, 혼합 측위 기반은 네트워크 기반·위성신호 기반·Wi-Fi신호 기반 등의 위치를 조합하여 단말기의 위치 값을 측정하는 방식이다.[190]

아래의 〈표-50〉은 주요 위치 측위 방식을 나타낸 것이다.

〈표-50〉 주요 위치 측위 방식

측위방식	설 명	그림
네트워크 기반	이동통신사 기지국의 위치 값(Cell-ID), 기지국과 단말기 간의 거리 등을 측정하여 위치를 계산	
위성 신호 (GPS) 기반	GPS(Global Positioning System) 위성에서 송신하는 신호를 바탕으로 위치를 계산	
Wi-Fi 신호 기반	네트워크 기반의 일종으로 Wi-Fi Ap(Access Point, 접속점)의 위치를 조회하여 단말기의 위치 값을 측정하는 방식. WPS(Wi-Fi Positioning System)라고 함	
혼합 측위 (HPS) 기반	네트워크 기반·위성신호 기반·Wi-Fi신호 기반 등의 위치를 조합하여 단말기의 위치 값을 측정. HPS(Hybrid Positioning System)라고 함	

출처 : 방송통신위원회, "LBS 산업육성 및 사회안전망 고도화를 위한 위치정보 이용 활성화 계획", 2010,p. 5.

LBS는 신고자가 소지하고 있는 휴대전화의 위치를 자동으로 실시간 확인할 수 있는 시스템을 말하는 것이다. 기존 위치정보 확인 방식은 무선전화 기지국(Cell· pCell) 기반[191] 위치 확인 뿐이었으나, 2012년 4월 27일 위성항법시스템인 GPS (Global Positioning System)[192] 및 무선랜 통신망(Wi-Fi)이 추가되어 보다 정확한

---

190) 박종철, 앞의 책, pp.122-123.

191) 경찰청 내부망 자료(지식관리시스템/지식마당/수사,형사/수사지원/통신수사/112신고자 위치추적시스템(LBS) 및 휴대폰 위치파악)

위치정보를 확인할 수 있게 되었다. 현재의 112신고 LBS 요청시에는 우선 기존 CELL 방식으로 위치정보를 요청하고, 이후 신고자 휴대폰의 GPS 및 Wi-Fi 정보를 추가적으로 확인하여 자료를 제공하게 된다. 전술한 위치정보는 112신고자 뿐 아니라 실종아동 및 치매환자 등의 발견에도 크게 활용되고 있어 국민 안전에 큰 역할을 하고 있다.

아래의 〈표-51〉은 CELL & GPS & Wi-Fi 위치추적 방식의 장점과 단점을 비교한 것이다.

〈표-51〉 CELL & GPS & Wi-Fi 위치추적 방식의 장단점 비교

구 분		세부 내용
CELL 방식	장점	2G·3G·4G 등 모든 휴대전화에 대해 측위가 가능하다. 실내 및 지하 등에서도 측위가 가능하다. 수백m(도심지)~수km(개활지)의 위치 오차가 발생한다.
	단점	정확한 위치정보 확인이 불가능하다.
GPS 방식	장점	오차가 수십m 내외로 정확한 위치정보 확인이 가능하다.
	단점	2G 휴대폰의 경우와 건물 내부 및 지하에서는 불가능하다. 3G·4G 휴대폰 소지자도 GPS기능 미활성시 위치추적이 불가능하다.
Wi-Fi 방식	장점	GPS방식보다는 떨어지나 상대적으로 정확한 측위(오차 수십미터)가 가능하고, 지하나 건물 내에서도 측위가 가능하다.
	단점	AP가 많이 설치되어 있지 않은 시외 지역에서는 측위가 곤란하다.

출처 : 경찰청, 『112신고 접수·지령 매뉴얼』 2014, p. 27.

2. 위치추적 시스템의 절차

경찰 등 긴급구조기관의 위치추적 시스템은 다음과 같은 절차에 의해 수행된다. 경찰 등이 통신사에 신고자의 위치정보를 요청하게 되면 통신사는 1차로 '기지국의 위치정보'를 먼저 제공하고, 2차로 휴대폰의 GPS나 Wi-FI 신호를 받아 '신고자의 위치정보'를 제공하게 된다. 위의 〈표-50〉에서 보는 것처럼 각 위치추적 방식에 따른 오차 범위가 크기 때문에 비교적 위치 확인이 정확한 GPS나 Wi-Fi 방식의 측정이 중요하다.

---

192) 경찰청 내부망 자료(지식관리시스템)

그러나 2015년 감사원의 『긴급출동·구조체계 구축·운영실태 감사보고서』에 따르면 2014년 4월부터 2015년 3월을 기준으로 Cell 방식은 63.1%, GPS 방식은 16.0%, Wi-Fi 방식은 19.6%, GPS 및 Wi-Fi 방식은 1.3%로 Cell 방식이 앞도적으로 높게 나타났다. 이는 현재 경찰에서 실시하고 있는 위치추적의 방식이 비교적 정밀하지 못하다는 것을 반증한다. 이에 감사원에서는 경찰청에 정밀한 위치추적이 가능하도록 112시스템을 개선하라는 방안을 권고하였다.[193]

아래의 〈그림-32〉는 112 긴급신고 위치추적 절차도를 나타낸 것이다.

〈그림-32〉 112 긴급신고 위치추적 절차도

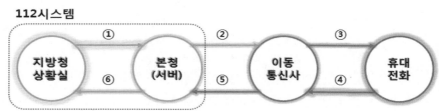

출처 : 감사원, 『긴급출동·구조체계 구축·운영실태 감사보고서』 2015, p. 26.

3. 위치추적 시스템의 비교(119 및 통신수사)

경찰과 소방의 위치추적 시스템은 기술적인 차이는 없으나 법적 요건에서 차이가 존재한다. 소방의 위치추적도 경찰과 마찬가지로 이동통신사의 신호를 토대로 측위정보를 통보받는 형식이다. 다만, 소방의 위치추적 요건은 '배우자, 2촌 이내의 친족 또는 미성년후견인'만이 가능한 반면, 경찰에서 실시하는 위치추적은 친족 여부에 관계없이 '신고자(본인·목격자)의 동의, 제3자 신고시 요구조자 의사 확인' 등의 요건이 필요하다.

통신수사와 위치추적 시스템은 관련근거, 요건, 조회대상, 절차, 시간 등 다양한 차이가 존재한다. 첫째, 통신수사의 관련근거는 「통신비밀보호법」 제13조이며, 위치추적은 「위치정보법」 제29조이다. 둘째, 통신수사의 요건은 검사·사법경찰관이 수사 또는 형의 집행을 위해 필요한 경우이며, 위치추적은 112·119를 통해 긴급구조

---

193) 감사원, 앞의 감사보고서, p. 34.

요청이 접수된 경우이다. 셋째, 통신수사의 조회대상은 대상자가 통신한 기지국 주소이며, 위치추적은 대상자가 현재 위치한 기지국 주소 또는 GPS·Wi-Fi 등 위치정보이다. 넷째, 통신수사의 절차는 지방법원 및 지원의 허가 또는 긴급한 경우 사후 허가가 가능하나, 위치추적은 112신고 접수시스템에 연계된 위치정보 요청 및 정보의 수신이다. 다섯째, 통신수사의 소요시간은 약 30분 내외이며, 위치추적은 수초 이내이다.

제3절 위치추적 시스템의 근거와 한계

1. 위치추적 시스템의 근거

긴급 상황에 노출된 피해자가 112신고를 할 경우 경찰에서는 신고자의 의사를 확인한 후 신고자 전화번호에 대한 위치추적을 실시할 수 있다. 위치추적의 법적근거는 「위치정보법」 제29조(긴급구조를 위한 개인위치정보의 이용)로 경찰 등 긴급구조기관은 긴급구조 상황 여부를 신중하게 판단하여 개인위치정보를 확인할 수 있다고 규정하고 있다.[194]

또한 2012년 11월 15일 동 법률을 개정하여 경찰에게도 위치추적 권한을 부여하여 신고자 등에 대한 위치추적이 가능하게 되었는데, 위치정보의 보호 및 이용 등에 관한 법률 시행령 제28조에서는 긴급구조 상황 여부의 판단을 위해 요구조자의 성명·연락처·관계·기타 사항을 확인할 수 있다고 규정하고 있다.[195] 특히, 신고자가 '자살이 의심된다'거나 '납치를 당한 것 같다'는 등 제3자의 위험상황을 신고한 경우 경찰관이 직접 위치를 추적하여 출동하게 되었다.

---

194) 「위치정보의 보호 및 이용 등에 관한 법률」 제29조(긴급구조를 위한 개인위치정보의 이용) ① 「재난 및 안전관리 기본법」 제3조제7호에 따른 긴급구조기관(이하 "긴급구조기관"이라 한다)은 급박한 위험으로부터 생명·신체를 보호하기 위하여 개인위치정보주체, 개인위치정보주체의 배우자, 개인위치정보주체의 2촌 이내의 친족 또는 「민법」 제928조에 따른 미성년후견인(이하 "배우자등"이라 한다)의 긴급구조요청이 있는 경우 긴급구조 상황 여부를 판단하여 위치정보사업자에게 개인위치정보의 제공을 요청할 수 있다. 이 경우 배우자등은 긴급구조 외의 목적으로 긴급구조요청을 하여서는 아니 된다.

195) 「위치정보의 보호 및 이용 등에 관한 법률 시행령」 제28조(긴급구조 상황 여부의 판단) 법 제29조제1항 또는 제2항에 따라 긴급구조요청을 받은 긴급구조기관 또는 「경찰법」 제2조에 따른 경찰청·지방경찰청·경찰서(이하 "경찰관서"라 한다)는 긴급구조 상황 여부를 판단하기 위하여 다음 각 호의 사항을 긴급구조를 요청하는 자에게 확인할 수 있다. 1. 긴급구조가 필요한 자의 성명 및 연락처, 2. 긴급구조를 요청한 자의 성명, 연락처 및 긴급구조가 필요한 자와의 관계, 3. 그 밖에 긴급구조 상황 여부 판단을 위하여 필요한 사항

경찰의 휴대전화 위치정보를 활용한 신고자의 위치 특정은 이미 해외에서도 실시 중인 제도이다.[196] 미국의 경우 연방통신법 제222조를 근거로 1999년부터 'E911 (Enhanceed 911) 제도'를 도입하여 운영 중이며, 일본은 「사업용 전기통신설비규칙」 에 근거하여 2006년부터 경찰·소방·해상보안기관이 긴급상황시 휴대전화의 위치정 보를 제공받을 수 있도록 하였다. 또한 유럽의 경우에도 2002년부터 보편적 서비스 지침(Universal Service Directive)을 마련하여 유럽 전체에서 112번호로 긴급신고번 호를 단일화하여 무상으로 이용 중이다.[197] 구체적인 내용은 후술키로 한다.

위와 같이 외국 뿐 아니라 국내에서도 위치정보의 활용성이 높음에도 불구하고 '위치정보'의 활용 우려가 높은 것은 '위치정보'가 개인정보 중 인권침해적 요소가 가 장 크기 때문이다. 그러므로 위치추적 요청 신고 접수시에 성립 요건의 충족 여부에 대한 판단이 매우 중요하다고 볼 수 있다.

현재 경찰은 피해자 본인·목격자·제3자에 의한 신고의 요건을 구분하여 처리하 고 있다. 우선 피해자 본인 및 목격자가 신고할 경우에는 신고자의 동의 등 간단한 절차만 거친 후에 위치추적을 실시하고 있다. 반면, 제3자가 '긴급구조 요청'신고를 하는 경우에는 경찰이 직접 신고자를 만나 긴급구조상황 여부, 즉 긴급구조요청 수 신 문자 또는 전화통화 내역을 확인한 후에 위치추적 요청을 하도록 매우 엄격하게 통제를 하고 있다. 즉, 법령상 요구조자의 동의를 위치추적의 요건으로 보고 있다.

후자의 경우를 '제3자 위치정보 제공 요청'이라고 하는데, 이에 따라 지방경찰청 112종합상황실 신고 접수 경찰관은 신고사항을 청취하던 중 제3자의 위치추적이 필 요하다고 판단되면 'LBS 버튼'을 눌러 위치정보 조회요청서를 작성한다. 그 후 112 종합상황실장의 결재를 받아 이동통신사에 발송한 후 통신사가 실시간으로 보내는 위치정보를 통해 대응할 수 있게 되었다.

2. 위치추적 시스템의 허용범위 및 한계

가. 허용범위 기준

위 제3자 위치추적은 '언제, 어떤 상황에서 위치추적을 할 것인가'의 허용범위가

---

196) 박종철·우대식, "112신고 위치추적 운영 개선방안 연구", 자치경찰연구, 제7권 제4호, 2014, pp. 68-69.

197) 정성훈, "긴급구조 목적의 위치정보 활용과 남은 과제", 통신연합(KTOA), 2012, pp. 24-25.

가장 문제가 되는데, 경찰청은 허용범위에 대해 세 가지 내부 기준을 수립해 두고 위치추적 여부에 대한 판단을 하고 있다.

첫째, 요구조자가 긴급구조상황이며 그 정황이 구체적으로 드러난 경우에는 긴급구조상황이 명백하므로 위치추적을 요청한다. 위의 긴급구조상황은 '범죄피해자·치매환자·지적장애인·실종아동·자살기도자·조난' 등의 경우가 해당된다. 구체적인 예로는 '전화로 비명소리가 들리거나, 신고내용상 범죄피해가 의심되는 경우, SNS 및 휴대전화 등으로 자살암시 문자나 전화를 받은 경우'가 해당된다. 둘째, 긴급구조상황으로 추정되나 그 정황이 객관적으로 드러나지 않은 경우에는 일정한 경우 긴급구조상황으로 간주하여 위치추적을 요청한다. 위의 긴급구조상황으로 추정되는 경우의 구체적인 예로는 '친구가 겨울철 만취해 갑자기 사라졌다는 경우, 통화 중 갑자기 전화가 끊겨 다시 연락이 되지 않는 경우, 여자친구가 2시간 전에 택시를 탔는데 미귀가한 경우' 등으로 볼 수 있다.

그림 〈그림-33〉과 같은 신고 접수시에는 신고내용을 자세히 분석하고 신고자의 상태 등을 구체적으로 파악하여 긴급여부를 판단해야 한다. 셋째, 긴급구조상황이라고 보기 어려운 경우에는 현장 경찰관으로 하여금 신고자를 통해 긴급구조여부를 확인토록 한다. 단, 긴급구조상황이라고 추정될 만한 정황이 있는 경우에는 위치추적을 요청한다. 위의 긴급구조상황이 아니라고 보는 경우는 '단순가출·행방불명·단순연락두절' 등의 경우가 해당된다. 구체적인 예로는 '부부싸움 후 나갔는데 평소 죽겠다는 말을 자주한 경우, 서울에 있는 딸이 3일 째 연락이 되지 않는다고 하는 경우, 지병이 있는 언니가 약속장소에 나오지 않고 연락이 안 된다는 경우'가 해당한다.

〈그림-33〉 112신고 접수 및 통보용 전화(지방경찰청 및 경찰서 핫라인 구축)

나. 한계

경찰은 제3자 위치추적 시행 초기 개인정보의 오남용을 우려한 나머지 신고사실을 정확히 확인한 뒤, 긴급 상황이라고 판단이 되면 위치추적을 실시하여 신고장소로 출동을 하였다. 그러나 위치추적 권한이 부여되어도 내부 규제로 소극적인 운영에 그치고 있다는 언론의 계속된 비판[198]에 의해 현재는 제3자 위치추적에 대한 허용요건을 완화하여 운영 중에 있다.

서울지방경찰청은 제3자의 긴급구조 요청 신고가 접수되는 경우, 「위치정보법」 제29조 제3항[199]의 규정에도 불구하고 '장래의 위험성'을 근거로 요구조자의 위치추적을 허용하고 있다. 이러한 결정의 배경에는, 위치정보의 결과에 대해서 신고자인 제3자와는 공유를 하지 않음으로써 요구조자의 인권침해를 방지하고 국민안전을 확보하겠다는 경찰의 의지가 깔려 있다. 단, 경찰의 위와 같은 판단에는 요구조자의 동의가 있을 것이라는 합리적 의심이 전제되어야 한다. 이 때 '합리적 의심'에는 신고 전·후의 상황, 요구조자 평소 진술 및 심경 변화 요인 등 요구조자의 다양하고 종합적인 평가를 말한다고 할 수 있다.

112신고를 통한 '제3자 위치추적'은 요구조자 동의를 전제하므로 위치정보 조회 내역을 개인위치정보의 주체에게 문자메시지로 자동 통보한다. 단, 위 내역의 통보 시점은 112신고를 종결한 후에 통보하나, 신고사건의 종결코드가 '계속 수사'인 경우에는 주체라고 하더라도 문자메시지를 발송하지 않는다. 그리고 개인위치정보의 남용을 막기 위해 위치정보는 원칙적으로 출동 경찰관에게만 제공한다. 그러나 효과적인 긴급구조 활동을 위해 필요하다고 인정되는 경우에 출동 경찰관 뿐만 아니라 그 외적인 출동 요소 및 소방 등 유관기관에도 제공할 수 있다. 하지만 이 때에도 구조받을 사람(요구조자)의 승인이 없는 경우에는 신고자인 제3자에게 위치정보를 제공해서는 안 된다.

---

198) 연합뉴스, 2013. 12. 9, "딸이 납치됐다는데…경찰, 신고내용 확인이 우선?"

199) 「위치정보법」 제29조(긴급구조을 위한 개인위치정보의 이용) ③ 제2항 제2호에 따라 다른 사람이 경찰관서에 구조를 요청한 경우 경찰관서는 구조받을 사람의 의사를 확인하여야 한다.

제4절 외국의 위치추적 제도 분석

1. 유럽연합

유럽연합(EU)의 개인정보보호의 강화를 위해 「EU 개인정보보호지침」을 제정해 각 회원국의 개인정보보호에 관한 법률 제정을 강제하고 있다. 1997년에는 상기 지침을 구체화하여 「전자통신 분야 개인정보보호지침」을 제정하였고, 2002년에는 위치정보 분야를 새롭게 개인정보 문제로 다루는 「보편적 서비스 지침(Directive 2002/58/EC)」으로 지침을 개정하였다.[200]

위 지침에 의하면 개인의 위치정보 뿐만 아니라 교통 정보, 길안내 정보 등을 위한 위치정보는 모두 가입자의 동의를 얻어야 한다. 또한 가입자에게 위치정보와 관련된 사항(종류, 처리목적 및 기간, 제3자 전송 여부 등)을 고지해야 하고, 가입자가 원치 않을 경우에는 일시적 거부권도 보장받고 있다. 그러나 위 지침은 개인의 프라이버시권이라고 하더라도 공공안전 등의 법익을 위해 긴급대응을 하는 경찰·의료(구급대)·소방과 같은 긴급신고 기관에서는 가입자 또는 사용자의 동의가 없더라도 개인의 위치정보를 사용할 수 있도록 하였다.[201]

2. 미국

미국은 위치정보와 관련해서 유럽연합과 같은 일반법은 없다. 단, 개별 분야 및 특정 개인정보보호를 위한 법률은 제정되어 있다. 미국에서도 개인위치정보와 관련된 수차례의 입법적인 시도가 있었으나, 결국 번번히 의회에서 부결되어 법률의 제정까지는 이루어지지 못했다. 구체적으로 2001년(제107대 연방의회)에 「위치프라이버시보호법안(Location Privacy Protection Act of 2001)」과 2003년(제108대 연방의회)에 「무선프라이버시보호법안(Wireless Privacy Protection Act of 2003)」이 상정되었으나, 결국 부결되었다.[202]

이용자의 개인정보보호는 1996년 「전자통신법(The Telecommunication Act of

---

200) 김기훈, 앞의 논문, p. 16.

201) 우대식, "국민안전 확보를 위한 『위치정보법』의 합리적 개선방안에 관한 연구, 경찰학연구, 제18권 제2호, 2018, p. 77.

202) 김기훈, 앞의 논문, p. 17.

1996)」이 제정되어 '전자통신 가입자의 위치정보'의 법적인 근거가 마련되었다.[203] 위 법률에 의하면 전자통신 가입자의 위치정보는 '법률에 규정'되어 있거나 '가입자의 승인'이 있는 경우에만 사용할 수 있다. 위와 같이 규정된 요건은 경찰과 소방의 긴급구조 목적인 경우에도 동일하게 적용되어 많은 문제점을 발생시켰다. 이에 미국에서는 1999년 「무선통신과 공공안전에 관한 법률(The Wireless Communication and Public Safety Act of 1999)」를 제정하여 '긴급상황'의 경우[204]에는 가입자의 동의가 없어도 911 신고자의 위치정보를 구조기관에 제공토록 하였다. 이 때, 911 신고자 위치정보에는 911 호출 전화번호와 기지국 위치, 발신자의 위도와 경도를 포함한다. 또한 1999년부터 연방통신법 제222조를 근거로 'E911(Enhanceed 911) 제도'[205]를 도입하여 운영 중이다.[206]

3. 일본

일본의 개인정보보호에 관한 일반법은 2003년 제정(2005년 시행)된 「개인정보의 보호에 관한 법률」이다. 위 법률에서는 개인정보를 취급하는 통신사업자의 전반적인 의무사항(취급·취득·안전조치·제3자 제공 등)에 대해 규정하고 있으며, 개인의 위치정보는 이를 통해 보호받는다. 단, 사람의 생명·신체 또는 재산의 보호를 위해 필요한 경우로 사전에 본인의 동의를 받기 어려운 때에는 동의가 없어도 개인정보를 제3자에게 제공할 수 있다.[207] 또한 2004년 8월 31일 발표한 총무성 고시(695호)인 「전기통신사업에서의 개인정보보호에 관한 가이드라인」에서는 위치정보의 이용 등에 대해 엄격히 규제하고 있다.

위 가이드라인에서는 이용자의 동의, 법관의 영장, 기타 위법성 저촉사유가 있는

---

203) 우대식, 앞의 논문, p. 77.

204) 이용자의 위치정보를 이용할 수 있는 긴급상황의 경우는 다음과 같다.
① 이용자의 응급서비스 요청에 응하기 위해 PSAP(Public Safety Answering Point), 응급의료 서비스 제공자, 소방서 또는 법집행 공무원 등에게 제공하는 경우
② 사망이나 심각한 신체 손상의 위험을 포함한 긴급한 상황에서 사용자의 법정대리인 또는 직계 가족에게 알리는 경우
③ 긴급상황에 대처하기 위한 응급서비스 제공을 지우너하기 위한 목적으로만 정보 또는 데이터베이스를 관리하는 서비스 제공자에게 제공하는 경우

205) Enhanced 911은 유선통신에 있던 911 서비스를 이동통신에 적용하기 위해서 위치정확도를 높이는 기술이 적용된 911 서비스이다.(http://parknohsang.blog.me/155329970, 2018.12.10. 검색.)

206) 정성훈, 앞의 논문, pp. 24−25.

207) 우대식, 앞의 논문, p. 77.

경우를 제외하고는 위치정보의 타인 제공을 금하고 있다.[208] 그러나 일본은 「사업용 전기통신 설비규칙」에 근거하여 2006년부터 경찰·소방·해상보안기관 등 긴급구조 기관은 긴급상황이라고 판단되는 경우 위치추적이 가능하며, 사전에 등록해 둔 전화번호로 범죄정보 등이 실시간 전송된다.[209]

---

208) 한국정보보호진흥원, 「위치정보의 보호 및 이용 등에 관한 법률 해설서」, 2006, p. 11; 심도영, "긴급구조상 위치추적제도의 법적 문제점과 개선방안", 충북대학교 석사논문, 2008, p. 18.

209) 박원배, 앞의 논문, p. 175.

「위치정보법」이 개정된 이후부터 112신고의 위치정보 의뢰 건수는 급격하게 증가되었다. 특히, 112신고시스템에 위치정보 조회 기능이 도입된 이후로 112신고와 119신고의 위치추적 격차는 2013년 기준 5.5배에서 2016년 1.8배로 크게 감소하였다. 또한 2013년도와 비교하여 2016년도의 위치추적 건수를 살펴보면, 경찰은 해를 거듭할수록 지속적인 증가세를 보이며 약 3배 이상 요청 건수가 증가하였으나, 소방은 2015년까지 계속 감소세를 보이다 2016년에 증가세를 보였으나 증가폭은 크지 않음을 알 수 있다. 국민들이 과거 소방에 의뢰하던 위치추적 요청을 경찰에 의뢰하는 것으로 크게 변화가 생겼음을 아래 〈표−52〉을 보면 알 수 있다.

아래의 〈표−52〉는 최근 5년간 긴급신고전화의 위치추적 운영 현황을 나타낸 것이다.

〈표−52〉 최근 5년간 긴급신고전화의 위치추적 운영 현황

연도	경찰청	시·도 소방본부	해경본부
2013년	1,333,683	6,042,443	1,673
2014년	2,040,447	5,186,755	2,050
2015년	2,942,696	4,792,257	3,881
2016년	3,942,721	7,249,984	12,727
2017년(상반기)	2,199,552	4,914,750	5,877

출처 : 방송통신위원회 내부자료

그리고 경찰의 위치추적은 전술한 바와 같이 3가지의 측정 방식을 통해 신고자의 위치정보를 제공받고 있다. 각 측정 방식마다 장·단점이 있는데, GPS 방식의 경우는 실내에서 측정이 불가능하고, 와이파이 방식의 경우에는 와이파이 지도가 미구축

된 곳이나 공유기가 설치되어 있지 않은 곳에서는 측정이 불가능하다.

위와 같은 이유로 아래의 〈표-53〉의 최근 3년간의 위치추적 이용 현황을 살펴보면 2015년 기준 약 80%가 Cell 방식에 의해 측정된 위치정보가 현장 경찰관에게 제공되었다.[210] 그러나 2016년에는 Cell 방식에 의한 위치정보 제공이 73%, 2017년에는 65%로 지속적으로 감소하고 있다. 3년여 만에 약 15%의 위치정보 측정방식 비교적 정확한 Wi-Fi 및 GPS 방식으로 개선되어 시행되고 있음을 알 수 있다.

아래의 〈표-53〉은 최근 3년간의 112신고전화 위치추적 현황(2015~2017)을 나타낸 것이다.

〈표-53〉 최근 3년간의 112신고전화 위치추적 현황(2015~2017)

연도	정밀측위				Cell (기지국)
	소계	GPS	와이파이	GPS 및 와이파이	
2015년	1,662,881	140,198	133,927	50,408	1,338,348
2016년	2,154,366	233,027	173,678	169,853	1,577,808
2017년	2,376,686	260,188	252,092	306,516	1,557,890

출처 : 경찰청 내부자료.

그러나 2017년을 기준으로 비교적 위치정보가 정확한 GPS 방식 또는 Wi-FI 방식의 위치정보 제공은 35%에 머물고 있어 위치정보의 정확도를 높이는 것에 대한 대안이 필요하다. 2015년도 감사원에서 발표한 「긴급출동·구조체계 구축·운영실태 감사보고서」에 따르면, 정밀한 위치정보의 측정은 시스템운용의 문제라기보다도 위치정보 관리의 문제인 것으로 나타났다.[211] 이동통신사에서 정밀하게 측정된 위치정보가 경찰청에 전달되어 112시스템을 통해 다시 지방경찰청으로 이전되는 과정에서 무려 23.3%에 해당하는 정보가 손실된 것으로 밝혀졌다. 위와 같은 문제는 112신고 시스템의 알고리즘의 영향으로 밝혀졌으며, 경찰청에서는 'GPS 및 와이파이 동시측위' 문제는 즉시 해결하였고 '사건목록 대기 중'과 '기타' 요인은 지속적으로 해결 방안을 모색 중이다.[212]

---

210) 우대식, 앞의 논문, p. 80.

211) 감사원, 『긴급출동·구조체계 구축·운영실태 감사보고서』, 2015, p. 27.

212) 감사원, 앞의 보고서, p. 29.

119신고의 위치추적 운영 현황

2015년도 서울종합방재센터에 접수된 119신고 총 접수건수는 2,068,311건이며, 이 중 긴급 재난신고는 총 건수 대비 약 31.8%에 해당하는 657,514건이며, 비긴급 재난신고는 총 건수 대비 약 68.2%에 해당하는 1,410,797건이다. 긴급 재난신고 중 위치정보를 요청한 건수는 전체 건수의 1.2%에 해당하는 7,222건이며, 전년(2014년) 대비 약 39%가 감소하였다.[213]

또한 위치추적이 접수된 7,222건 중 실제 조회 건수는 6,342건이며 조회가 성공되어 실제 위치가 확인된 건수는 5,814건으로 조회건 대비 성공비율은 92%이었다. 그리고 2014년도 대비 조회 성공 비율도 4% 이상 감소한 것으로 나타났다. 이처럼 소방의 119신고 위치요청 의뢰 건수는 지속적으로 감소하고 있는 것으로 확인되고 있다.

아래의 〈표−54〉는 2015년 119신고 위치추적 접수 및 처리 현황을 나타낸 것이다.

〈표-54〉 2015년 119신고 위치추적 접수 및 처리 현황

구 분	신고·접수	조회 건	조회성공 건 (조회건 대비 성공비율)	구조발견 건
2015년	7,222	6,342	5,814(92%)	278
2014년	11,842	9,429	9,004(96%)	279
증감	−4,620	−3,087	−3,190	−1
비율	−39.0%	−32.7%	−35.4%	−0.4%

출처 : 서울종합방재센터(종합상황실-1007), "2015년 119신고·접수 현황 보고", 2016.2.2, p.11.

구체적으로 2015년도 월별 위치추적 신고 접수 현황을 살펴보면 소방 119신고의 위치추적 요청 건수의 흐름을 보다 정확하게 확인할 수 있다. 위치추적 신고 접수는 1월부터 9월까지는 600건 내외의 건수를 보이다가 10월부터 500건 내외로 감소하고 있는 추세를 보여준다. 일반적으로 위치요청 의뢰 건수는 하절기에 급등하는 양상을 보이지만 소방의 경우는 하절기의 경우에도 동절기와 크게 다름없음을 알 수 있다.

---

213) 서울종합방재센터(종합상황실−1007), "2015년 119신고·접수 현황 보고, 2016, p. 11.

이것은 실제 위치요청을 의뢰하는 국민들이 소방이 아닌 경찰에 위치를 요청한다는 것을 보여주는 지표고 할 수 있다. 그리고 2014년도와 비교해 볼 때, 매 월별 접수 건수가 2~2.5배 이상 차이가 나고 있어 해를 거듭할수록 소방에 대한 위치요청 의뢰 건수는 감소할 것으로 예상된다.

아래의 〈그림-34〉는 2015년도 119신고 월별 위치추적 신고 접수 현황을 나타낸 그래프이다.

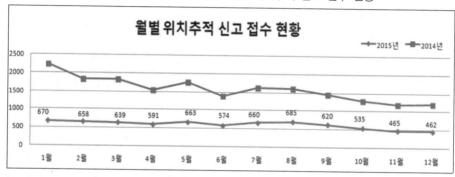

〈그림-34〉 2015년도 119신고 월별 위치추적 신고 접수 현황

출처 : 서울종합방재센터(종합상황실-1007), "2015년 119신고·접수 현황 보고서", 2016.2.2, p.12.

이처럼 소방에 위치요청을 의뢰하는 건수는 급감되는 이유는 여러 가지가 있을 수 있지만, 대표적인 것은 경찰의 위치추적 시행이 가장 큰 영향을 미친 것으로 보인다. 또한 경찰과 달리 소방의 경우는 현재까지도 위치정보를 'X·Y좌표' 형태로 제공하고 있어 정확한 위치 파악이 쉽지 않고, 실시간 연속 조회가 어려운 까닭에 이동 중인 상황에 대해서는 대처가 어려운 것도 소방에 위치요청을 의뢰하는 감소 요인이 될 것이다. 그리고 경찰은 광고·방송·교육 등 다양한 매체를 통해서 범죄·사고 등 긴급 상황시 경찰에 112신고를 하여 도움을 받도록 지속적인 홍보를 하고 있다. 반면, 소방은 경찰보다 소극적 홍보에 그치는 것도 원인이 될 것으로 보인다. 또한 소방의 자체 분석에서도 경찰관서의 위치추적 시행으로 점차 위치추적 요청 의뢰 건수가 감소 추세에 있다고 밝혔다.[214]

---

214) 서울종합방재센터, 앞의 보고서, p. 12.

현재 경찰의 112신고 위치추적 운영 성과는 〈표-51〉에서 살펴본 바와 같이 이미 긴급구조기관의 주무관청인 소방을 훨씬 능가하고 있다. 오히려 소방은 경찰의 위치추적 업무가 증가하는 것에 대해 긍정적인 평가를 내리고 있을 것이다. 왜냐하면 위치정보를 의뢰하는 신고 자체가 불확실성을 담보하기 있고 실제 요구조자의 발견에 이르기까지 상당한 시간을 필요로 하기 때문이다. 또한 결과가 좋지 못할 경우에는 부실 대응이라는 논란에도 휩싸일 수 있는 여지가 상당히 많다.

이러한 이유로 위치추적제도는 양날의 칼임에 분명하다. 그러므로 객관적 통계상으로 나타난 것과 같이 경찰의 위치추적 업무가 소방에 비해서 현저히 증가하는 추세로 계속 이어진다면 경찰의 긴급구조기관으로써의 위상도 다시 재정립할 필요성이 있다. 단순히 이를 조직 체계상의 문제로만 바라볼 것이 아니라 실제 업무를 처리하는 기관에게 더욱 많은 예산과 장비 그리고 권한을 부여하는 것이 민주적 조직 원리의 기본이라 할 것이다. 예로 실제 현장에서 '미귀가자 및 실종신고' 등의 긴급신고를 경찰과 소방이 동시에 접수하였다고 가정해보자. 이 경우에 사후 관리는 별론으로 하더라도 신고 직후 신고자 면담, 수색범위 설정, 수색 규모 결정, 수색 장비 동원, 유관기관 통보 등의 거의 모든 결정을 경찰이 하고 있다. 과연 위 상황에서 어떤 기관이 현장 경력 지휘를 해야 올바른 것일까?

범죄·재난과의 연관성을 초기 상황에서 판단하기란 매우 어렵다. 그렇다고 매 신고마다 주무관청을 논하는 것은 매우 우스운 일이다. 국민과의 접근성, 경찰 업무의 변화, 실제 현장에서의 처리 등으로 볼 때, 이미 경찰은 긴급구조기관으로써의 임무를 수행한다고 봐도 무리가 없다. 그저 맨 몸으로 아무런 장비의 지원도 없이 현장에 나와서 퍼즐 맞추듯 업무를 처리하는 것은 과학 치안 시대의 흐름에 결코 맞지 않다. 불확실한 상황에서도 이를 해결하기 위한 현장 경찰의 노력에 걸맞는 법률의 개정, 제도의 보완, 예산의 재편성 등이 충분히 논의되어야 할 시점에 다다랐다.

1. 「급박한 위험」개념의 추상성

「위치정보법」제29조 제2항[215])에서는 긴급구조를 위한 경찰의 개인위치정보 이용에 대해 규정하고 있는데, 긴급구조요청의 대상자는 본인·목격자·긴급구조요청을 받은 자로 한정된다.[216]) 대상자별 구체적인 위치정보의 이용 요건은 신고자 본인이 신고하는 경우는 본인의 동의가, 목격자가 신고하는 경우에는 목격자의 동의가 필요하다. 그리고 긴급구조요청을 받은 제3자가 112신고를 하는 경우에는 구조 받을 당사자의 동의를 요건으로 하고 있다.[217])

여기에서 '긴급구조 요청의 상황'이 문제되는데, 동법에서는 위 상황을 '자기 또는 타인의 생명·신체를 위협하는 급박한 위험 상태'로 기술하고 있다. 그러나 '급박한 위험'에 대한 명확한 정의가 「위치정보법」상 규정되어 있지 않기 때문에 112신고 접수 경찰관이 신고자의 위치정보를 파악하는데 큰 문제를 유발하고 있다. 급박한 위험의 개념은 구체적으로 어떤 상황을 말하는지 조문만을 보고는 판단하기가 매우 어렵다. 위와 같은 불확정인 개념 정의 자체가 긴급한 상황에서의 경찰 판단을 가로

---

215) 「위치정보법」제29조(긴급구조를 위한 개인위치정보의 이용) ② 「경찰법」제2조에 따른 경찰청·지방경찰청·경찰서(이하 "경찰관서"라 한다)는 위치정보사업자에게 다음 각 호의 어느 하나에 해당하는 개인위치정보의 제공을 요청할 수 있다. 다만, 제1호에 따라 경찰관서가 다른 사람의 생명·신체를 보호하기 위하여 구조를 요청한 자(이하 "목격자"라 한다)의 개인위치정보를 제공받으려면 목격자의 동의를 받아야 한다.
  1. 생명·신체를 위협하는 급박한 위험으로부터 자신 또는 다른 사람 등 구조가 필요한 사람(이하 "구조받을 사람"이라 한다)을 보호하기 위하여 구조를 요청한 경우 구조를 요청한 자의 개인위치정보
  2. 구조받을 사람이 다른 사람에게 구조를 요청한 경우 구조받을 사람의 개인위치정보
  3. 「실종아동등의 보호 및 지원에 관한 법률」제2조제2호에 따른 실종아동등(이하 "실종아동등"이라 한다)의 생명·신체를 보호하기 위하여 같은 법 제2조제3호에 따른 보호자(이하 "보호자"라 한다)가 실종아동등에 대한 긴급구조를 요청한 경우 실종아동등의 개인위치정보

216) 김형규·이진우, "112신고처리 시 위치정보 수집의 법적 근거에 대한 입법론적 고찰", 제2회 국제 치안 학술 대회 자료집, 2016, p. 4.

217) 제29조(긴급구조를 위한 개인위치정보의 이용) ③ 제2항제2호에 따라 다른 사람이 경찰관서에 구조를 요청한 경우 경찰관서는 구조받을 사람의 의사를 확인하여야 한다.

막는 심각한 장애가 되고 있어 개념 명확화를 위한 법률 개정이 필요하다.

경찰법학 영역에서 '위험'은 '가까운 장래에 손해가 발생할 충분한 개연성이 있는 상황'을 의미하며, 그 개념적 요소로 '손해'와 '개연성'을 포함한다.[218] 손해는 '현재의 법익이 외부 영향에 의해 객관적으로 감손하거나 공공의 질서개념에 포함된 불문의 사회규범이 침해되는 것'을 말한다. 또 개연성은 '단순한 가능성 이상의 것이면서 100% 확실성에는 미치지 못하는 것'이라고 정의할 수 있다. 이를 종합해 보면 '급박한 위험'이란 '생명·신체를 위협하는 직접적인 손해가 발생할 우려가 한층 높아진 고도의 개연성이 있는 상황'을 의미한다고 볼 수 있다.[219]

급박한 위험과 유사한 의미로 사용되는 현행 법률상 위험의 개념은 「식품위생법」 제15조[220]의 '급박한 위해', 「산업안전보건법」 제26조[221]의 '급박한 위험', 「집회 및 시위에 관한 법률」 제8조[222]의 '직접적인 위험' 등이 있다. 그러나 위 법률에서도 역시 위험 및 위해에 대한 구체적이고 명확한 정의를 규정하지 않아 여전히 자의적인 해석이 가능하다고 볼 수 있다.

위와 같은 법률상 '급박한 위험' 개념의 불명확한 추상적 표현으로 인해 긴급신고를 접수하는 경찰관들이 업무적 피로도가 매우 심한 상황이다. 그러므로 급박한 위험 상황을 열거적으로 추가 기술하는 형태[223] 또는 경찰관이 신고자가 처한 위험 정도를 파악할 수 없는 경우를 조문에 추가하는 형태의 법률 개정이 시급하다고 본다.

---

218) 손재영, 『경찰법』, 박영사, 2018, p. 185.

219) 손재영, 앞의 책, p. 194.

220) 「식품위생법」 제15조(위해평가) ② 식품의약품안전처장은 제1항에 따른 위해평가가 끝나기 전까지 국민건강을 위하여 예방조치가 필요한 식품등에 대하여는 판매하거나 판매할 목적으로 채취·제조·수입·가공·사용·조리·저장·소분·운반 또는 진열하는 것을 일시적으로 금지할 수 있다. 다만, 국민건강에 급박한 위해가 발생하였거나 발생할 우려가 있다고 식품의약품안전처장이 인정하는 경우에는 그 금지조치를 하여야 한다.

221) 「산업안전보건법」 제26조(작업중지 등) ① 사업주는 산업재해가 발생할 급박한 위험이 있을 때 또는 중대재해가 발생하였을 때에는 즉시 작업을 중지시키고 근로자를 작업장소로부터 대피시키는 등 필요한 안전·보건상의 조치를 한 후 작업을 다시 시작하여야 한다.

222) 「집회 및 시위에 관한 법률」 제8조(집회 및 시위의 금지 또는 제한 통고) ①제6조제1항에 따른 신고서를 접수한 관할 경찰관서장은 신고된 옥외집회 또는 시위가 다음 각 호의 어느 하나에 해당하는 때에는 신고서를 접수한 때부터 48시간 이내에 집회 또는 시위를 금지할 것을 주최자에게 통고할 수 있다. 다만, 집회 또는 시위가 집단적인 폭행, 협박, 손괴, 방화 등으로 공공의 안녕 질서에 직접적인 위험을 초래한 경우에는 남은 기간의 해당 집회 또는 시위에 대하여 신고서를 접수한 때부터 48시간이 지난 경우에도 금지 통고를 할 수 있다.
  1. 제5조제1항, 제10조 본문 또는 제11조에 위반된다고 인정될 때
  2. 제7조제1항에 따른 신고서 기재 사항을 보완하지 아니한 때
  3. 제12조에 따라 금지할 집회 또는 시위라고 인정될 때

223) 김형규·이진우, 앞의 논문, p. 13.

2. 구조 요청자 동의 시기의 문제

위험 상황에 놓인 구조 대상자로부터 구조 요청을 받은 제3자가 경찰에 112신고를 하여 도움을 요청하는 경우, 경찰은 법률의 규정에 의해 구조 받을 사람의 의사를 확인해야만 한다.[224] 그런데 구조 받을 사람의 상황이 어떠한지를 경찰관이 전혀 알지 못하는 상태에서 구조 받을 사람의 구조 의사를 전화 등으로 확인하는 것은 매우 큰 위험이 따른다.

실제 경찰 현장에서는 제3자가 구조를 요청하는 신고를 접수하는 경우, 경찰관이 우선 출동하여 구조 받을 사람이 신고자에게 보낸 문자 등을 확인하는 간접적인 방법으로 구조 의사를 확인하고 있다. 물론 이와 같은 구조 의사의 확인은 구조 받을 사람에 대한 직접적인 의사 확인 방법이 아니므로 거짓신고의 가능성이 항상 존재한다. 그러나 만약의 경우를 대비하는 경찰의 입장에서는 현재 위와 같은 112신고 접수시에 제3자 위치추적의 요건에 정확히 부합하지 않더라도 위치정보의 제공을 요청하고 있다.[225]

이러한 문제점이 발생하는 이유는 제3자가 다른 사람의 구조를 요청하는 경우에 위치추적 동의의 시기를 위험의 발생 시기와 '동시적 요건'으로 규정하고 있는 현행 법률 때문이다. 즉, 구조 대상자의 동의와 위험 발생을 함께 요구하고 있다. 개인의 동의가 있는 경우라면 굳이 「위치정보법」 제29조가 아닌 동법 제15조만으로도 구조 대상자 위치추적을 실시할 수 있다. 그런데 동법 제29조에 긴급구조를 위한 위치추적 조항을 규정한 이유는 구조 대상자가 동의를 할 수 없는 예외적 상황을 염두해 두었기 때문이다.[226]

위와 같은 법률의 목적에 비추어 볼 때, 제3자 위치추적의 동의 요건을 현행과 같이 매우 엄격하게 규정할 필요는 없다고 본다. 그러므로 제3자 위치추적의 경우 구조 받을 사람의 의사 확인을 '사전 동의' 또는 '사후 승인'의 방법으로 할 수 있도록 조문에 단서를 추가하는 방식으로 개정해야 한다.[227]

---

224) 「위치정보법」 제29조(긴급구조를 위한 개인위치정보의 이용) ③ 제2항제2호에 따라 다른 사람이 경찰관서에 구조를 요청한 경우 경찰관서는 구조받을 사람의 의사를 확인하여야 한다.

225) 특히, 서울지방경찰청의 경우에는 제3자의 구조 요청 신고의 경우 구조 받을 사람의 동의가 직접적으로 없더라도 '장래 위험 가능성'을 근거로 위치추적을 하고 있다.

226) 김형규·이진우, 앞의 논문, p. 4.

227) 조문의 예시) ③ ~~구조받을 사람의 의사를 확인하여야 한다. 단, 구조 받을 사람의 의사를 확인할 수 없는 경우에는 그 의사 확인을 사전 동의 또는 사후 승인 방법으로 할 수 있다.

3. 불완전 신고에 대한 법적근거 부재

위에서 살펴본 바와 같이 현행 「위치정보법」은 급박한 위험 상황에 놓여 있는 구조 대상자가 경찰관서에 긴급구조 요청을 하는 경우에 위치추적을 할 수 있도록 규정하고 있다. 그러나 112신고를 한 후 아무 말을 하지 않는 경우 또는 전화가 걸려온 후 갑자기 끊어지는 경우 등 신고 접수가 제대로 이루어지지 않은 신고, 소위 '불완전 신고'에 대해 위치추적을 할 수 있는지가 문제된다.

경찰 실무상 위와 같은 '불완전 신고'는 많은 비율이 어린이들의 장난전화이거나 전화번호를 잘못 누른 오인전화 등이다. 하지만 비록 낮은 가능성이기는 하나 실제 생명·신체에 대한 심각한 침해가 발생할 수 있으므로 위의 불완전 신고를 장난전화 등으로 치부하기가 쉽지 않다. 때문에 많은 112신고 접수요원들은 불완전 신고에 대해 법적 근거가 없음에도 불구하고 위치추적을 대부분 실시하고 있는 현실이다.

이와 같은 불완전 신고에 대한 법적 근거의 부재는 경찰로 하여금 위법적인 경찰 활동을 하도록 만드는 큰 요인이 되고 있어 문제가 아닐 수 없다. 위치추적의 기본적인 요건이 '급박한 위험 상황'과 '구조 요청자의 동의'임에도 불완전 신고는 앞의 두 요건 중 어느 것 하나도 충족하지 못하고 있다. 그러나 '국민의 생명·신체 및 재산의 보호'[228]를 기본 임무로 하는 경찰의 입장에서는 만약의 상황을 대비해서 위 불완전 신고에 대해 위치정보를 수집할 수 밖에 없다.[229]

현재 불완전 신고에 대한 경찰의 대응이 위와 같은 방식으로 진행되고 있고, 또 이러한 경찰 활동이 국민 이익에 부합하는 것이라면 응당 법률 개정을 통해서 문제를 해결해야 한다. 불완전 신고를 접수하는 경찰관들의 위치정보 수집 활동이 더 이상 위법한 경찰 작용이 되지 않도록 현실을 반영한 법률의 개정이 꼭 필요하다.

---

228) 「경찰관직무집행법」 제2조(직무의 범위) 경찰관은 다음 각 호의 직무를 수행한다.
   1. 국민의 생명·신체 및 재산의 보호
   2. 범죄의 예방·진압 및 수사
   2의2. 범죄피해자 보호
   3. 경비, 주요 인사(人士) 경호 및 대간첩·대테러 작전 수행
   4. 치안정보의 수집·작성 및 배포
   5. 교통 단속과 교통 위해(危害)의 방지
   6. 외국 정부기관 및 국제기구와의 국제협력
   7. 그 밖에 공공의 안녕과 질서 유지
229) 김형규·이진우, 앞의 논문, p. 10.

4. 기관 간 긴급구조 요청방법 상이

긴급구조를 하기 위한 위치정보 제공 요청은 「위치정보법」 제29조에 의해 긴급구조기관과 경찰관서가 할 수 있다. 그러나 위 두 기관의 긴급구조 요청방법(개인위치정보 요청주체 및 동의 여부)이 상이하여 문제가 된다.

먼저 개인위치정보 요청주체의 차이점을 살펴보면, 긴급구조기관은 동조 제1항에 의거하여 개인위치정보주체, 개인위치정보주체의 배우자, 개인위치정보주체의 2촌 이내의 친족 또는 미성년후견인(이하 '배우자등'이라 한다)이 긴급구조요청을 할 수 있다. 이와 달리 경찰관서는 동조 제2항에 의해 구조 대상자 본인, 목격자, 긴급구조 요청을 받은 제3자, 실종아동등의 보호자가 긴급구조요청을 할 수 있다고 규정되어 있다.[230]

그리고 위치정보를 수집하기 위한 동의 여부를 살펴보면, 긴급구조기관의 경우에는 구조 대상자와 긴급구조요청자간에 일정한 관계가 성립이 되면 구조 대상자의 동의가 없어도 위치추적이 가능하다. 하지만 경찰관서의 경우는 실종아동등을 제외하고는 구조 대상자 및 목격자의 동의를 요한다.

아래의 〈표-55〉는 긴급구조기관과 경찰관서의 긴급구조 요청방법을 요약하여 나타낸 것이다.

〈표-55〉 긴급구조기관과 경찰관서의 긴급구조 요청방법

구 분	개인위치정보 요청주체	위치정보 조회 대상	신고내용	위치정보조회 가능여부
긴급구조 기관	개인위치정보 주체, 개인위치정보주체의 배우자, 개인위치정보주체의 2촌 이내의 친족, 미성년 후견인	구조 대상자	신고자가 구조 대상자와 장소적으로 인접해 있지 않으며, 구조 대상자의 위치를 알지 못하는 경우의 구조요청	동의없이 가능
경찰관서	구조 대상자 본인	구조 대상자	본인 구조요청	동의없이 가능
	목격자	목격자	신고자와 장소적으로 인접한 구조 대상자에 대한 구조요청	목격자의 동의 받아 가능
	긴급구조요청을 받은	구조 대상자	신고자가 구조 대상자와	구조받을 사람

---

230) 우대식, 앞의 논문, p. 80.

		장소적으로 인접해 있지 않으며, 구조 대상자의 위치를 알지 못하는 경 우의 구조요청	의 의사 확인 후 가능
제3자			
실종아동등의 보호자	실종아동등	실종아동등에 대한 긴급 구조요청	보호자의 요청 이 있는 때만 가능

출처 : 경찰청 내부 자료; 우대식, 앞의 논문, p.81.

위와 같이 긴급구조기관과 경찰관서의 긴급구조 요청방법이 상이하여 같은 내용의 신고임에도 불구하고 위치추적 가능여부가 달라지게 된다.

예를 들어 '선생님 A가 학생 B의 자살의심 문자를 보고 학생 B에 대한 긴급구조 요청을 신고하는 경우'에 긴급구조기관은 위치추적이 불가한 반면, 경찰관서는 위치추적이 가능하다. 왜냐하면 선생님 A와 학생 B의 관계가 「위치정보법」 제29조 제1항에서 규정하고 있는 '일정한 관계'가 성립하지 않기 때문이다. 또한 '부인 A가 위험에 빠졌다는 문자를 받은 남편 B가 부인 A의 긴급구조요청을 하는 경우' 긴급구조기관은 동의 절차 없이도 바로 위치추적이 가능하지만, 경찰관서는 원칙적으로 부인 A의 의사를 확인한 후에 위치추적이 가능하다는 결론에 다다르게 된다.[231]

이와 같은 두 기관의 상이한 긴급구조 요청방법은 「위치정보법」 제정 목적에도 부합하지 못하고 일선 긴급구조 현장에서의 업무 혼선만 유발할 뿐이다. 그러므로 현행 기관별로 달리 규정된 긴급구조 요청방법을 통일하여 긴급구조기관과 경찰관서간 업무 공조가 신속하게 이루어지도록 해야 할 것이다.

제2절 위치추적의 운영상 개선방안

1. 경찰의 긴급구조기관 위상 강화

경찰의 긴급구조기관으로써의 위상을 보다 강화하기 위해 업무에 걸맞는 법률의 개정, 예산 및 장비의 지원이 뒤따라야 할 것이다. 「위치정보법」 제29조에서는 '긴급

---

231) 우대식, 앞의 논문, p. 82.

구조를 위한 개인위치정보의 이용 권한'을 긴급구조기관과 경찰관서에 부여하고 있다.[232] '긴급구조기관'은 「재난 및 안전관리 기본법(이하 '재난기본법'으로 한다)」 제3조에 규정되어 있는데, 구체적으로 소방청·소방본부 및 소방서를 말한다.

급박한 위험에 처한 국민을 구조하기 위해 개인의 위치정보를 이용할 수 있는 권한은 경찰과 소방이 동일하게 갖고 있음에도 불구하고, 「재난기본법」상 긴급구조기관은 소방에 한정되어 있다. 상황이 이렇다 보니 구조 업무에 필요한 많은 예산과 장비·인력 등이 소방에 우선적으로 배정되고 정책 또한 소방을 중심으로 집행되고 있다. 국민구조 업무를 수행함에 있어 경찰과 소방이 다름이 있어야 할 이유는 어디에도 없다. 전술한 〈표-51〉의 최근 5년간의 위치추적 현황에서 보듯이 경찰의 위치추적은 엄격한 요건에도 불구하고 가파른 상승을 보이고 있다. 긴급구조기관으로서의 위상 강화가 불가피하다.

실제 경찰 현장에서도 치매노인·주취자·미귀가자·미아 등은 경찰의 도움을 가장 많이 필요로 한다. 이들 중 많은 수가 경찰의 위치추적 및 수색 등의 도움으로 극적으로 구조되거나, 안타깝게도 숨진 상태로 발견되기도 한다. 경찰은 치매노인 등 실종자를 조기에 발견하기 위한 체계를 구축하기 위해 경력을 활용한 수색과 더불어 고해상도의 캠코더 및 열화상 촬영카메라(야간촬영가능)가 장착된 드론도 수색에 병행하고 있다. 이와 같이 경찰은 독자적이고 직접적인 국민 구조 활동을 전개하고 있음에도 불구하고 여전히 「재난기본법」상 경찰의 지위는 '긴급구조지원기관'에 불과하다. 「재난기본법」의 개정을 통해 긴급구조기관에 경찰을 포함시켜 법률과 현실의 괴리를 메꾸어야 한다.

2. 긴급구조의 보호법익의 확대

현재의 「위치정보법」상 긴급구조를 위한 보호법익은 생명·신체의 급박한 위험에

---

232) 「위치정보법」제29조(긴급구조를 위한 개인위치정보의 이용) ①「재난 및 안전관리 기본법」제3조제7호에 따른 긴급구조기관(이하 "긴급구조기관"이라 한다)은 급박한 위험으로부터 생명·신체를 보호하기 위하여 개인위치정보주체, 개인위치정보주체의 배우자, 개인위치정보주체의 2촌 이내의 친족 또는 「민법」제928조에 따른 미성년후견인(이하 "배우자등"이라 한다)의 긴급구조요청이 있는 경우 긴급구조 상황 여부를 판단하여 위치정보사업자에게 개인위치정보의 제공을 요청할 수 있다. 이 경우 배우자등은 긴급구조 외의 목적으로 긴급구조요청을 하여서는 아니 된다. ②「경찰법」제2조에 따른 경찰청·지방경찰청·경찰서(이하 "경찰관서"라 한다)는 위치정보사업자에게 다음 각 호의 어느 하나에 해당하는 개인위치정보의 제공을 요청할 수 있다. 다만, 제1호에 따라 경찰관서가 다른 사람의 생명·신체를 보호하기 위하여 구조를 요청한 자(이하 "목격자"라 한다)의 개인위치정보를 제공받으려면 목격자의 동의를 받아야 한다.

국한된다. 일본의 「개인정보의 보호에 관한 법률」에서는 재산적 피해를 긴급구조의 법익으로 설정하여 피해자 본인의 사전 동의를 받기 곤란한 경우에는 법집행 기관 또는 구급대 및 소방서에서 동의 없이 개인정보를 제공받을 수 있도록 규정하고 있다. 2015년 방송통신위원회는 '위치정보와 관련한 질의에 대한 회신'에서 휴대폰은 이동성 있는 위치정보에 해당하므로 「위치정보법」 제15조 제1항에 근거하여 소유자의 동의가 있으면 위치추적이 가능하다고 하였다.[233]

또한 「경찰관직무집행법」 제7조는 '위험방지를 위한 출입'을 규정하고 있다. 동 규정을 구체적으로 살펴보면 경찰관이 위험한 사태가 발생하여 사람의 생명·신체 및 재산에 위해가 임박한 때는 필요한 한도 내에서 다른 사람의 토지·건물 등에 출입할 수 있다고 기술하고 있다. 「경찰관직무집행법」상으로는 '재산'의 위해 임박만으로도 타인이 토지·건물 등에 출입이 가능한 반면, 「위치정보법」상으로는 '재산'의 침해가 발생하여도 개인정보를 긴급구조 기관에 제공하지 못하는 상황이 발생하고 만다. 그리고 「경찰법」 제3조 및 「경찰관직무집행법」 제2조 1호 규정상 경찰의 직무 범위를 '국민의 생명·신체 및 재산의 보호'로 규정한 만큼, 경찰의 긴급구조의 보호법익에 '재산'을 추가하는 것이 바람직하다.[234]

3. 위치정보의 정확성 확보

위치정보의 활용성 확대를 위해 정확한 위치정보 확보 노력이 필요하다. 현재 실행 중인 GPS 원격제어 및 통신사 와이파이 지도 확대를 통해 Cell 방식의 위치정보를 감소시켜야 한다. 전술한 바와 같이 GPS 원격제어시스템이란 휴대폰의 정확한 위치파악을 위해 신고자 휴대폰의 GPS·Wi-Fi 기능을 원격으로 강제할 수 있는 시스템을 말한다.[235] 또한 통신사 와이파이 지도는 이동통신사별로 자체 구축해 놓은 와이파이 정보 지도를 말한다.

위치추적 기법 중 GPS 방식을 통한 위치정보 제공은 Cell 또는 Wi-Fi 방식에 비해 더욱 구체적인 정보를 제공하기 때문에 신고자 위치를 파악하는데 큰 도움이 된다.[236]

---

233) 방송통신위원회, "위치정보 관련 질의에 대한 회신", 2015.6.4.; 우대식, 앞의 논문, p. 87.

234) 우대식, 앞의 논문, p. 87.

235) 경찰청 지식관리시스템.

236) 경찰청, 앞의 매뉴얼, p. 31.

GPS 원격제어는 2012년 12월 31일 이후 국내에서 생산된 휴대폰을 대상으로 하며, 경찰청·방송통신위원회·이동통신사(3사)가 협의(2013. 12)를 통해 112시스템과 연계한 GPS·Wi-Fi 원격제어 프로그램을 개발하였다.

2015년 감사원의 감사보고서에 따르면 GPS 및 Wi-Fi 방식을 통한 정밀측위는 36.9%에 불과[237]하므로, GPS 원격제어 확대를 통한 정확한 위치정보 제공이 필요하다.[238] 이와 더불어 이동통신사의 와이파이 지도의 정교한 작성이 요구된다. Wi-Fi 방식의 기본 오차가 수 십미터인 점을 감안해 본다면, 휴대전화의 와이파이 신호와 통신사의 와이파이 지도를 대조함으로써 보다 정확한 신고자 위치를 파악할 수 있다. 주기적으로 통신사로부터 와이파이 지도 정보를 제공받아 업무에 활용하면 위치정보의 정확성이 높아질 수 있다.

4. 정밀측위 위치정보 유실비율 감소 방안 마련

정밀 측정된 위치정보의 유실비율 감소 방안이 마련되어야 한다. 이동통신사의 위치정보가 경찰청 및 지방경찰청으로 전달되는 과정에서 상당 부분 손실되므로 위치정보 제공 시간 단축·서버 증설 등 시스템 개선을 통한 위치정보의 관리 강화가 필요하다.[239] 전술한 바와 같이 정밀 측위된 위치정보의 비율이 낮은 이유는 'GPS 및 와이파이 동시 측위'와 '사건 목록 대기 중' 문제로 밝혀졌다.

'GPS 및 와이파이 동시 측위 문제'란 정밀측위 결과를 이동통신사로부터 회신받는데 30~120초가 소요되는데, 그 전에 112 접수자가 다음 사건을 접수하기 위해 '접수완료' 버튼을 누르면 해당 사건이 사건목록으로 이동하고 이 상태에서 정밀측위 결과가 회신되면 지방경찰청 서버에 저장되지 않고 유실되는 것을 말한다. '사건

---

237) 감사원, "긴급출동·구초체계 구축·운영실태 감사보고서", 2015, p. 27

238) 감사원, 앞의 보고서, p. 26.

정밀측위 실패사례	· 2014. 2. 11. 거제도 절벽에서 실족환 40대 남자가 112 및 119에 구조 요청, 정밀측위에 실패하여 다음날 변사체로 발견 · 2015. 3. 25. 충남 보령시에서 복어를 먹고 온몸이 마비된 50대 남녀가 119에 구조 요청, 정밀측위에 실해함으로써 53분 후에 발견되어 병원으로 이송·치료 중에 사망
정밀측위 성공사례	· 2013. 9. 9. 인천광역시에서 와이파이 위치측위에 성공, 6분 만에 범행 현장에 도착하여 성폭행 직전의 20대 여자를 구출 · 2014. 12. 29. 경기도 용인시에서 GPS 측위에 성공하여 빌딩 옥상에서 자살하려던 20대 여자와 8세 아이를 구조

239) 감사원, 앞의 보고서, p. 27.

목록 대기 중 문제'는 GPS와 와이파이 위치정보가 지방경찰청에 동시 회신될 때 늦게 회신된 위치정보가 지방경찰청 서버에 저장되지 않아 위치정보가 유실되는 것을 말한다.

정밀 측위된 위치정보의 유실 비율을 감소하기 위해서는 이동통신사로부터 위치정보를 제공받는 시간의 단축이 필요하다. 또한 정밀 위치정보가 112시스템에 제공되기 전에는 사건접수가 112 접수자의 자의적 판단에 의해 완료되지 못하도록 하는 시스템의 개선이 필요하다. 그리고 지방경찰청 서버 증설을 통해 지방경찰청에 제공된 정밀 위치정보는 모두 저장되도록 하고, 완료된 사건 위치정보는 바로 폐기토록 하는 주기적 점검이 필요하다.

5. 「위치정보법」 개정을 통한 위법성 제거

현행 「위치정보법」 제29조는 긴급구조를 위한 개인위치정보의 이용에 대해서 규정하고 있다. 그러나 법 조문이 불명확성의 한계를 가지고 있고 위치추적 요건 충족의 불가능성을 내포하고 있어 실제 운영상의 위법 소지를 다분히 안고 있으므로 법률 개정을 통한 위법성 제거가 매우 필요하다.

첫째, '급박한 위험'에 대한 명확한 개념 정의와 '불완전 신고'에 대한 위치정보 수집 근거 마련이 필요하다. 전술한 바와 같이 「위치정보법」 제29조는 경찰의 위치추적 운영 근거 법조문이라 할 수 있는데, 제2항 제1호에 규정된 '급박한 위험'의 의미가 매우 추상적이다. 현행 법률 중 '급박한 위험'이라는 개념에 대해 기술한 법률은 없으며, '급박한 위해·중대한 위험·임박한 위험·직접적인 위험' 등 유사한 개념들이 사용되고 있다. 경찰법상 '위험'의 개념은 '가까운 장래에 손해가 발생한 충분한 개연성이 있는 상황'으로 정의할 수 있다.[240] 이를 토대로 '급박한 위험'의 개념을 정의해보면 '생명·신체를 위협하는 위험이 한층 높아진 고도의 개연성이 있는 상황'이라 할 수 있을 것이다. 그러나 이 역시도 명확한 법률적 표현이 아니므로 '급박한 위험'의 상황을 정확하게 예측하기란 매우 어렵다고 할 것이다. 또한 손해 발생의 개연성이 낮은 상황이기는 하나 손해발생의 우려가 있다고 판단되는 '불완전 신고'[241]의

---

240) 손재영, 『경찰법』, 박영사, 2018, p. 185.

241) '불완전 신고'란 정상적으로 신고접수가 완료되지 않고 비정상적으로 전화가 끊긴 경우 또는 신고가 접수되기는 했으나 신고자의 반응이 전혀 없는 신고 등을 말한다. 예로 바람소리만 들리는 경우, 갑자기 신고전화가 끊기는 경우, 신고자가 아무 말도 하지 않는 경우 등을 들 수 있다.

경우도 명확한 경찰 판단은 어려운 실정이다. 더구나 '불완전 신고'가 접수된 경우 위험 상황을 예측하여 개인위치정보를 수집하는 것은 법적 근거가 없다. 생명·신체의 위협에 놓인 국민의 신속한 구조를 위해 「위치정보법」 제29조 제2항 제1호에 규정된 '급박한 위험'에 대한 명확한 개념 정의(예시적 기술)를 통해 위법성을 제거해야 한다. 나아가 '불완전 신고'에 대해 '위험' 상황으로 판단하여 위치정보를 수집할 수 있는 근거 마련도 필요하다.

둘째, '제3자 위치추적' 요건에 요구조자의 '사후 승인'가 추가되도록 법률 개정이 필요하다. 현재 「위치정보법」 제29조 제3항은 '제3자의 위치추적' 요건을 규정하고 있는데, 이 때 요구조자의 '사전 동의'를 원칙으로 하고 있다. 그러나 대부분의 위험에 처한 요구조자에 대해 사전 의사 확인을 하기가 매우 곤란하고 자칫 더 큰 위험에 빠질 수도 있다는 가능성을 전제할 때, 법률적 요건을 충족하기 어렵다.[242] 또한 위험에 처한 국민을 신속하게 구조하기 위해 긴급구조기관에게 위치추적을 허용한 동 법률의 입법취지를 고려할 때, 요구조자에 대한 '사전 동의'만을 요건으로 하는 것은 타당치 못하다. 그러므로 '제3자 위치추적' 요건에 사전 동의를 원칙으로 하되, 구조받을 사람의 의사를 확인할 수 없는 경우에는 예외적으로 '사후 승인'을 하도록 개정이 필요하다.

○ 위법성 제거를 위한 법률 개정 예시

조문	현행 법률	개정 법률(예시)
위치정보법 제29조 제2항 제1호	1. 생명·신체를 위협하는 급박한 위험으로부터 자신 또는 다른 사람 등 구조가 필요한 사람(이하 "구조받을 사람"이라 한다)을 보호하기 위하여 구조를 요청한 경우 구조를 요청한 자의 개인위치정보	1. <u>자연재해, 화재, 자신 혹은 타인의 생명·신체에 닥친 임박한 위난, 생명·신체에 대한 임박한 범죄위협, 현재 발생하는 범죄상황, 신고자가 처한 위험 정도를 파악할 수 없는 경우, 이 밖에</u> 생명·신체를 위협하는 위험으로부터 자신 또는 다른 사람 등 구조가 필요한 사람(이하 "구조받을 사람"이라 한다)을 보호하기 위하여 구조를 요청한 경우 구조를 요청한 자의 개인위치정보

---

242) 박광주, "경찰위치추적권 법적·기술적 개선 방안", 부산발전과 시민 안전을 위한 치안학술세미나 자료집, 2015, p. 30.

위치정보법 제29조 제3항	③ 제2항 제2호에 따라 다른 사람이 경찰관서에 구조를 요청한 경우 경찰관서는 구조받을 사람의 의사를 확인하여야 한다.	③ 제2항 제2호에 따라 다른 사람이 경찰관서에 구조를 요청한 경우 경찰관서는 구조받을 사람의 의사를 확인하여야 한다. 단, 구조받을 사람의 의사를 확인할 수 없는 경우에는 의사 확인을 사전동의 또는 사후승인 방법으로 할 수 있다.

제 5 편

위급상황시
가택 출입·확인

제1장 : 위급상황시 가택 출입·확인의 이해

제1절 위급상황시 경찰대응의 의의

1. 위급상황시 경찰대응의 현황

경찰은 국민의 생명·신체에 대한 외부 위협으로부터 보호할 숭고한 임무를 수행하고 있으나, 국민의 경찰 임무에 대한 인식은 여전히 낮았다. 뿐만 아니라 내부에서조차 경찰활동의 근거 및 범위에 대해 깊게 고려하지 않고 있어 긴급상황시 명확한 근거를 알지 못해 소극적으로 행동하게 되는 경우가 많았다. 특히 피해자의 안전이 위급하여 즉시강제 등 행정법적 조치가 절실한 상황에서도 형사법적 사고의 틀에 갇혀 적극적인 경찰활동이 위축받았다. 또한 경찰의 주된 업무인 '위험' 자체가 명확하지 않은 불확정 개념을 띠고 있어 위험의 내용 및 한계 자체가 명확하지 않은 것도 큰 문제이다.[243]

2011년 8월 「경찰관직무집행법」 제2조(직무의 범위)가 개정되어 '국민의 생명·신체 및 재산의 보호' 항목이 추가되어 그간 경찰조직법인 「경찰법」에 규정되어 있던 규정이 경찰작용법인 「경찰관직무집행법」에 규정됨으로써 '국민의 생명·신체 및 재산의 보호'라는 임무가 보다 명확해졌다. 또한 2018년 4월 17일 「경찰관직무집행법」 제2조 2의2에 '범죄피해자 보호'가 경찰의 직무에 포함됨으로써 실질적인 범죄피해자보호의 주무기관이 되었다.[244]

연이어 발생하는 강력사건 등에서도 경찰의 대응이 미숙하다는 비판을 받는 대표

---

243) 이재삼, 앞의 논문, p. 139.

244) 경찰관직무집행법 제2조(직무의 범위) 경찰관은 다음 각 호의 직무를 수행한다. 〈개정 2018. 4. 17.〉
   1. 국민의 생명·신체 및 재산의 보호
   2. 범죄의 예방·진압 및 수사
   2의2. 범죄피해자 보호
   3. 경비, 주요 인사(人士) 경호 및 대간첩·대테러 작전 수행
   4. 치안정보의 수집·작성 및 배포
   5. 교통 단속과 교통 위해(危害)의 방지
   6. 외국 정부기관 및 국제기구와의 국제협력
   7. 그 밖에 공공의 안녕과 질서 유지

적인 이유 중의 하나가 바로 '위급상황에 상당하는 경찰의 적극적인 탐문·수색활동의 부재'이다. 위급상황시 경찰의 대응은 비례의 원칙에 근거하여 목적과 수단이 합리적 비례관계에 있다고 인정이 되면 경찰활동은 위법한 행위가 아님에도 불구하고, 명확한 근거와 한계 등을 알지 못해 사건 초기 대응력 약화라는 국민적 비난을 받게 되므로 국민안전 보호를 위한 경찰활동 지침의 마련이 절실하다고 볼 수 있다.

2. 위급상황시 경찰대응의 근거

가. 경찰관직무집행법

「경찰관직무집행법」 제7조[245]는 「위험방지를 위한 출입」에 대해 규정하고 있으며, 법 규정을 구체적으로 분석해 보면 가택 출입·확인의 요건을 확인할 수 있다. 위 위험방지 규정은 동법 제6조에서 규정한 '범죄행위가 목전에 행해지려고 하고 있다고 인정될 때'를 뜻하는 것이다. 그 요건은 ① 범죄로 인한 인명·신체 또는 재산에 대한 위해가 절박한 때, ② 위해방지 또는 피해자 구조 등을 위해 부득이한 경우, ③ 필요한 한도 내에서, ④ 타인의 건물 등을 출입할 수 있다 등으로 세분해 볼 수 있으며 구체적 의미는 다음과 같다.

첫째, '범죄로 인한 위해가 절박한 때'는 개인의 생명·신체·재산에 직접 위해를 가하는 범죄로 인해 위해의 구체적 개연성이 있다고 판단되는 경우이다. 여기에서 '구체적 개연성'은 경찰관의 합리적인 재량으로 아래의 5가지 기준을 나타낸 〈표-56〉을 적용하여 종합적으로 판단하여야 한다. 경우에 따라서는 5가지 기준 중 1가지 기준만 충족하는 경우에도 '구체적 개연성'이 있다고 판단할 수 있다. 112신고는 구체적 개연성의 중요한 판단 근거로서 인명·신체에 대한 중대한 위해를 가하고 있다는 112신고를 접수한 경우에는 명백히 허위신고라고 보여지는 등 특별한 배제사유가 없는 한 구체적 개연성이 있다고 판단 가능하다.[246]

---

245) 「경찰관직무집행법」 제7조(위험방지를 위한 출입)
① 경찰관은 제5조제1항·제2항 및 제6조제11항에 규정한 위험한 사태가 발생하여 인명·신체 또는 재산에 대한 위해가 절박한 때에 그 위해를 방지하거나 피해자를 구조하기 위하여 부득이 하다고 인정할 때에는 합리적으로 판단하여 필요한 한도 내에서 타인의 토지·건물 또는 선차 내에 출입할 수 있다.
④ 제1항 내지 제3항의 규정에 의하여 경찰관이 필요한 장소를 출입할 때에는 그 신분을 표시하는 증표를 제시하여야 하며, 함부로 관계인의 정당한 업무를 방해하여서는 안 된다.

246) Dorman Factors(Dorman v. United States(435 F.2d 385) 판례 일부 인용; 경찰청, 『위급상황시 가택 출입·확인 등 경찰활동 지침』, 2013, p. 2.

아래의 〈표-56〉은 구체적 개연성 판단의 5가지 기준을 기술한 것이다.

〈표-56〉 구체적 개연성 판단의 5가지 기준

연번	기 준	구체적 내용
1	용의자에게 부과될 형벌의 가중도	살인·강도·강간 등을 포함한 생명·신체에 직접 위해를 가하는 범죄
2	합리적으로 고려(reasonably considered) 했을 때 용의자가 무기를 소지하고 있는지 여부	신고자의 신고내용 등을 우선적으로 고려
3	신속하게 출입하지 않을 경우 요구조자가 위해를 피하기 어렵다고 판단되는 경우	노인·여성·아동 등을 기준으로 상대적으로 판단
4	긴급 출입하려는 장소가 용의자가 존재한다고 믿을 수 있는 강한 근거가 존재하는 경우	신고내용과 주변 정황 등을 종합적으로 고려
5	출입에 있어서의 평화적인 고려	비례의 원칙 준수

출처 : 경찰청, 「위급상황시 가택 출입·확인 등 경찰활동 지침」, 2013, p. 2. 일부 재편집.

둘째, '부득이 하다고 인정할 때'는 사회통념상 객관적 타당성이 있는 판단에 따라 '출입'하는 방법 외 적당한 수단이 없는 경우를 말한다. 범죄로 인한 위해가 절박한 때와 부득이 하다고 인정할 때는 객관적이며 실증적인 사실에 의거해야 하며, 경찰관의 주관적인 믿음만으로는 충분치 않다. 그래서 강제출입을 시도하기 까지 진지한 노력을 하였다는 객관적인 증거확보를 위한 노력이 필요하므로 '강제출입 확인·점검표'를 철저하게 활용할 필요가 있다.

셋째, '필요한 한도 내에서'는 출입으로 얻는 이익과 침해 사이에 정당한 비례가 유지되어야 한다는 경찰비례의 원칙을 주의적으로 규정한 것이다.

넷째, '타인의 토지·건물 또는 선차'란 타인이 관리하는 장소를 예시한 것으로 국내 경찰권이 미치는 범위를 뜻하며 실질적 장소 제한은 없는 것으로 해석된다.

나. 형사소송법

「형사소송법」 제216조[247]에서는 「영장에 의하지 아니한 강제처분」을 규정하고 있

---

247) 「형사소송법」 제216조(영장에 의하지 아니한 강제처분)
   ① 검사 또는 사법경찰관은 제20조의2(체포영장)·제200조의3(긴급체포)·제201조(구속) 또는 제212조(현행범인)의 규정에 의하여 피의자를 체포 또는 구속하는 경우에 필요한 때에는 영장없이 다음 처분을 할 수 있다.

으며, 검사 또는 사법경찰관은 피의자를 체포 또는 구속하는 경우에는 영장 없이 타인의 주거나 타인이 간수하는 가옥·건조물 등에서의 피의자에 대한 수사가 가능하다고 명시하고 있다.

「형사소송법」 제216조 제1항 제1호의 '피의자 수사'는 체포하고자 하는 피의자가 잠복한다고 인정되는 경우에는 타인의 주거 내에서 피의자 체포를 위한 수색도 포함하는 개념이라고 할 수 있다.[248]

단, 영장 집행을 위한 경우라고 하더라도 주거 또는 사무실의 평온을 유지하며 필요 최소한도로 실시해야 하고, 대상자에게는 압수 및 수색의 사유를 반드시 알려주어야 한다.[249]

다. 가정폭력방지 및 피해자보호 등에 관한 법률

「가정폭력방지 및 피해자보호 등에 관한 법률」 제9조의4 제2항[250]에서는 가정폭력범죄의 신고가 접수된 때에 사법경찰관리의 현장 출동 및 가정폭력 관련 장소에 출입하여 관계인에 대한 조사나 질문을 할 수 있다고 명시하고 있다.

단, 긴급출입을 하기 위해서는 '피해자의 보호' 사유가 필요하며, 이 때 가정폭력행위자는 사법경찰관리의 현장 조사를 거부하는 등 출입을 방해해서는 안 된다. 또한 사법경찰관리는 가정폭력 관련 장소에 출입시 권한을 표시하는 증표를 제시해야 한다.

라. 아동학대범죄의 처벌 등에 관한 특례법

「아동학대범죄의 처벌 등에 관한 특례법」 제11조[251]에서는 아동학대범죄 신고가

1.타인의 주거나 타인이 간수하는 가옥, 건조물, 항공기, 선차 내에서의 피의자 수사
2.체포현장에서의 압수, 수색, 검증

248) 서울고법 2006나68348 판결 : 피의자 수사는 피의자의 체포를 위한 수색을 포함

249) 경찰청, 앞의 지침.

250) 「가정폭력방지 및 피해자보호 등에 관한 법률 제9조의4(사법경찰관리의 현장출동 등) ① 사법경찰관리는 가정폭력범죄의 신고가 접수된 때에는 지체 없이 가정폭력의 현장에 출동하여야 한다.
② 제1항에 따라 출동한 사법경찰관리는 피해자를 보호하기 위하여 신고된 현장 또는 사건 조사를 위한 관련 장소에 출입하여 관계인에 대하여 조사를 하거나 질문을 할 수 있다.
③ 가정폭력행위자는 제2항에 따른 사법경찰관리의 현장 조사를 거부하는 등 그 업무 수행을 방해하는 행위를 하여서는 아니 된다.
④ 제2항에 따라 출입, 조사 또는 질문을 하는 사법경찰관리는 그 권한을 표시하는 증표를 지니고 이를 관계인에게 내보여야 한다.

접수된 경우에 사법경찰관리나 아동학대전담공무원의 현장 출동 및 아동학대범죄의 신고 현장에 출입하여 관계인에 대해 조사하고 질문할 수 있다고 규정하고 있다.

또한 아동보호전문기관의 직원 동행을 요청할 수 있으며, 이들의 출입이나 조사시 관계인에게 권한 표시의 증표 제시 의무를 부과하고 있다. 그리고 '누구든지' 사법경찰관리 등의 업무 수행시 폭행·협박이나 현장조사 거부 등 업무 방해 행위를 하여서는 아니된다고 명시하였다.

제2절 위급상황시 경찰활동의 지침

1. 공통지침

위급상황이란 범죄 등 관련 인명·신체 또는 재산에 대한 위해가 절박하고 요구조자의 안전이 위급하다고 인정되어 신속한 행정법적(즉시강제 등)·형사법적 조치가 절실한 상황을 지칭한다.

범죄로 인한 인명·신체 또는 재산의 위해가 발생하거나 그 개연성이 매우 높은 경우는 '피해자 구조 또는 안전 확보'가 경찰활동의 최우선 가치이다. 범죄가 진행 중이거나 위험이 계속되고 있다는 신고 접수시 범죄로 인한 위해를 방지하거나 피해자를 구조하기 위해 신고내용이 사실이라는 전제하에서 판단 조치하여야 한다. 허위·오인 및 과장된 위급신고가 적지 않은 현실이기는 하나, 경찰은 국민의 안전이

---

251) 「아동학대범죄의 처벌 등에 관한 특례법」 제11조(현장출동) ① 아동학대범죄 신고를 접수한 사법경찰관리나 「아동복지법」 제22조제4항에 따른 아동학대전담공무원(이하 "아동학대전담공무원"이라 한다)은 지체 없이 아동학대범죄의 현장에 출동하여야 한다. 이 경우 수사기관의 장이나 시·도지사 또는 시장·군수·구청장은 서로 동행하여 줄 것을 요청할 수 있으며, 그 요청을 받은 수사기관의 장이나 시·도지사 또는 시장·군수·구청장은 정당한 사유가 없으면 사법경찰관리나 아동학대전담공무원이 아동학대범죄 현장에 동행하도록 조치하여야 한다.
② 아동학대범죄 신고를 접수한 사법경찰관리나 아동학대전담공무원은 아동학대범죄가 행하여지고 있는 것으로 신고된 현장에 출입하여 아동 또는 아동학대행위자 등 관계인에 대하여 조사를 하거나 질문을 할 수 있다. 다만, 아동학대전담공무원은 다음 각 호를 위한 범위에서만 아동학대행위자 등 관계인에 대하여 조사 또는 질문을 할 수 있다.
 1. 피해아동의 보호
 2. 「아동복지법」 제22조의4의 사례관리계획에 따른 사례관리(이하 "사례관리"라 한다)
③ 시·도지사 또는 시장·군수·구청장은 제1항에 따른 현장출동 시 아동보호 및 사례관리를 위하여 필요한 경우 아동보호전문기관의 장에게 아동보호전문기관의 직원이 동행할 것을 요청할 수 있다. 이 경우 아동보호전문기관의 직원은 피해아동의 보호 및 사례관리를 위한 범위에서 아동학대전담공무원의 조사에 참여할 수 있다.
④ 제2항 및 제3항에 따라 출입이나 조사를 하는 사법경찰관리, 아동학대전담공무원 또는 아동보호전문기관의 직원은 그 권한을 표시하는 증표를 지니고 이를 관계인에게 내보여야 한다. <개정 2020. 3. 24.>
⑤ 누구든지 제1항부터 제3항까지의 규정에 따라 현장에 출동한 사법경찰관리, 아동학대전담공무원 또는 아동보호전문기관의 직원이 제2항 및 제3항에 따른 업무를 수행할 때에 폭행·협박이나 현장조사를 거부하는 등 그 업무 수행을 방해하는 행위를 하여서는 아니 된다.

위협받는 실제적인 상황이라고 인식하고 대처를 해야 할 필요성이 있다. 단, 고의적인 허위신고로 밝혀진 경우에는 「경범죄처벌법」 등을 적용하고 단속하고, 악위적이고 반복적인 허위신고를 적극적으로 형사입건해야 한다.

또한 상황 설명과 동의를 구하는 절차를 진행하고 자발적으로 국민이 협조할 수 있도록 적극 유도하여야 한다. 아무리 '수사활동'이라 하더라도 우리의 형사 법률상 상대방의 동의를 구하는 '임의수사'가 원칙이므로, '강제수사'는 상대방의 동의를 구할 수 없는 부득이한 상황에서만 실시하도록 해야 한다.

특히 범죄 발생이 예상되는 가옥의 내부의 인기척이 없으나 범죄로 인한 위해의 개연성이 높다고 판단되어 확인이 필요한 경우에는 급박성에 따라 직접 또는 타 기관 및 업체의 협조를 받아 출입문을 열고 내부를 출입·확인하여야 한다. 그리고 가택출입시 발생한 손실보상은 「위급상황시 가택출입에 따른 손실보상금 집행 지침」에 따라 보상해야 한다.[252]

아래의 〈표-57〉은 '특이사항 없음'을 확인한 경우의 경찰의 조치 절차를 나타낸 것이다.

〈표-57〉 '특이사항 없음' 을 확인한 경우의 경찰 조치 절차

1. 신속히 거주자의 연락처 등을 확보하여 수색사실 및 원상복구 예정사실 등 통보
2. 동원 경력 일부 활용하여 출입구 경비 실시(거주자 시설 인계시 또는 시정장치 설치·복구시까지
3. 거주자 신속히 복귀한 경우 - 시설 인계 후 경력 철수(시정장치 설치 협조) 　거주자 신속하게 복귀하지 않은 경우 - 시정장치 설치(열쇠 보관), 조치내용 즉시 통보 　거주자와 연락이 불가능한 경우 - 시정장치 설치·열쇠보관 및 안내문 부착 등 조치
4. 위급상황 강제 출입·확인 대장 정리 및 관련 사실 서면 발송
5. 설치한 시정장비의 열쇠는 상황실에서 보관, 거주자 확인 후 인계

출처 : 울산지방경찰청, 『현장테마 22선』, 2018, p. 252.

그리고 우발적인 경찰관 피습에 대비하여 항상 안전을 확보하고, 가택 출입시에 마찰을 방지하기 위해 경찰관 신분을 표시할 수 있는 신분증을 지참하여 내보여야 한다. 또한 평소에 지역치안협의회·반상회 등에 참여하여 관계 기관 및 주민들에게 치안 시책을 설명하고 홍보를 하여 경찰관의 가택 출입 및 확인에 대한 공감대를 제

---

252) 경찰청(수사기획과-3481), "위급상황시 가택출입에 따른 손실보상금 보상 지침", 2012.9.11.

고시켜야 한다. 아울러, 현장의 긴급한 상황을 인정하고 현장 출동 경찰관의 판단을 최대한 존중함과 동시에 적극적인 조치로 위험을 방지한 경우에는 고의 또는 중과실이 없는 한 과감히 책임을 면하는 조치가 필요하다.[253]

2. 위험장소가 특정된 경우

범죄의 발생장소가 특정된 경우에는 위 공통지침에 추가하여 가택 출입·확인 조치를 하여야 한다. 위험장소가 특정된 경우는 다음과 같이 두 가지의 경우로 구분할 수 있다.

첫째, '개별 가택 등으로 위험발생 장소가 특정된 경우'[254]에는 「형사소송법」 제216조에 규정한 현행범체포 등을 위하여 '영장 없이' 수색을 실시하여야 한다. 이 때 거주자에게 반드시 신분을 표시하는 증표를 제시하고 신고내용을 설명한 후 강제수색을 실시하여야 하고, 비명이 들리는 등 명백히 급박한 경우에는 위 절차에 선행하여 강제수색을 실시할 수 있다. 또한 거주자가 확인되지 않거나 출입문을 열어주지 않는 경우, 범인의 우발행동 등 최대한의 안전조치를 고려한 후 강제 출입을 실시한다. 요구조자가 출입을 거부하는 경우에도, 실질적인 안전의 확보 여부 및 자유로운 의사 결정인지 확인을 위해 반드시 출입을 하여 확인 후 철수 여부를 결정해야 한다. 또한 범죄로 인한 위험이 명확하지는 않으나 위해의 구체적인 개연성이 있다고 판단되는 경우에는 위해를 방지하거나 피해자 구조를 위해 「경찰관직무집행법」 제7조 규정에 의거하여 강제출입 및 확인을 할 수 있다.[255]

둘째, '위험발생 장소가 협소한 경우로 한정된 경우'[256]에는 현장에 출동한 팀장 등이 형사과정 및 상황실장에게 보고 후, 수색여부 및 추가 경력동원 등을 지휘받아 조치한다. 위험발생 장소를 최대한 특정하기 위해 주변 범위 내에 있는 전 가택을

---

253) 울산지방경찰청, 앞의 책, p, 253.

254) 개별 가택 등으로 위험발생 장소가 특정된 경우의 예
   ① 신고자가 특정 지번을 지정한 경우
   ② 목격자가 정확히 특정 가택을 지목한 경우
   ③ 개별 가택을 특정할 혐의점이 발견된 경우(탐문 중 비명소리, 혈흔 등)

255) 이 때의 '확인'은 범죄 관련성 또는 범인의 현존 여부가 명확하지 않은 경우 등에 실시하는 형사절차가 아니고, 요구조자 또는 피해자의 안전 확보에 초점을 맞춘 행정작용의 일종이다; 울산지방경찰청, 앞의 책, p. 254.

256) 위험발생 장소가 협소한 경우로 한정된 경우란 그 장소가 수십미터 등 동원된 경력으로 단시간 내 전면적 출입·확인이 가능한 수준의 협소한 범위를 말한다.
   ① 동원 경력 40명을 20개 조로 나누어 총 50여 가택을 출입·확인하는 경우

방문하여 탐문하고, 이 때의 탐문은 강제수색이 아닌 관계인이 동의한 임의수색이어야 한다. '방문탐문'이란 주변 관찰 및 건물 내부 주시에 그치지 않고, 해당 지역 가택 등을 직접 방문하여 위험발생 및 특이사항의 목격 여부를 확인하는 것이다.[257] 또한 특정되지는 않았으나 2~3개 가택만이 존재하고 피해자가 끌려가는 것을 직접적으로 목격한 진술을 확보한 경우처럼 탐문 중 현저한 증적이 파악되는 경우에는 책임자에게 보고 후 즉시 강제출입하여 확인을 해야 한다. 그러나 시간의 지연으로 피해자의 안전 확보가 시급하다고 판단되면 범죄 의심이 높은 장소부터 「경찰관직무집행법」 제7조에 의거하여 강제 출입을 실시한다.

3. 위험장소가 특정되지 않은 경우

'위험발생 장소가 특정되지 않고 광범위하게 추정되는 경우'[258]에는 「경찰관직무집행법」 제7조에 의한 모든 장소의 강제 출입 및 확인이 곤란하므로 수색장소에 대한 판단이 선행되어야 하며, 다음과 같은 단계를 거쳐 수색을 실시하여야 한다.

첫째, 현장에 출동한 팀장 등은 형사과장 및 상황실장 등에게 보고 후, 조치방안 및 경력동원 여부 등을 지휘 받아 조치하여야 한다.

둘째, 신고내용, 휴대폰 위치추적 자료 등을 종합하여 위험 발생의 가능성이 있는 장소 범위를 추정한다. 이 때 최초 출동 경찰관은 해당 지역에 대한 방문탐문과 함께 주변의 상황 등을 신속히 112종합상황실로 보고하여 정보를 공유해야 한다.

셋째, 위험발생 장소의 특정 및 범위 압축을 위해 범위 내의 전 가택을 방문 탐문 실시하여야 한다. 수색은 동원 경력을 나누어 책임구역 및 구역별 책임자를 지정하고, 일부 경력은 외곽 순찰을 통해 범인의 도주심리를 차단하여야 한다. 그리고 불필요한 중복적인 탐문을 막고 탐문의 누락을 막기 위하여 '긴급 출입·확인 점검표' 등을 활용하여 방문탐문을 하고 탐문 결과를 정리·분석해야 한다.

넷째, 위험발생 장소를 특정하지는 못했으나 단시간 내 전면적인 출입·확인이 가능한 정도의 협소한 범위로 좁혀지고 장시간의 경과 등으로 피해자의 안전 확보가

---

257) 울산지방경찰청, 앞의 책, p. 254.

258) 위험발생 장소가 광범위하게 추정되는 경우란 그 장소가 수백미터로 광범위하거나, 주택 밀집지역으로 단시간 내 전면적인 출입·확인이 곤란한 범위를 말한다.
① 구조를 요청한 신고자의 발신기지국 위치만 확인된 경우
② ○○학교에서 ○○공원으로 가는 길이라고 신고하였으나 해당 지역에 500호의 가택이 밀집되어 있는 경우
③ ○○아파트라고만 하고 전화가 끊긴 경우

시급하다고 판단되는 경우에는 범죄 의심이 되는 장소부터 강제 출입을 실시한다.

다섯째, 단시간 내 확인이 가능한 수준의 위험발생 장소의 압축에 실패한 경우에는 그간의 탐문결과 및 수사사항 등을 종합하여 수색 범위에 대한 방문탐문을 재실시하여야 한다. 단, 위험상황이 장시간 지속되어 더 이상 지체할 수 없는 최악의 경우에는 가용 경력을 총동원하여 관련성이 높은 지역부터 「경찰관직무집행법」 제7조에 의거하여 강제출입을 실시한다.

다음의 〈표−58〉은 각 단계의 조치시 유의사항을 요약한 것이다.

〈표-58〉 각 단계의 조치시 유의사항

다소 범위가 넓은 경우에는 구역별 책임자와 구역 내 조별(최소 2인1조) 담당지역을 지정하고, 각 단계 조치 전 동원경력 상대로 신속하게 교양 실시(목적·대상·방법 등) 각 단계 조치 중 혐의점이 전혀 없는 장소를 중복 수색(탐문)하지 않도록 기록 유지, 단, 재수색·정밀수색이 필요한 곳은 별도 표기 단계별 조치 도중 특이점 발견시 반드시 구역 책임자를 통해 현장 책임자에게 즉시 보고 수사(CCTV, 통신추적 등) 병행해야 할 경우에는 형사 경력은 우선 수사활동 및 핵심지역 수색에 집중, 여타 장소는 타 기능 경력으로 출입 및 확인 조치 실시

출처 : 울산지방경찰청, 『현장테마 22선』, 2018, p. 256.

제3절 **위급상황시 가택 출입·확인 지침의 검토**

경찰청에서는 「위급상황에서의 가택 출입·확인 지침」에 대해 국내 대학 교수[259] 및 정부법무공단 등에 위 지침에 대한 검토를 요청하였다. 검토 결과, 대부분의 검토진은 경찰청에서 '국민의 생명·신체 및 재산의 보호'를 위해 지침을 만든 취지와 의도에 대해서는 충분히 공감하였다. 그러나 경찰의 강제 출입·확인은 국민에 대한 침익적 행정행위로써 법률에 위반되어서는 안 되므로 주요 쟁점과 세부 의견에 대한 검토가 필요하다는 의견을 보였다.[260]

아래의 〈표−59〉는 위 지침에 대한 주요 쟁점을 나타낸 것이다.

---

259) 서울대 박정훈 교수(행정법), 연세대 한견우 교수(행정법), 한양대 이은모 교수(행정법), 이화여대 김유환 교수(행정법), 경희대 박균성 교수(행정법), 성균관대 이광윤 교수(행정법)

260) 아래 검토에 대한 세부의견은 위 검토 교수진들의 의견을 종합하여 저자가 재편집한 것이다.

연번	주요 쟁점 및 세부 의견
1	「경찰관직무집행법」 제7조를 근거로 강제출입이 가능한지
2	가능하다면 어떤 요건으로 가능한지
3	지침에서는 '범죄로 인한 위해가 절박한 때'라는 문구를 '구체적 개연성'으로 전환하여 해석·설명하고 있고, '구체적 개연성'의 판단 기준으로 112신고를 제시하고 있는데 이것의 적정여부
4	112신고는 긴급신고이므로 중요범죄에 대한 112신고를 받고 출동할 경우, 위해의 중대성·현존성·급박성을 충족할 수 있다고 판단 가능한지
5	만약 거주자로부터 주거침입죄 등 피소시 경찰관 고의·중과실이 아닌 이상 정당행위로서 면책 가능한지
6	「경찰관직무집행법」 제7조는 '출입'까지만 명시적으로 규정하고 있는데, 제7조를 근거로 출입 이후에 위해방지나 피해자 구조를 위한 조치가 가능한지
7	출입 이후의 조치가 가능하다면 어느 정도까지 가능한지
8	지침에서는 출입 이후의 조치에 대해 '확인'이 가능하다고 하였고, '확인'의 정의 및 한계를 제시했는데 이것의 적정여부

출처 : 경찰청, 『위급상황시 가택 출입·확인 등 경찰활동 지침』, pp. 15-18. 일부 재편집.

1. 경찰의 강제 출입 가능 여부

「경찰관직무집행법」 제7조(이하 '제7조'로 칭한다)를 근거로 강제출입이 가능한지 여부에 대해 검토진은 '범죄로 인한 위해의 구체적 개연성이 있다고 판단되는 경우'에는 위해방지나 피해자 구조를 위해 강제출입이 가능하다고 판단하였다.

또한 동 조항의 '출입행위'란 위해방지의 목적 아래 소유자나 관계인의 동의가 없이도 타인의 토지나 건물 등에 들어가서 잠시 체류하고 대상물의 내부를 둘러보는 행위를 의미하는 것'으로서, 동 조항이 타인의 토지·건물에 출입할 수 있는 요건을 엄격하게 규정한 것은 '상대방의 동의를 얻지 않은 상태에서 또는 그 의사에 반한 출입행위의 가능성을 인정하기 때문'이라고 하였다. 그러므로 상대방의 동의를 얻은 출입만이 가능하다면 긴급한 상황에서의 위해방지라는 위 규정의 목적을 달성하기 어려울 것이므로, 동 조 제1항은 타인의 토지·건물 또는 선차 내 강제출입의 근거규정이 될 수 있을 것이라고 보았다.

2. 강제출입 요건에 대한 경찰의 재량 한계

강제출입의 요건에 대해서는 경찰관의 합리적인 재량에 의해 '위해의 구체적 개연성'을 판단하여야 하고, 이 때에도 위해의 중대성과 현존성이 요구된다고 보았다. 뿐만 아니라 제7조를 근거로 강제출입을 하는 경우에 경찰관 스스로가 굉장히 절제된 공무집행이 필요하다고 보았고, 특히 재산에 대한 위해의 경우에는 극히 예외적으로 적용되어야 한다고 판단하였다.

신고자 위치가 명확한 경우에는 경찰은 재량권이 수축되어 112신고에 근거하여 강체출입이 가능하나, '위험상황의 장시간 경과'라는 이유만으로는 강제출입에 대한 경찰의 재량을 인정하기는 어렵다고 보았다. 그러나 현장에서 위 지침에 따라 강제출입을 한 경찰관은 주거침입에 대한 고의가 없기 때문에 형사처벌의 대상은 되지 않으며, 지침 자체의 실정법 위배 여부만이 문제가 될 것이라고 보았다.

3. 112신고의 '구체적 개연성' 판단기준 적정 여부

'위해의 구체적 개연성'은 전적으로 경찰관의 합리적인 재량에 맡겨야 하며, 112신고는 구체적 개연성의 중요한 판단 근거이다. 그러므로 112신고를 접수한 경우에는 명백히 허위신고라고 보여지는 등 특별한 배제사유가 없는 한 구체적 개연성이 있다고 판단해야 한다. 여기에서 구체적 개연성은 불법이 가중되어진 위험적인 상황을 나타내며, 생명·신체 등과 같이 중요한 법익에 한정된다는 면에서 '구체적·추상적 위험'과 다르다고 볼 수 있다.[261]

또한 112신고는 제도의 취지상 신고가 접수된 경우 경찰관은 그 신고 내용의 진위 여부 및 추가적인 보호조치 등 필요 여부를 확인하여 적절한 조치를 취해야 한다. 따라서 112신고의 접수를 제7조에 따른 출입행위의 구체적 행사 기준으로 활용하는 것은 합리적으로 보인다. 다만, 이 또한 구체적인 신고의 내용과 각 현장 상황에 따라 달리 판단되어질 여지가 있으므로 가능하다면 112신고 외의 추가적인 보강증거의 확보 노력을 강조할 필요성이 있다고 보았다.

---

261) 우대식, 앞의 논문, p. 89.

4. 경찰관의 피소시 면책 여부

경찰관에 대한 피소시 면책 가능여부에 대해서는 경찰관과 일반인의 입장에서 보았을 때 위해가 긍정된다고 판단되었으나 잘못된 추정 및 판단이었던 경우(외관적 위험)에는 위법성이 조각되어 손해배상 문제는 발생하지 않는다. 단, 이 경우에도 적법한 공무집행에 대한 재산적 손실에 대해서는 손실보상의 여지는 있다고 보았다. 따라서 위법한 공무집행으로 인한 국가배상 및 해당 경찰관에 대한 구상문제는 발생하지 아니한다.

또한 제7조의 요건을 충족하여 비례의 원칙에 맞는 적법한 행위인 경우에는 주거침입죄 등에 대해서 위법성이 조각되어 범죄가 성립하지 않으며, 손해배상청구에 있어서도 위법성이 인정되지 않는다고 하였다. 다만, 제7조에 따른 적법한 출입행위의 요건은 구체적인 사안마다 개별적으로 사회통념에 따라 판단할 수밖에 없을 것이고, 그 행사에 있어 비례성의 원칙과 보충성의 원칙이 엄격하게 적용되어야 할 것이다.

5. 경직법 제7조에 의한 위해방지 및 피해자 구조 가능 여부

제7조를 근거로 위해방지나 피해자 구조가 가능한지에 대해서는 동법의 목적상 '출입'을 형식적으로 이해하는 것이 아니라 실질적 기능을 중심으로 이해하여야하기 때문에 기본적으로 후속조치도 가능하다고 보았다. 또한 동법 타 조항[262]에서 경찰공무원에게 보호조치의 권한과 의무를 부여하고 있으므로 경찰관이 타인의 토지에 출입을 한 이후에 위해방지 및 피해자 구조는 가능한 것으로 판단하였다. 그러나 각 규정에 따른 조치의 범위와 한계는 구체적인 경우에 따라 비례성의 원칙과 재량의 축소 여부에 따라 판단해야 할 것이다.

○ **관련 판례(대법원 1998. 8. 25. 선고 98다16890 판결)**

「경찰관직무집행법」 제5조는 경찰관은 인명 또는 신체에 위해를 미치거나 재산에 중대한 손해를 끼칠 우려가 있는 위험한 상태가 있을 때에는 다음 각 호의 조치를 취할 수 있다고 규정하여 형식상 경찰관에게 재량에 의한 직무수행 권한을 부여한 것처럼 되어 있으나, 경찰관에게 그러한 권한을 부여한 취지와 목적에 비추어 볼 때 구체적인 사정

---

262) 「경찰관직무집행법」 제3조(불심검문), 제4조(보호조치), 제5조(위험발생의 방지), 제6조(범죄의 예방과 제지)

에 따라 경찰관이 그 권한을 행사하여 필요한 조치를 취하지 아니하는 것이 현저하게 불합리하다고 인정되는 경우에는 그러한 권한의 불행사는 직무상의 의무를 위반한 것이 되어 위법하게 된다.

출처 : 울산지방경찰청, 「현장테마 22선」, 2018, p. 265.

6. 출입 이후 경찰 조치의 가능 한도

제7조에 따른 출입 이후 범죄 수사의 필요성이 인정되어 「형사소송법」 제216조, 제217조에 따른 영장에 의하지 않는 강제처분의 요건이 충족되는 경우라면, 위 규정에 따라 압수·수색 등의 강제처분을 한 후 사후영장을 청구해야 할 것이다. 또한 경찰관이 위해방지나 피해자 구조를 위해 타인의 토지 등에 출입한 이후에 외표검사 정도의 확인을 하는 것은 동법 제3조부터 제7조까지의 범위 내에 있는 것으로서 일응 가능하다고 판단된다. 다만, 이 경우에도 위해 방지를 위한 필요 최소한의 범위 내에서 제한적으로 행사되어야 한다.

7. 지침상 '확인'의 정의 및 한계의 적정 여부

지침의 '확인'의 정의 및 한계의 적정여부에 대해서는 '수색'이라는 용어보다 완화된 의미의 '확인'이라는 용어를 사용하는 것은 무방하며, 그 한계를 명확히 정해야 한다고 보았다.

또한 출입 이후의 조치는 법문 해석상 당연히 가능하다고 보여지고, 지침상에서 규정하고 있는 '확인'이라는 용어의 사용 및 정의·한계는 적절하다고 판단하였다. 다만, 판례 등을 통해 출입 이후의 조치에 대한 범위가 형성되어 있는 않은 현재의 상황에서 출입 이후의 조치에 대해 너무 명확하게 한계를 설정해 놓아 오히려 경찰 스스로 업무 한계를 제약 당할 수 있다고 보았다.

아래의 〈표−60〉은 「형사소송법」상 '수색'과 「경찰관직무집행법」상 '확인'의 개념상 비교를 나타낸 것이다.

〈표-60〉「형사소송법」상 '수색'과 「경찰관직무집행법」상 '확인'의 개념상 비교

구 분	개 념
「형사소송법」상 '수색'	과거의 범죄를 증명하기 위한 증거를 수집하기 위해 '구석구석 뒤지어 찾는다'는 의미
「경찰관직무집행법」상 '확인'	경직법상 위험방지를 위한 출입 이후의 조치로서의 '확인'은 '현재 또는 미래의 범죄로부터 위해를 방지하거나 피해자를 구조하기 위한 조치로서 외표검사의 정도 예) 시정되어 있는 서랍·화장실문 등은 상대방의 동의를 얻어 열어보고 개봉이 필요한 봉지·자루 등과 같은 사물은 가볍게 손으로 두드려 보거나 동의를 얻어 내용물 확인 가능

출처 : 울산지방경찰청, 『현장테마 22선』, 2018, p. 264, 저자가 재정리.

< 붙임 1 >

긴급 출입·확인(탐문) 점검표

※ 강제출입이 예상되는 상황이 발생하는 경우 강제출입의 객관적인 보강증거 확보를 위해 작성 필요

※ 관서별 필요에 따라 아래 서식의 가감·수정 후 활용 가능

연번	일시	장소	거주자 성명	연락처	직업	가족 사항	소유 차량	출입 및 확인 동의 여부	확인방법			확인장소				특이점	재확인 필요성	비고
									유형	정당	기타	방	화장실	베란다	기타			
1	5.5 00:10	매곡동 76 빌라101호	홍길동	010-1234-1234	군인	처, 딸	없음	○	○			○	○	×	×	특이무	×	
2	5.5 00:20	매곡동 76 빌라102호	-	-	-	-	-	×			○	×	×	×	×	문 잠겨있고, 후드려도 인기척 없음	○	
3	5.5 00:30	매곡동 76 빌라201호	김석순	010-4321-4321	주부	남편 아들2	소나타 12가1234	×				×	×	○	×	가족이 자고 있어 거부, 별일에서 심하게 싸우는 소리 들었다 함	△	부쳐댁 보고
4																		
5																		

위급상황시 강제출입·확인 대장

< 붙임 2 >

※ 출입의 대상이 된 가택의 거주자 등 존부를 확인할 수 없어 출입문 파손(해정) 후 강제출입·확인한 경우 기재

연번	일시	거주자			강제출입·확인				사후조치			거주자 통보여부	열쇠 보관여부	보상 심의 위원회 개최 일자	담당자 (현장 책임자)
		장소	성명	연락처	사유	해정 부위	해정 방법	결과	즉시 인계	경비 후 인계	시정 장치 설치				
1	5.5 00:10	대근동 76번지101호	홍길동	010-1234-1234	성폭행 구조인정 (112신고 그2호)	출입문 열쇠	해제 (파손)	특이무		○		거주인 등 통해 거주자 연락, 경비 후 시설(설치) 후 인계(설치 협조)	×	5.30	강력2팀 홍○○ (강력2팀장 김○○)
2	5.5 00:10	대근동 76번지201호	김길동	010-9876-9876	성폭행 구조인정 (112신고 그2호)	출입문 열쇠	해제 (파손)	특이무	○			즉시 거주자 본인 연락하여 시설 인계함	×	5.30	
3	8.15 01:30	대근동 86 연남주택 102호	최길동	02-123-1234	상해 구조인정 (112신고 그25호)	출입문 방충망 열쇠	해제 (파손)	범인 검거			○		○	미개최	
4															
5															

제4절 위급상황시 가택 출입에 따른 손실보상금 집행 지침

1. 목적 및 적용 범위

가. 목적

위급상황시 가택 출입에 따른 손실보상금 집행 지침[263]의 목적은 경찰관이 적법하게 그 직무를 수행함에 있어 타인의 가택 등 건조물을 손괴하고 출입하여 재산상 손실을 가한 경우에 이를 적시에 보상하고 국민편익 증진과 원활한 경찰활동의 보장으로 한다.

나. 적용범위

본 지침의 적용범위는 「경찰관직무집행법」 제6조 내지 제7조의 규정 중 국민의 생명·신체에 대한 급박한 위해의 방지와 범죄 피해자의 구조를 위하여 가택 등 건조물에 강제 출입하는 경우에 부득이하게 수반되는 출입문 등 손괴에 대한 손실보상에 적용한다. 단, 당해사건에 의해 발생된 재산상의 손실에 관하여 타 법령에 의하여 보상을 하는 경우에는 이 지침을 적용하지 아니한다.

2. 지급대상과 요건 및 절차

가. 지급대상

경찰관의 정당한 직무수행 중 부득이하게 가택 등 건조물의 손괴로 인한 재산상 손실을 입은 당사자에게 지급함을 원칙으로 한다. 다만, 당사자가 수리 또는 원상복구를 제3자에게 의뢰한 경우에는 수리 또는 원상복구를 한 제3자에게 지급하며, 다음의 경우에는 지급하지 아니할 수 있다.

① 가택 등 건조물의 손괴로 인한 손실을 입은 자가 당해 사건의 가해자 또는 피해자이거나 가해자 또는 피해자의 직계 존·비속, 친·인척, 법정대리인인 경우

② 계약 또는 법령에 의하여 타인의 재산을 관리하는 자가 가해자 또는 피해자인 경우

---

263) 경찰청(수사기획과-1297), "위급상황시 가택출입에 따른 손실보상 예산 집행 지침", 2012.7.31.

③ 공공기관 또는 지방자치단체가 관리하는 건물

나. 지급요건

위급상황에서 출입문 강제개방에 따른 손실보상금 지급요건은 공무수행의 적법성, 긴급성, 보충성, 비례성의 원칙을 부합하여야 하며, 구체적인 요건은 다음과 같다.

① 공무수행의 적법성 : 경찰관의 적법한 공무 수행 중에 발생한 것이어야 한다.

② 긴급성 : 국민의 생명 및 신체에 대한 위해가 목전에 임박하거나, 범죄 피해자 또는 자살기도자 등 긴급구조를 위해 출입문 등을 손괴해야 한다.

③ 보충성 : 가택 등 건조물의 출입문 등을 손괴하는 방법 외의 다른 방법이 없는 경우에 한한다.

④ 비례성 : 이 경우에도 침해의 방법은 필요최소한으로 하여야 한다.

다. 지급절차

재산상 손실을 입은 당사자는 손실보상금 청구서를 작성하여 각 경찰관서(경찰서·지구대·파출소) 또는 인터넷 경찰 민원포털(minwon.police.go.kr)로 접수하며, 경찰관서에서는 증빙서류를 검토하여 각 지방경찰청에 설치된 손실보상 심의위원회에 제출한다. 손실보상 심의위원회는 위원장과 위원 포함 5~7명으로 구성되며, 이때 민간위원을 1/2 이상 참여시켜야 한다. 손실보상 심의위원회는 112신고 내용, 신고 결과, 피해 견적서 등을 참고하여 손실보상의 적정성 및 보상금액의 결정을 심의·의결한다. 의결정족수는 구성원의 과반수 이상 찬성으로 한다.

3. 손실보상 인용 및 기각 사례

가. 손실보상 인용 사례

① 범죄 의심 신고 현장 확인 위해 현관문 강제개방

'평소 동거남에게 폭행을 당하는 친구가 어제부터 전화를 안 받는다'는 신고를 받고 출동했으나 현관문이 닫혀있고 수차례 문을 두드렸음에도 인기척이 없는 사건에서, 신고 내용과 현장 상황을 고려했을 때 강력사건에 대한 개연성이 의심되었고, 베란다 등을

통한 내부 진입이 불가능하여 현관문 강제개방(요구조자는 친구집에 있는 등 오인신고로 판명)

⇨ 당시 현장경찰관 입장에서 강력범죄에 대한 의심을 바탕으로 현장 조치할 수밖에 없었고, 강제개문 외 다른 수단도 없었으므로 적법한 공무집행에 따른 재산상 손실에 해당하여 출입문 자물쇠 및 보조키 손실에 대한 보상금 지급

② 가택내부 범죄 의심 신고 확인 위해 강제 개방

'집안에서 다투는 소리가 난 후 전화가 끊겼다'는 신고를 받고 출동했으나, 출입문이 닫혀있고 수차례 문을 두드렸음에도 인기척이 없었으며 전화연결도 되지 않아 강력범죄 개연성이 의심 되었고, 다른 진입수단이 없어 현관문 강제 개방 확인하였으나 가택내부에는 아무도 없었음

⇨ 당시 현장경찰관 입장에서 강력범죄에 대한 의심을 바탕으로 현장 조치할 수밖에 없었고, 강제개문 외 다른 수단도 없었으므로 적법한 공무집행에 따른 재산상 손실에 해당하여 출입문 자물쇠 및 보조키 손실에 대한 보상금 지급

③ 모텔 내 강력범죄(여자비명소리) 의심 현장 확인 강제 개문

'모텔 안에서 여자가 울면서 비명을 지르고 있다'는 요지의 신고를 받고 출동한 바, 내부에서 비명소리가 들리고 출입문이 닫혀있어 수차례 문을 두드리며 강제진입 할 수 있음을 고지하자 갑자기 내부가 조용해지는 등 강력범죄 개연성 의심되어 강제개문 후 확인하였으나, 여자 혼자 만취하여 울고 있었던 상황으로 신변에 특이사항 없었음

⇨ 당시 현장경찰관 입장에서는 강력범죄 가능성에 대해 합리적 의심이 있었고, 강제개문 외 다른 진입 수단이 없어 출입문을 손괴하여 현장 확인한 것은 적법한 공무집행이었고, 경찰책임이 없는 모텔 주인 소유의 출입문 일부 손실부분에 대한 보상금 지급

④ 도박장 단속 과정에서 출입문 일부 손괴

'조폭을 낀 70여 명이 건물 4층 주택에서 도박을 하고 있다'는 요지의 신고를 받고 출동하여 주변 탐문하던 중 건물 내 4층 입구에서 망잡이로 보이는 일당을 확인 한 후 도박범죄의 특성상 신속한 증거확보 위해 두드린 후 바로 강제 개문하여 확인한 바, 일반 가정집으로 확인(추후 2층 당구장에서 도박사범 38명 현행범체포)

⇨ 당시 현장경찰관 입장에서 신고내용이 구체적이고 신빙성이 있었고, 4층 주변에 서성이는 망잡이로 보이는 자 등 현장 상황을 합리적으로 판단하였을 때 도박 장소 개

연성이 있어 증거인멸 등 방지를 위해 불가피하게 출입문 손괴행위는 적법한 공무집행이었고, 도박장소로 사용되고 있는 것을 몰랐던 건물주는 경찰책임이 없어 출입문 일부 손실부분에 대한 보상금 지급

⑤ 편의점 인질강도 사건에서 인질 구출 위해 출입문 등 파손

'편의점에 망치 등 흉기를 소지하고 여종업원을 인질로 삼고 협박하고 있다'는 신고를 받고 출동하여 대치하면서 수차례 피의자와 협상을 시도하였으나 실패하여 부득이하게 경찰특공대를 투입, 인질 구출 과정에서 편의점 창문·출입문 손괴
⇨ 당시 현장경찰관 입장에서 인질(여종업원)의 생명을 구하기 위한 진압과정에서 불가피하게 출입문, 창문 파손행위는 적법한 공무집행이었고 경찰책임이 없는 편의점 주인 소유의 출입문, 창문 일부 손실부분에 대한 보상금 지급

⑥ 주택내 화재 발생 의심 현장 확인 위해 출입문 등 손괴

'옆집에서 불이 나는 것 같다. 연기가 계속 새어나오고 있다'라는 신고를 받고 출동하여 확인 하던 중 3층 복도 및 A주택 환풍구에서 연기가 계속 나오고 있었고, 출입문을 수차례 두드려도 반응이 없어 화재진압 및 인명 구조를 위해 출입문을 강제 개방하여 확인하였으나 화재 상황이 아니었음(옆집에서 콩 볶다가 잠이 든 사이 연기가 환풍구를 통해 복도 및 A주택으로 올라온 것임)
⇨ 당시 현장경찰관 입장에서 연기가 복도에 가득 차 있고 화재가 발생 하였다고 의심되는 주택 환풍구를 통해 연기가 계속 나오고 있는 등 현장상황을 종합 판단하였을 때 신속한 인명구조 위해 출입문 손괴행위는 적법한 공무집행이었고, A주택 소유자는 경찰책임이 없어 출입문 일부 손실부분에 대한 보상금 지급

나. 손실보상 기각 사례

① 모녀간의 가정폭력 사건 현장 확인 위해 현관문 강제 개방

'딸(중2, 정신착란증상)이 집안에서 소란을 피우고 있다'는 신고를 받고 출동했으나, 신고인(딸의 모친)이 경찰관의 내부 확인 요청을 거부하며 출입문을 이유 없이 열어주지 않고 내부에서는 계속 비명소리가 들리는 상황에서, 현장경찰관은 위급한 상황으로 판단하여 공구(빠루)를 이용 현관문 강제 개문하고 내부 확인(외형상 이상 없었고 모녀간 단순 다툼으로 최종 확인)

⇨ 당시 현장경찰관 입장에서 강력범죄에 대한 의심을 바탕으로 현장 조치할 수 밖에 없었고, 강제개문 외 다른 수단도 없었으므로 적법한 공무집행이었으나 경찰권 발동의 원인 행위자(母)인 본인 소유의 가택에 대해 고의로 문을 열어 주지 않는 행위책임이 인정되므로 보상 불가

※ 재산상 손실액 부담자 : 신고인 어머니

② 자신의 집에서 자살 기도자 구호 조치

'다세대 주택인 반 지하에서 자살을 시도 한다'는 신고를 받고 현장출동 하여, 진정시키기 위해 대화를 하면서 수차례 출입문 개문을 요구하였음에도 불구하고 칼을 들고 자해를 시도하여 불가피하게 창문을 파손 후 진입하여 구호조치

⇨ 당시 현장경찰관 입장에서 자살기도자의 생명을 구조하기 위한 급박한 상황에서 창문 파손 후 구호조치는 적법한 공무집행이었으나, 자신의 집에서 자살을 기도한 자는 경찰권발동에 대해 행위책임이 있어 보상 불가

※ 재산상 손실액 부담자 : 자살기도자

손 실 보 상 금 지 급 청 구 서 접수번호 : 제2012- ○○호			결 재
			주무과장 결재

사건명	발생일시	발생장소	

사건가해자	사건피해자	사 건 내 용			
성명 (주민번호)	성명 (주민번호)	사건의 구체적 내용을 6하 원칙에 의거 작성 (별지로 작성가능)			

손실보상 대상자	성명	주민번호	주소	연락처
	가해자와의 관계 ( )	피해자와의 관계 ( )	손실내용 피해내용을 간략히 기재	피해가액 견적금액을 기재
	지급 계좌	금융기관	계좌번호	예금주
				이 ○ ○ (본인)

손실발생 경 위	"손실 보상 사유"가 발생한 구체적 경위를 손실을 발생하게 한 경찰관이 직접 작성 (별지로 작성 가능)

담 당 자	○○경찰서 ○○과 경 홍 길 동 (손실을 발생하게 한 경찰관을 기재)

위와 같이 손실보상금을 청구함

2012. 7. 1.

청구인 (사건담당자 또는 손실보상 대상자)   (인)

확인자 (사건담당팀장)   (인)

첨부 : 손실보상관계 증빙서류 및 견적서

112종합상황실 운영 및 신고처리 규칙

[시행 2015. 2. 6.] [경찰청예규 제496호, 2015. 2. 6., 전부개정]

제1장 총칙

제1조(목적) 이 규칙은 112종합상황실의 운영 및 신고처리 등에 관한 기본적인 사항을 규정하여 범죄 등으로부터 신속하게 국민의 생명과 재산을 보호함을 목적으로 한다.

제2조(적용범위) 이 규칙은 각 경찰관서의 112종합상황실의 운영 및 112신고의 처리에 관하여 우선 적용하며, 이 규칙에서 정하지 않은 사항은 동 사항과 관련된 다른 규칙 등에 따른다.

제3조(정의) 이 규칙에 사용되는 용어의 정의는 다음과 같다.
1. "112신고"란 범죄피해자 또는 범죄를 인지한 자가 유·무선전화, 문자메시지 등 다양한 통신수단을 활용하여 특수전화번호인 112로 신속한 경찰력의 발동을 요청하는 것을 말한다.
2. "112신고처리"란 112신고의 목적 달성을 위하여 이루어지는 접수·지령·현장출동·현장조치·종결 등 일련의 처리과정을 말한다.
3. "112종합상황실"이란 112신고 및 치안상황의 즉응·적정 처리를 위해 지방경찰청 또는 경찰서에 설치·운영하는 부서를 말한다.
4. "112시스템"이란 112신고의 접수·지령·전파 및 순찰차 배치에 활용하는 전산시스템을 말한다.

5. "접수"란 112신고 등을 받아 사건의 내용을 확인하고, 112시스템에 신고내용을 입력하여 처리에 착수하는 것을 말한다.

6. "지령"이란 전산망 또는 무선망을 통해 112신고사항을 출동요소에 전파하여 처리토록 하는 것을 말한다.

7. "출동요소"란 112순찰차, 형사기동대차, 교통순찰차, 고속도로순찰차, 지구대·파출소의 근무자 및 인접 경찰관서의 근무자 등을 말한다.

8. "112요원"이란 112종합상황실에 근무하는 112신고 및 치안상황 처리 업무에 종사하는 자를 말한다.

제2장 112종합상황실의 설치

제4조(112종합상황실의 운영) 112신고를 포함한 각종 상황에 효율적이고 효과적인 대응을 위해 각 지방경찰청 및 경찰서에 112종합상황실을 설치하여 24시간 운영한다.

제5조(기능) 112종합상황실은 다음 각 호의 업무를 수행한다.
1. 112신고의 접수와 지령
2. 각종 치안상황의 신속·정확한 파악·전파 및 초동조치 지휘
3. 112신고 및 치안상황에 대한 기록유지
4. 112신고 관련 각종 통계의 작성·분석 및 보고

제3장 112요원의 근무

제6조(근무자 선발 원칙 및 근무기간) ① 지방경찰청장 및 경찰서장은 112요원을 배치할 때에는 관할구역 내 지리감각, 언어 능력 및 상황 대처능력이 뛰어난 경찰공무원을 선발·배치하여야 한다.

② 112요원의 근무기간은 2년 이상으로 한다.

③ 지방경찰청장 및 경찰서장은 보임·전출입 등 인사 시 112요원의 장기근무를

유도하기 위해 노력하여야 한다.

제7조(근무방법 등) ① 112요원은 4개조로 나누어 교대 근무를 실시하는 것을 원칙으로 한다. 다만, 인력 상황에 따라 3개조로 할 수 있다.

② 지방경찰청장 및 경찰서장은 근무수행에 지장이 없는 범위 내에서 「경찰기관 상시근무 공무원의 근무시간 등에 관한 규칙」 제4조에 따라 112요원에 대한 휴게를 지정하여야 한다.

③ 지방경찰청장 및 경찰서장은 인력운영, 긴급사건에 대한 즉응태세 유지 등을 위해 필요시 「경찰기관 상시근무 공무원의 근무시간 등에 관한 규칙」 제2조 제6호에 따라 112요원에 대한 대기근무를 지정할 수 있다.

④ 제3항의 대기근무로 지정된 112요원은 지정된 장소에서 무전기를 청취하며 즉응태세를 유지하여야 한다.

⑤ 112요원은 근무복을 착용하는 것을 원칙으로 하며, 지방경찰청장 또는 경찰서장은 상황에 따라 다른 복장의 착용을 지시할 수 있다.

제4장 112신고의 처리

제8조(신고의 접수) ① 112신고는 현장출동이 필요한 지역의 관할과 관계없이 신고를 받은 112종합상황실에서 접수한다.

② 국민이 112신고 이외 경찰관서별 일반전화 또는 직접 방문 등으로 경찰관의 현장출동을 필요로 하는 사건의 신고를 한 경우 해당 신고를 받은 자가 접수한다. 이 때 접수한 자는 112시스템에 신고내용을 입력하여야 한다.

③ 112신고자가 그 처리 결과를 통보받고자 희망하는 경우에는 신고처리 종료 후 그 결과를 통보하여야 한다.

제9조(112신고의 분류) ① 112요원은 초기 신고내용을 최대한 합리적으로 판단하여 112신고를 분류하여 업무처리를 한다.

② 접수자는 신고내용을 토대로 사건의 긴급성과 출동필요성에 따라 다음 각 호와 같이 112신고의 대응코드를 분류한다.

1. code 1 신고 : 다음 각 목의 사유로 인해 최우선 출동이 필요한 경우

가. 범죄로부터 인명·신체·재산 보호

나. 심각한 공공의 위험 제거 및 방지

다. 신속한 범인검거

2. code 2 신고 : 경찰 출동요소에 의한 현장조치 필요성은 있으나 제1호의 code 1 신고에 속하지 않는 경우

3. code 3 신고 : 경찰 출동요소에 의한 현장조치 필요성이 없는 경우

③ 접수자는 불완전 신고로 인해 정확한 신고내용을 파악하기 힘든 경우라도 신속한 처리를 위해 우선 임의의 코드로 분류하여 하달 할 수 있다.

④ 지방경찰청·경찰서 지령자 및 현장 출동 경찰관은 접수자가 제2항 부터 제4항과 같이 코드를 분류한 경우라도 추가 사실을 확인하여 코드를 변경할 수 있다.

제10조(지령) ① 112요원은 접수한 신고 내용이 code 1 및 code 2의 유형에 해당하는 경우에는 1개 이상의 출동요소에 출동장소, 신고내용, 신고유형 등을 고지하고 처리하도록 지령하여야 한다.

② 112요원은 접수한 신고의 내용이 code 3의 유형에 해당하는 경우에는 출동요소에 지령하지 않고 자체 종결하거나, 소관기관이나 담당 부서에 신고내용을 통보하여 처리하도록 조치하여야 한다.

제11조(신고의 이첩) ① 112요원은 다른 관할 지역에서의 출동조치가 필요한 112신고를 접수한 때에는 지체 없이 관할 112종합상황실에 통보한다.

② 제1항의 통보를 받은 관할 112종합상황실에서는 이첩된 112신고를 제8조에 따라 접수된 것과 동일하게 처리한다.

③ 제1항의 통보는 112시스템에 의한 방법, 전화·팩스에 의한 방법 등을 포함한다. 다만, 전화·팩스에 의한 방법으로 통보한 경우에는 112시스템에 추후 입력하는 방식으로 별도 기록을 유지하여야 한다.

제12조(신고의 공조) ① 112요원은 접수한 신고의 처리와 관련하여 다른 관할 지역에서의 공조 출동 등 별도 조치가 필요한 경우에는 협조가 필요한 사항 등을 적

시하여 관할 112종합상황실에 공조를 요청할 수 있다.

② 제1항의 공조 요청을 받은 관할 112종합상황실에서는 요청받은 사항에 대해 조치를 취하고 그 결과를 통보하여야 한다. 이때 통보의 방법은 제11조제3항의 규정을 따른다.

제13조(현장출동) ① 제10조제1항의 지령을 받은 출동요소는 신고유형에 따라 다음 각 호의 기준에 따라 현장에 출동하여야 한다.

1. code 1 신고 : code 2 신고의 처리 및 다른 업무에 우선하여 최우선 출동
2. code 2 신고 : code 1 신고의 처리 및 다른 중요한 업무에 지장을 초래하지 않는 범위 내에서 출동

② 제1항제1호에 따른 출동을 하는 출동요소는 소관업무나 관할 등을 이유로 출동을 거부하거나 지연 출동하여서는 아니된다.

③ 모든 출동요소는 사건 장소와의 거리, 사건의 유형 등을 고려하여 신고 대응에 가장 적합한 상태에 있다고 판단될 경우 별도의 출동 지령이 없더라도 스스로 출동의사를 밝히고 출동하는 등 112신고에 적극적으로 대응하여야 한다.

제14조(현장보고) ① 112신고의 처리와 관련하여 출동요소는 다음의 기준에 따라 현장상황을 112종합상황실로 보고하여야 한다.

1. 최초보고 : 출동요소가 112신고 현장에 도착한 즉시 도착 사실과 함께 간략한 현장의 상황을 보고
2. 수시보고 : 현장 상황에 변화가 발생하거나 현장조치에 지원이 필요한 경우 수시로 보고
3. 종결보고 : 현장 초동조치가 종결된 경우 확인된 사건의 진상, 사건의 처리내용 및 결과 등을 상세히 보고

② 제1항에도 불구하고 현장 상황이 급박하여 신속한 현장 조치가 필요한 경우 우선 조치 후 보고할 수 있다.

제15조(현장조치) ① 출동요소가 112신고를 현장조치할 때에는 다음 각 호의 사항을 준수하여야 한다.

1. 신고사건은 내용에 따라 「경찰관직무집행법」 등 관련 법령 및 규정에 따라 엄

정하게 처리

2. 돌발상황에 대비하여 철저한 현장 경계

3. 다수의 경찰공무원이 필요하다고 판단되는 경우 112종합상황실에 지원요청 또는 인접 출동요소에 직접 지원요청

4. 구급차·소방차 등의 지원이 필요한 사안은 즉시 직접 또는 112종합상황실에 유·무선 보고하여 해당기관에 통보

② 출동요소는 제1항제3호에 따른 112종합상황실의 지원지시 또는 다른 출동요소의 지원요청을 받은 경우 특별한 사유가 없는 한 신속히 현장으로 출동하여야 하며, 긴급한 경우 지원요청이 없더라도 현장조치중인 출동요소를 지원하여야 한다.

제16조(광역사건의 처리) ① 112요원은 광역성·이동성 범죄와 같이 동시에 여러 장소로 현장출동이 필요한 112신고가 접수된 경우 복수의 출동요소에 지령할 수 있다.

② 제1항의 112신고가 인근 지역까지 수배·차단·검문을 필요로 하는 경우 상급관서의 112종합상황실에 보고해야 하며, 보고를 받은 상급관서는 그 내용을 판단하여 수배·차단·검문 확대 대상구역을 정하여 조치하여야 한다.

③ 중요사건에 대한 수배를 하는 경우에는 「치안상황실 운영규칙」 별표 9의 중요사건 수배한계 기준표에 따라 조치하여야 한다.

④ 제2항에 따른 수배·차단·검문을 할 때에는 지속적으로 대상을 추적하고, 상황이 종료된 때에는 수배·차단·검문을 해제한다.

제17조(112신고처리의 종결) 112요원은 다음 각 호의 경우 112신고처리를 종결할 수 있다. 다만, 타 부서의 계속적 조치가 필요한 경우 해당부서에 사건을 인계한 이후 종결하여야 한다.

1. 사건이 해결된 경우

2. 신고자가 신고를 취소한 경우. 다만, 신고자와 취소자가 동일인인지 여부 및 취소의 사유 등을 파악하여 신고취소의 진의 여부를 확인하여야 한다.

3. 추가적 수사의 필요 등으로 사건 해결에 장시간이 소요되어 해당 부서로 인계하여 처리하는 것이 효과적인 경우

4. 허위·오인으로 인한 신고 또는 경찰 소관이 아닌 내용의 사건으로 확인된 경우

5. 현장에 출동하였으나 사건 내용을 확인할 수 없으며, 사건이 실제 발생하였다는 사실도 확인되지 않는 경우

6. 그 밖에 상황관리관, 112종합상황실(팀)장이 초동조치가 종결된 것으로 판단하는 경우

제18조(신고처리시 유의사항) 112신고를 접수·지령 및 처리를 하는 자는 다음 각 호의 사항에 유의하여야 한다.

1. 무선통신은 음어 또는 약호사용을 원칙으로 하며 통신보안에 저촉되는 행위를 하여서는 아니된다.

2. 지령은 정확하고 간결하게 하여야 하며, 무선망의 순위를 고려하여 타 무선망에 장애가 되지 않도록 유의하여야 한다.

3. 누구든지 법률에 특별히 규정한 것을 제외하고는 교신의 직접 대상이 아닌 자가 타인의 교신내용을 무단 수신 또는 발신하거나 지득한 내용을 누설하여서는 아니된다.

제5장 교육 및 장비 등의 관리

제19조(교육) ① 지방경찰청장 또는 경찰서장은 112요원의 자질향상과 상황처리 능력 배양을 위해 112요원으로 전입한 자에 대하여 이 규칙 등 관계 규정, 음어 또는 약호사용 요령 및 112신고 및 상황 처리 업무수행에 필요한 전반적인 교육을 실시하여야 한다.

② 지방경찰청장 또는 경찰서장은 관계 규정 또는 상황처리 요령 등이 개정·변경된 경우에는 수시로 근무중인 112요원에 대하여 개정·변경된 사항을 교육하여야 한다.

③ 112종합상황실(팀)장은 112요원의 직무수행 능력향상을 위하여 일일교양 및 지도감독을 철저히 하여야 한다.

제20조(장비의 관리) ① 112종합상황실(팀)장은 무선장비 등 각종 112운영장비가 적정하게 운영되도록 최선을 다하여야 한다.

② 112종합상황실(팀)장은 무선망의 고장 또는 교신장애가 발생한 때에는 다음 각 호의 기준에 따라 조치하여야 하며, 조치 의뢰를 받은 정보통신 기능에서는 다른 업무에 우선하여 처리하여야 한다.

1. 중단 없는 무선망 소통을 위해 우선 자서망 등을 활용하여 우회소통 유지
2. 고장 발생 즉시 정보통신 담당 부서에 수리를 의뢰
3. 무선설비의 자체수리가 불가능할 경우 상급관서에 보고하여 지휘를 받아 조치

제21조(지역정보의 관리) 112종합상황실(팀)장은 112시스템에 등록된 지역정보(주소, 전화번호 등이 지도와 연계된 정보를 말한다)를 수시로 점검하여 변동사항이 있는 경우 112시스템에 변동내용을 반영하거나 지역경찰로 하여금 반영하도록 조치하여야 한다. 이때, 지역경찰이 입력한 지역정보는 중복여부 등을 확인하여야 한다.

제6장 자료의 취급 및 보안 등

제22조(통계분석) 지방경찰청장 및 경찰서장은 112신고 통계를 분석하고 이를 치안시책에 반영하도록 노력하여야 한다.

제23조(자료보존기간) ① 112종합상황실 자료의 보존기간은 다음 각 호의 기준에 따른다.

1. 112신고 접수처리 입력자료는 1년간 보존
2. 112신고 접수 및 무선지령내용 녹음자료는 24시간 녹음하고 3개월간 보존
3. 그 밖에 문서 및 일지는「공공기관의 기록물 관리에 관한 법률」에서 정하는 바에 따라 보존

② 지방경찰청장 또는 경찰서장은 문서 및 녹음자료의 보존기간을 연장할 특별한 사유가 있는 경우에는 제1항에도 불구하고 보존기간을 연장하여 특별 관리할 수 있다.

제24조(신고내용의 유출금지) 누구든지 정당한 이유없이 112신고 및 상황처리와 관련하여 지득한 정보를 타인에게 누설하여서는 아니된다.

제25조(112종합상황실의 보안) ① 112종합상황실은 「보안업무규정 시행 세부규칙」제 48조제3항에 따라 제한구역으로 설정하여 출입자 명부를 비치하고 고정출입자 이외의 출입상황을 기록 유지하여야 한다.

② 경찰관서장은 비인가자의 출입을 방지하기 위하여 필요한 경우 112종합상황실 입구 또는 주위에 근무자를 배치할 수 있다.

제26조(시행세칙) 각 지방경찰청장은 이 규칙의 범위 안에서 지방경찰청 소속의 112 종합상황실의 운영에 필요한 사항을 따로 정할 수 있다.

위치정보의 보호 및 이용 등에 관한 법률

[시행 2021. 2. 5] [법률 제16954호, 2020. 2. 4, 타법개정]

제1장 총칙

제1조(목적) 이 법은 위치정보의 유출·오용 및 남용으로부터 사생활의 비밀 등을 보호하고 위치정보의 안전한 이용환경을 조성하여 위치정보의 이용을 활성화함으로써 국민생활의 향상과 공공복리의 증진에 이바지함을 목적으로 한다.

제2조(정의) 이 법에서 사용하는 용어의 정의는 다음과 같다.

1. "위치정보"라 함은 이동성이 있는 물건 또는 개인이 특정한 시간에 존재하거나 존재하였던 장소에 관한 정보로서 「전기통신사업법」 제2조제2호 및 제3호에 따른 전기통신설비 및 전기통신회선설비를 이용하여 수집된 것을 말한다.

2. "개인위치정보"라 함은 특정 개인의 위치정보(위치정보만으로는 특정 개인의 위치를 알 수 없는 경우에도 다른 정보와 용이하게 결합하여 특정 개인의 위치를 알수 있는 것을 포함한다)를 말한다.

3. "개인위치정보주체"라 함은 개인위치정보에 의하여 식별되는 자를 말한다.

4. "위치정보 수집사실 확인자료"라 함은 위치정보의 수집요청인, 수집일시 및 수집방법에 관한 자료(위치정보는 제외한다)를 말한다.

5. "위치정보 이용·제공사실 확인자료"라 함은 위치정보를 제공받는 자, 취득경로, 이용·제공일시 및 이용·제공방법에 관한 자료(위치정보는 제외한다)를 말한다.

6. "위치정보사업"이라 함은 위치정보를 수집하여 위치기반서비스사업을 하는 자에게 제공하는 것을 사업으로 영위하는 것을 말한다.

7. "위치기반서비스사업"이라 함은 위치정보를 이용한 서비스(이하 "위치기반서비스"라 한다)를 제공하는 것을 사업으로 영위하는 것을 말한다.

8. "위치정보시스템"이라 함은 위치정보사업 및 위치기반서비스사업을 위하여 「정보통신망 이용촉진 및 정보보호 등에 관한 법률」 제2조제1항제1호에 따른

정보통신망을 통하여 위치정보를 수집·저장·분석·이용 및 제공할 수 있도록 서로 유기적으로 연계된 컴퓨터의 하드웨어, 소프트웨어, 데이터베이스 및 인적자원의 결합체를 말한다.

제3조(위치정보의 보호 및 이용 등을 위한 시책의 강구) 방송통신위원회는 관계중앙행정기관의 장과 협의를 거쳐 위치정보의 안전한 보호와 건전한 이용 등을 위하여 다음 각호의 사항이 포함되는 시책을 마련하여야 한다.

1. 위치정보의 보호 및 이용 등을 위한 시책의 기본방향
2. 위치정보의 보호에 관한 사항(위치정보 처리에 따른 위험성 및 결과, 개인위치정보주체의 권리 등을 명확하게 인지하지 못할 수 있는 14세 미만의 아동의 위치정보 보호에 관한 사항을 포함한다)
3. 공공목적을 위한 위치정보의 이용에 관한 사항
4. 위치정보사업 및 위치기반서비스사업과 관련된 기술개발 및 표준화에 관한 사항
5. 위치정보사업 및 위치기반서비스사업의 안전성 및 신뢰성 향상에 관한 사항
6. 위치정보사업 및 위치기반서비스사업의 품질개선 및 품질평가 등에 관한 사항
7. 그 밖에 위치정보의 보호 및 이용 등을 위하여 필요한 사항

제4조(다른 법률과의 관계) 위치정보의 수집, 저장, 보호 및 이용 등에 관하여 다른 법률에 특별한 규정이 있는 경우를 제외하고는 이 법에서 정하는 바에 의한다.

제2장 위치정보사업의 허가 등

제5조(개인위치정보를 대상으로 하는 위치정보사업의 허가 등) ① 개인위치정보를 대상으로 하는 위치정보사업을 하려는 자는 상호, 주된 사무소의 소재지, 위치정보사업의 종류 및 내용, 위치정보시스템을 포함한 사업용 주요 설비 등에 대하여 대통령령으로 정하는 바에 따라 방송통신위원회의 허가를 받아야 한다.

② 삭제

③ 방송통신위원회가 제1항에 따른 허가를 할 때에는 다음 각호의 사항을 종합적

으로 심사하여야 한다.

1. 위치정보사업계획의 타당성

2. 개인위치정보 보호 관련 기술적·관리적 조치계획

3. 위치정보사업 관련 설비규모의 적정성

4. 재정 및 기술적 능력

5. 그 밖에 사업수행에 필요한 사항

④ 방송통신위원회는 제1항에 따라 허가를 하는 경우에는 위치정보의 정확성·신뢰성 제고, 공정경쟁 또는 개인위치정보의 보호를 위한 연구·개발에 필요한 조건을 붙일 수 있다.

⑤ 제1항에 따른 허가의 대상자는 법인으로 한정한다.

⑥ 제1항에 따른 허가의 신청요령·절차 등에 관한 사항 및 제3항에 따른 심사사항별 세부심사기준은 대통령령으로 정한다.

⑦ 제1항에 따라 위치정보사업의 허가를 받은 자(이하 "개인위치정보사업자"라 한다)가 허가를 받은 사항 중 위치정보시스템을 변경(변경으로 인하여 개인위치정보 보호를 위한 기술적 수준이 허가받은 때보다 낮아지는 경우로 한정한다)하려는 경우에는 대통령령으로 정하는 바에 따라 방송통신위원회의 변경허가를 받아야 하고, 상호 또는 주된 사무소의 소재지를 변경하려는 경우에는 방송통신위원회에 변경신고를 하여야 한다.

⑧ 방송통신위원회는 제1항에 따른 허가 또는 제7항에 따른 변경허가의 신청이 다음 각 호의 어느 하나에 해당하는 경우를 제외하고는 허가 또는 변경허가를 하여야 한다.

1. 제3항에 따른 심사사항에 부적합한 경우

2. 신청한 자가 법인이 아닌 경우

3. 신청한 법인의 임원이 제6조제1항 각 호의 어느 하나에 해당하는 경우

4. 신청한 법인이 제13조제1항에 따른 허가 취소처분이나 사업의 폐지 명령을 받은 후 3년이 지나지 아니한 경우

5. 그 밖에 이 법 또는 다른 법률에 따른 제한에 위반되는 경우

제5조의2(개인위치정보를 대상으로 하지 아니하는 위치정보사업의 신고) ① 개인위치정보를 대상으로 하지 아니하는 위치정보사업만을 하려는 자는 다음 각 호의 사항을

대통령령으로 정하는 바에 따라 방송통신위원회에 신고하여야 한다.

1. 상호

2. 주된 사무소의 소재지

3. 위치정보사업의 종류 및 내용

4. 위치정보시스템을 포함한 사업용 주요 설비

② 제13조제1항에 따른 사업의 폐지명령을 받은 후 1년이 지나지 아니한 자(법인인 경우에는 그 대표자를 포함한다)는 제1항에 따른 위치정보사업의 신고를 할수 없다.

③ 제1항에 따라 위치정보사업의 신고를 한 자(이하 "사물위치정보사업자"라 한다)는 신고한 사항 중 다음 각 호의 어느 하나에 해당하는 사항을 변경하려는 경우 대통령령으로 정하는 바에 따라 방송통신위원회에 변경신고를 하여야 한다.

1. 상호

2. 주된 사무소의 소재지

3. 위치정보시스템(변경으로 인하여 위치정보 보호를 위한 기술적 수준이 신고한 때보다 낮아지는 경우로 한정한다)

④ 방송통신위원회는 제1항에 따른 신고 또는 제3항제3호에 해당하는 사항에 대한 변경신고를 받은 경우 그 내용을 검토하여 이 법에 적합하면 신고를 수리하여야 한다.

⑤ 개인위치정보사업자가 제5조제1항에 따른 허가를 신청한 때 개인위치정보를 대상으로 하지 아니하는 위치정보사업의 신고에 필요한 서류를 첨부한 경우에는 제1항에 따른 신고를 한 것으로 본다.

제6조(임원 또는 종업원의 결격사유) ① 다음 각 호의 어느 하나에 해당하는 사람은 개인위치정보사업자 또는 사물위치정보사업자(이하 "위치정보사업자"라 한다)의 임원이 될 수 없고, 다음 각 호의 어느 하나에 해당하는 종업원은 제16조제1항에 따른 위치정보 접근권한자(이하 이 조에서 "접근권한자"라 한다)로 지정될 수 없다.

1. 미성년자·피성년후견인 또는 피한정후견인

2. 파산자로서 복권되지 아니한 사람

3. 이 법,「정보통신망 이용촉진 및 정보보호 등에 관한 법률」,「전기통신기본법」, 「전기통신사업법」 또는 「전파법」을 위반하여 금고 이상의 실형을 선고받고 그 집행이 종료(집행이 종료된 것으로 보는 경우를 포함한다)되거나 집행이 면제된 날부터 3년이 지나지 아니한 사람

4. 이 법,「정보통신망 이용촉진 및 정보보호 등에 관한 법률」,「전기통신기본법」, 「전기통신사업법」 또는 「전파법」을 위반하여 금고 이상의 형의 집행유예를 선고받고 그 유예기간 중에 있는 사람

5. 이 법,「정보통신망 이용촉진 및 정보보호 등에 관한 법률」,「전기통신기본법」, 「전기통신사업법」 또는 「전파법」을 위반하여 벌금형을 선고받고 3년이 지나지 아니한 사람

6. 제13조제1항에 따른 허가의 취소처분 또는 사업의 폐지명령을 받은 후 3년이 지나지 아니한 자. 이 경우 법인인 때에는 허가취소 또는 사업폐지명령의 원인이 된 행위를 한 사람과 그 대표자를 말한다.

② 임원이 제1항 각 호의 어느 하나에 해당하게 되거나 선임 당시 그에 해당하는 사람임이 밝혀진 때에는 당연히 퇴직하고, 접근권한자가 제1항 각 호의 어느 하나에 해당하게 되거나 선임 당시 그에 해당하는 사람임이 밝혀진 때에는 접근권한자의 지정은 효력을 잃는다.

③ 제2항에 따라 퇴직한 임원이 퇴직 전에 관여한 행위 또는 접근권한자 지정의 효력이 상실된 종업원이 상실 전에 관여한 행위는 그 효력을 잃지 아니한다.

제7조(위치정보사업의 양수 및 법인의 합병 등) ① 개인위치정보사업자의 사업의 전부 또는 일부를 양수하거나 개인위치정보사업자인 법인의 합병·분할(분할합병을 포함한다. 이하 같다)을 하려는 자는 대통령령으로 정하는 바에 따라 방송통신위원회의 인가를 받아야 한다.

② 방송통신위원회는 제1항에 따른 인가를 하는 경우에는 다음 각 호의 사항을 종합적으로 심사하여야 한다.

1. 재정 및 기술적 능력과 사업운용 능력의 적정성

2. 개인위치정보주체 또는 위치기반서비스사업자의 보호에 미치는 영향

3. 긴급구조를 위한 개인위치정보의 이용, 개인위치정보 보호를 위한 연구·개발의 효율성 등 공익에 미치는 영향

③ 방송통신위원회는 제1항에 따른 인가의 신청이 다음 각 호의 어느 하나에 해당하는 경우를 제외하고는 인가를 하여야 한다.

1. 제2항에 따른 심사사항에 부적합한 경우

2. 신청한 자가 법인이 아닌 경우

3. 신청한 법인의 임원이 제6조제1항 각 호의 어느 하나에 해당하는 경우

4. 신청한 법인이 제13조제1항에 따른 허가의 취소처분이나 사업의 폐지명령을 받은 후 3년이 지나지 아니한 경우

5. 그 밖에 이 법 또는 다른 법률에 따른 제한에 위반되는 경우

④ 사물위치정보사업자의 사업의 전부 또는 일부의 양수, 상속 또는 사물위치정보사업자인 법인의 합병·분할이 있는 경우에는 그 사업의 양수인, 상속인 또는 합병·분할에 의하여 설립되거나 합병·분할 후 존속하는 법인은 대통령령으로 정하는 바에 따라 방송통신위원회에 신고하여야 한다.

⑤ 방송통신위원회는 제4항에 따른 신고를 받은 경우 그 내용을 검토하여 이 법에 적합하면 신고를 수리하여야 한다.

⑥ 제1항에 따라 인가를 받거나 제4항에 따라 신고를 한 양수인, 상속인 또는 합병·분할에 의하여 설립되거나 합병·분할 후 존속하는 법인은 양도인, 피상속인 또는 합병·분할 전의 법인의 위치정보사업자로서의 지위를 각각 승계한다.

⑦ 제1항에 따른 인가 신청의 방법 및 절차 등에 관한 사항, 제2항에 따른 심사사항별 세부심사기준 및 제4항에 따른 신고의 방법·절차 등에 관한 사항은 대통령령으로 정한다.

제8조(위치정보사업의 휴업·폐업 등) ① 위치정보사업자가 위치정보사업의 전부 또는 일부를 휴업하려는 경우에는 개인위치정보주체에 대한 휴업기간 및 휴업 사실의 통보계획을 정하여(개인위치정보사업자만 해당한다) 다음 각 호의 구분에 따라 방송통신위원회의 승인을 받거나 방송통신위원회에 신고하여야 한다. 이 경우 휴업기간은 1년을 초과할 수 없다.

1. 개인위치정보사업자: 승인

2. 사물위치정보사업자: 신고

② 위치정보사업자가 위치정보사업의 전부 또는 일부를 폐업하려는 경우에는 개인위치정보주체에 대한 폐업 사실의 통보계획을 정하여(개인위치정보사업자만

해당한다) 다음 각 호의 구분에 따라 방송통신위원회의 승인을 받거나 방송통신위원회에 신고하여야 한다.

1. 개인위치정보사업자: 승인
2. 사물위치정보사업자: 신고

③ 제1항제1호 또는 제2항제1호에 따른 승인을 받은 개인위치정보사업자는 휴업하려는 날 또는 폐업하려는 날의 30일 전까지 다음 각 호의 구분에 따른 사항을 개인위치정보주체에게 통보하여야 한다.

1. 제1항제1호에 따른 휴업승인: 휴업하는 위치정보사업의 범위 및 휴업기간
2. 제2항제1호에 따른 폐업승인: 폐업하는 위치정보사업의 범위 및 폐업일자

④ 제1항제1호에 따른 승인을 받아 위치정보사업의 전부 또는 일부를 휴업하는 개인위치정보사업자와 제2항에 따라 위치정보사업의 전부 또는 일부를 폐업하는 위치정보사업자는 휴업 또는 폐업과 동시에 다음 각 호의 구분에 따라 개인위치정보 및 위치정보 수집사실 확인자료를 파기하여야 한다.

1. 제1항제1호에 따른 휴업승인: 개인위치정보(사업의 일부를 휴업하는 경우에는 휴업하는 사업의 개인위치정보로 한정한다)
2. 제2항제1호에 따른 폐업승인: 개인위치정보 및 위치정보 수집사실 확인자료(사업의 일부를 폐업하는 경우에는 폐업하는 사업의 개인위치정보 및 위치정보 수집사실 확인자료로 한정한다)
3. 제2항제2호에 따른 폐업신고: 위치정보 수집사실 확인자료(사업의 일부를 폐업하는 경우에는 폐업하는 사업의 위치정보 수집사실 확인자료로 한정한다)

⑤ 방송통신위원회는 제1항제1호 또는 제2항제1호에 따른 승인 신청을 받은 경우 개인위치정보주체에 대한 휴업·폐업 사실의 통보계획이 적정하지 못한 경우를 제외하고는 승인하여야 한다.

⑥ 방송통신위원회는 제1항제2호 또는 제2항제2호에 따른 신고를 받은 경우 그 내용을 검토하여 이 법에 적합하면 신고를 수리하여야 한다.

⑦ 제1항부터 제6항까지에서 규정한 사항 외에 위치정보사업의 휴업 및 폐업에 필요한 사항은 대통령령으로 정한다.

제9조(위치기반서비스사업의 신고) ① 위치기반서비스사업(개인위치정보를 대상으로 하지 아니하는 위치기반서비스사업은 제외한다. 이하 이 조, 제9조의2, 제10조 및

제11조에서 같다)을 하려는 자는 상호, 주된 사무소의 소재지, 사업의 종류, 위치정보시스템을 포함한 사업용 주요 설비 등에 대하여 대통령령으로 정하는 바에 따라 방송통신위원회에 신고하여야 한다.

② 제13조제1항에 따른 사업의 폐지명령을 받은 후 1년이 지나지 아니한 자(법인인 경우에는 그 대표자를 포함한다)는 제1항에 따른 위치기반서비스사업의 신고를 할 수 없다.

③ 제1항에 따라 위치기반서비스사업의 신고를 한 자는 다음 각 호의 어느 하나에 해당하는 사항을 변경하려는 경우 대통령령으로 정하는 바에 따라 방송통신위원회에 변경신고를 하여야 한다.

1. 상호
2. 주된 사무소의 소재지
3. 위치정보시스템(변경으로 인하여 개인위치정보 보호를 위한 기술적 수준이 신고한 때보다 낮아지는 경우로 한정한다)

④ 개인위치정보사업자가 제5조제1항에 따른 허가를 신청한 때 제1항에 따른 위치기반서비스사업의 신고(제9조의2제1항 본문에 따른 소상공인등인 경우에는 같은 항 단서에 따른 신고를 말한다)에 필요한 서류를 첨부한 경우에는 제1항에 따른 위치기반서비스사업의 신고(제9조의2제1항 본문에 따른 소상공인등인 경우에는 같은 항 단서에 따른 신고를 말한다)를 한 것으로 본다.

⑤ 방송통신위원회는 제1항에 따른 신고 또는 제3항제3호에 해당하는 사항에 대한 변경신고를 받은 경우 그 내용을 검토하여 이 법에 적합하면 신고를 수리하여야 한다.

제9조의2(소상공인 등의 위치기반서비스사업의 신고) ① 제9조제1항에도 불구하고 「소상공인기본법」 제2조에 따른 소상공인이나 「1인 창조기업 육성에 관한 법률」 제2조에 따른 1인 창조기업(이하 "소상공인등"이라 한다)으로서 위치기반서비스사업을 하려는 자는 제9조제1항에 따른 신고를 하지 아니하고 위치기반서비스사업을 할 수 있다. 다만, 사업을 개시한 지 1개월이 지난 후에도 계속해서 위치기반서비스사업을 하려는 자는 사업을 개시한 날부터 1개월 이내에 다음 각 호의 사항을 대통령령으로 정하는 바에 따라 방송통신위원회에 신고하여야 한다.

1. 상호

2. 주된 사무소의 소재지

3. 사업의 종류 및 내용

② 제13조제1항에 따른 사업의 폐지명령을 받은 후 1년이 지나지 아니한 자(법인인 경우에는 그 대표자를 포함한다)는 제1항에 따른 위치기반서비스사업을 할수 없다.

③ 제1항 단서에 따른 신고를 한 자는 신고한 사항 중 다음 각 호의 어느 하나에 해당하는 사항을 변경한 경우 변경한 날부터 1개월 이내에 대통령령으로 정하는 바에 따라 방송통신위원회에 변경신고를 하여야 한다.

1. 상호

2. 주된 사무소의 소재지

④ 제1항 본문에 따라 위치기반서비스사업을 개시한 자 또는 같은 항 단서에 따라 신고한 자가 소상공인등에 해당하지 아니하게 된 경우 그 사유가 발생한 날부터 1개월 이내에 대통령령으로 정하는 바에 따라 제9조제1항에 따른 신고에 필요한 사항을 보완하여 방송통신위원회에 신고하여야 한다.

제10조(위치기반서비스사업의 양수 및 법인의 합병 등) ① 제9조제1항 또는 제9조의2제1항 단서에 따라 위치기반서비스사업의 신고를 한 자의 사업의 전부 또는 일부의 양수, 상속 또는 제9조제1항 또는 제9조의2제1항 단서에 따라 위치기반서비스사업의 신고를 한 자인 법인의 합병·분할이 있는 경우에는 그 사업의 양수인, 상속인 또는 합병·분할에 의하여 설립되거나 합병·분할 후 존속하는 법인은 대통령령으로 정하는 바에 따라 방송통신위원회에 신고하여야 한다.

② 방송통신위원회는 제1항에 따른 신고를 받은 경우 그 내용을 검토하여 이 법에 적합하면 신고를 수리하여야 한다.

③ 제1항에 따라 신고한 양수인, 상속인 또는 합병·분할에 의하여 설립되거나 합병·분할 후 존속하는 법인은 양도인, 피상속인 또는 합병·분할 전의 법인의 지위를 각각 승계한다.

제11조(위치기반서비스사업의 휴업·폐업 등) ① 위치기반서비스사업자가 사업의 전부 또는 일부를 휴업하고자 하는 때에는 휴업기간을 정하여 휴업하고자 하는 날의

30일 전까지 이를 개인위치정보주체에게 통보하고 방송통신위원회에 신고하여야 한다. 이 경우 휴업기간은 1년을 초과할 수 없으며, 휴업과 동시에 개인위치정보(사업의 일부를 휴업하는 경우에는 휴업하는 사업의 개인위치정보로 한정한다)를 파기하여야 한다.

② 위치기반서비스사업자가 사업의 전부 또는 일부를 폐업하고자 하는 때에는 폐업하고자 하는 날의 30일 전까지 이를 개인위치정보주체에게 통보하고 방송통신위원회에 신고하여야 한다. 이 경우 폐업와 동시에 개인위치정보 및 위치정보 이용·제공사실 확인자료(사업의 일부를 폐업하는 경우에는 폐업하는 사업의 개인위치정보 및 위치정보 이용·제공사실 확인자료로 한정한다)를 파기하여야 한다.

③ 제1항 및 제2항에 따른 위치기반서비스사업의 휴업 또는 폐업의 신고 및 개인위치정보 등의 파기 등에 관하여 필요한 사항은 대통령령으로 정한다.

제12조(이용약관의 공개 등) ① 다음 각 호의 어느 하나에 해당하는 자는 그가 제공하려는 서비스의 내용, 위치정보의 수집·이용 및 제공에 관한 요금 및 조건 등(이하 "이용약관"이라 한다)을 해당 사업자의 인터넷 홈페이지에 게시하는 등 대통령령으로 정하는 방법에 따라 개인위치정보주체 및 위치기반서비스사업을 이용하는 자가 언제든지 쉽게 알아볼 수 있도록 공개하여야 하며, 이를 변경하려는 경우에는 그 이유 및 변경내용을 대통령령으로 정하는 방법에 따라 지체없이 공개하고, 변경된 사항을 쉽게 알아볼 수 있도록 조치하여야 한다.

1. 위치정보사업자

2. 제9조제1항에 따라 위치기반서비스사업의 신고를 한 자 및 제9조의2제1항에 따라 위치기반서비스사업을 하는 자(이하 "위치기반서비스사업자"라 한다)

② 방송통신위원회는 제1항 각 호의 어느 하나에 해당하는 자의 이용약관이 개인위치정보의 보호, 공정경쟁 또는 공공의 이익을 침해할 우려가 있다고 판단되는 경우에는 이용약관의 변경을 명할 수 있다.

제13조(허가의 취소 및 사업의 폐지·정지 등) ① 방송통신위원회는 위치정보사업자 및 위치기반서비스사업자(이하 "위치정보사업자등"이라 한다)가 다음 각 호의 어느 하나에 해당하는 때에는 허가 또는 인가의 취소, 사업의 폐지 또는 6개월

이내의 범위에서 기간을 정하여 사업의 전부 또는 일부의 정지(이하 "사업의 정지"라 한다)를 명할 수 있다. 다만, 제1호에 해당하는 때에는 허가 또는 인가를 취소하거나 사업의 폐지를 명하여야 한다.

1. 거짓이나 그 밖의 부정한 방법으로 제5조제1항·제7항 또는 제7조제1항에 따른 허가·변경허가 또는 인가를 받거나 제5조의2제1항, 제9조제1항 또는 제9조의2 제1항 단서에 따른 신고를 한 때

2. 제8조제1항 또는 제11조제1항에 따른 휴업기간이 지난 후 정당한 사유없이 사업을 개시하지 아니한 때

3. 다음 각 목의 어느 하나에 해당하는 승인을 받지 아니하거나 신고를 하지 아니하고 6개월 이상 계속하여 사업을 하지 아니한 때

   가. 제8조제1항제1호 또는 같은 조 제2항제1호에 따른 승인

   나. 제8조제1항제2호 또는 같은 조 제2항제2호에 따른 신고

   다. 제11조제1항 전단 또는 같은 조 제2항 전단에 따른 신고

4. 위치정보의 수집 관련 설비 또는 위치정보 보호 관련 기술적·관리적 조치에 중대한 변경이 발생하여 서비스를 지속적으로 제공할 수 없게 된 때

5. 제16조제1항의 규정에 따른 관리적 조치와 기술적 조치 또는 같은 조 제2항의 규정에 따른 위치정보 수집사실 확인자료 및 위치정보 이용·제공사실 확인자료(이하 "위치정보 수집·이용·제공사실 확인자료"라 한다)의 보존조치를 취하지 아니한 때

6. 제18조제1항 또는 제19조제1항의 규정을 위반하여 이용약관에 명시하지 아니하거나 동의를 받지 아니하고 위치정보를 수집·이용 또는 제공한 때

7. 제18조제2항 또는 제19조제5항을 위반하여 동의의 범위를 넘어 개인위치 정보를 수집·이용 또는 제공한 때

8. 제21조의 규정을 위반하여 이용약관에 명시하거나 고지한 범위를 넘어 개인위치 정보를 이용하거나 제3자에게 제공한 때

② 제1항에 따른 행정처분의 세부적인 기준은 그 위반행위의 유형과 위반의 정도 등을 참작하여 대통령령으로 정한다.

제14조(과징금의 부과 등) ① 방송통신위원회는 제13조제1항에 따른 사업의 정지가 개인위치정보주체의 이익을 현저히 저해할 우려가 있는 경우에는 사업의 정지명

령 대신 위치정보사업 또는 위치기반서비스사업 매출액의 100분의 3 이하의 과징금을 부과할 수 있다.

② 제1항에 따른 매출액의 산정 등 과징금을 부과하는 기준 및 절차에 관하여 필요한 사항은 대통령령으로 정한다.

③ 방송통신위원회는 제1항에 따른 과징금을 납부하여야 할 자가 납부기한까지 이를 납부하지 아니한 때에는 체납된 과징금에 대하여 납부기한의 다음날부터 연 100분의 8 범위 안에서 대통령령으로 정하는 비율의 가산금을 징수한다.

④ 방송통신위원회는 과징금납부의무자가 납부기한까지 과징금을 납부하지 아니한 때에는 기간을 정하여 독촉을 하고, 그 지정한 기간 이내에 과징금 및 제3항에 따른 가산금을 납부하지 아니한 때에는 국세체납처분의 예에 따라 이를 징수한다.

제3장 위치정보의 보호

제1절 통칙

제15조(위치정보의 수집 등의 금지) ① 누구든지 개인위치정보주체의 동의를 받지 아니하고 해당 개인위치정보를 수집·이용 또는 제공하여서는 아니 된다. 다만, 다음 각 호의 어느 하나에 해당하는 경우에는 그러하지 아니하다.

1. 제29조제1항에 따른 긴급구조기관의 긴급구조요청 또는 같은 조 제7항에 따른 경보발송요청이 있는 경우

2. 제29조제2항에 따른 경찰관서의 요청이 있는 경우

3. 다른 법률에 특별한 규정이 있는 경우

② 누구든지 타인의 정보통신기기를 복제하거나 정보를 도용하는 등의 방법으로 개인위치정보사업자 및 위치기반서비스사업자(이하 "개인위치정보사업자등"이라 한다)를 속여 타인의 개인위치정보를 제공받아서는 아니된다.

③ 위치정보를 수집할 수 있는 장치가 붙여진 물건을 판매하거나 대여·양도하는 자는 위치정보 수집장치가 붙여진 사실을 구매하거나 대여·양도받는 자에게 알려야 한다.

제16조(위치정보의 보호조치 등) ① 위치정보사업자등은 위치정보의 누출, 변조, 훼손 등을 방지하기 위하여 위치정보의 취급·관리 지침을 제정하거나 접근권한자를 지정하는 등의 관리적 조치와 방화벽의 설치나 암호화 소프트웨어의 활용 등의 기술적 조치를 하여야 한다. 이 경우 관리적 조치와 기술적 조치의 구체적 내용은 대통령령으로 정한다.

② 위치정보사업자등은 위치정보 수집·이용·제공사실 확인자료를 위치정보시스템에 자동으로 기록되고 보존되도록 하여야 한다.

③ 방송통신위원회는 위치정보를 보호하고 오용·남용을 방지하기 위하여 소속 공무원으로 하여금 제1항에 따른 기술적·관리적 조치의 내용과 제2항에 따른 기록의 보존실태를 대통령령으로 정하는 바에 의하여 점검하게 할 수 있다.

④ 제3항에 따라 기술적·관리적 조치의 내용과 기록의 보존실태를 점검하는 공무원은 그 권한을 표시하는 증표를 지니고 이를 관계인에게 내보여야 한다.

제17조(위치정보의 누설 등의 금지) 위치정보사업자등과 그 종업원이거나 종업원이었던 사람은 직무상 알게 된 위치정보를 누설·변조·훼손 또는 공개하여서는 아니 된다.

제17조의2(개인위치정보주체에 대한 위치정보 처리 고지 등) 위치정보사업자등이 개인위치정보주체에게 위치정보 처리와 관련한 사항의 고지 등을 하는 때에는 이해하기 쉬운 양식과 명확하고 알기 쉬운 언어를 사용하여야 한다.

제2절 개인위치정보의 보호

제18조(개인위치정보의 수집) ① 위치정보사업자가 개인위치정보를 수집하고자 하는 경우에는 미리 다음 각호의 내용을 이용약관에 명시한 후 개인위치정보주체의 동의를 얻어야 한다.

1. 위치정보사업자의 상호, 주소, 전화번호 그 밖의 연락처

2. 개인위치정보주체 및 법정대리인(제25조제1항에 따라 법정대리인의 동의를 얻어야 하는 경우로 한정한다)의 권리와 그 행사방법

3. 위치정보사업자가 위치기반서비스사업자에게 제공하고자 하는 서비스의 내용

4. 위치정보 수집사실 확인자료의 보유근거 및 보유기간

5. 그 밖에 개인위치정보의 보호를 위하여 필요한 사항으로서 대통령령으로 정하는 사항

② 개인위치정보주체는 제1항에 따른 동의를 하는 경우 개인위치정보의 수집의 범위 및 이용약관의 내용 중 일부에 대하여 동의를 유보할 수 있다.

③ 위치정보사업자가 개인위치정보를 수집하는 경우에는 수집목적을 달성하기 위하여 필요한 최소한의 정보를 수집하여야 한다.

제19조(개인위치정보의 이용 또는 제공) ① 위치기반서비스사업자가 개인위치정보를 이용하여 서비스를 제공하고자 하는 경우에는 미리 다음 각호의 내용을 이용약관에 명시한 후 개인위치정보주체의 동의를 얻어야 한다.

1. 위치기반서비스사업자의 상호, 주소, 전화번호 그 밖의 연락처

2. 개인위치정보주체 및 법정대리인(제25조제1항에 따라 법정대리인의 동의를 얻어야 하는 경우로 한정한다)의 권리와 그 행사방법

3. 위치기반서비스사업자가 제공하고자 하는 위치기반서비스의 내용

4. 위치정보 이용·제공사실 확인자료의 보유근거 및 보유기간

5. 그 밖에 개인위치정보의 보호를 위하여 필요한 사항으로서 대통령령으로 정하는 사항

② 위치기반서비스사업자가 개인위치정보를 개인위치정보주체가 지정하는 제3자에게 제공하는 서비스를 하고자 하는 경우에는 제1항 각호의 내용을 이용약관에 명시한 후 제공받는 자 및 제공목적을 개인위치정보주체에게 고지하고 동의를 얻어야 한다.

③ 제2항에 따라 위치기반서비스사업자가 개인위치정보를 개인위치정보주체가 지정하는 제3자에게 제공하는 경우에는 매회 개인위치정보주체에게 제공받는 자, 제공일시 및 제공목적을 즉시 통보하여야 한다.

④ 위치기반서비스사업자는 제3항에도 불구하고 대통령령으로 정하는 바에 따라 개인위치정보주체의 동의를 받은 경우에는 최대 30일의 범위에서 대통령령으로 정하는 횟수 또는 기간 등의 기준에 따라 모아서 통보할 수 있다.

⑤ 개인위치정보주체는 제1항·제2항 및 제4항에 따른 동의를 하는 경우 개인위치

정보의 이용·제공목적, 제공받는 자의 범위 및 위치기반서비스의 일부와 개인위치정보주체에 대한 통보방법에 대하여 동의를 유보할 수 있다.

제20조(위치정보사업자의 개인위치정보 제공 등) ① 제19조제1항 또는 제2항에 따라 개인위치정보주체의 동의를 얻은 위치기반서비스사업자는 제19조제1항 또는 제2항의 이용 또는 제공목적을 달성하기 위하여 해당 개인위치정보를 수집한 위치정보사업자에게 해당 개인위치정보의 제공을 요청할 수 있다. 이 경우 위치정보사업자는 정당한 사유없이 제공을 거절하여서는 아니된다.

② 제1항에 따라 위치정보사업자가 위치기반서비스사업자에게 개인위치정보를 제공하는 절차 및 방법에 대하여는 대통령령으로 정한다.

제21조(개인위치정보 등의 이용·제공의 제한 등) 위치정보사업자등은 개인위치정보주체의 동의가 있거나 다음 각 호의 어느 하나에 해당하는 경우를 제외하고는 개인위치정보 또는 위치정보 수집·이용·제공사실 확인자료를 제18조제1항 및 제19조제1항·제2항에 의하여 이용약관에 명시 또는 고지한 범위를 넘어 이용하거나 제3자에게 제공하여서는 아니된다.

1. 위치정보 및 위치기반서비스 등의 제공에 따른 요금정산을 위하여 위치정보 수집·이용·제공사실 확인자료가 필요한 경우
2. 통계작성, 학술연구 또는 시장조사를 위하여 특정 개인을 알아볼 수 없는 형태로 가공하여 제공하는 경우

제22조(사업의 양도 등의 통지) 위치정보사업자등으로부터 사업의 전부 또는 일부의 양도·합병 또는 상속 등(이하 "양도등"이라 한다)으로 그 권리와 의무를 이전받은 자는 30일 이내에 다음 각호의 사항을 대통령령으로 정하는 바에 의하여 개인위치정보주체에게 통지하여야 한다.

1. 사업의 전부 또는 일부의 양도등의 사실
2. 위치정보사업자등의 권리와 의무를 승계한 자의 성명, 주소, 전화번호 그 밖의 연락처
3. 그 밖에 개인위치정보 보호를 위하여 필요한 사항으로서 대통령령으로 정하는 사항

제23조(개인위치정보의 파기 등) 위치정보사업자등은 개인위치정보의 수집, 이용 또는 제공목적을 달성한 때에는 제16조제2항에 따라 기록·보존하여야 하는 위치정보 수집·이용·제공사실 확인자료 외의 개인위치정보는 즉시 파기하여야 한다.

제3절 개인위치정보주체 등의 권리

제24조(개인위치정보주체의 권리 등) ① 개인위치정보주체는 위치정보사업자등에 대하여 언제든지 제18조제1항 및 제19조제1항·제2항·제4항에 따른 동의의 전부 또는 일부를 철회할 수 있다.

② 개인위치정보주체는 위치정보사업자등에 대하여 언제든지 개인위치정보의 수집, 이용 또는 제공의 일시적인 중지를 요구할 수 있다. 이 경우 위치정보사업자등은 요구를 거절하여서는 아니되며, 이를 위한 기술적 수단을 갖추어야 한다.

③ 개인위치정보주체는 위치정보사업자등에 대하여 다음 각 호의 어느 하나에 해당하는 자료 등의 열람 또는 고지를 요구할 수 있고, 해당 자료 등에 오류가 있는 경우에는 그 정정을 요구할 수 있다. 이 경우 위치정보사업자등은 정당한 사유없이 요구를 거절하여서는 아니된다.

1. 본인에 대한 위치정보 수집·이용·제공사실 확인자료
2. 본인의 개인위치정보가 이 법 또는 다른 법률의 규정에 의하여 제3자에게 제공된 이유 및 내용

④ 위치정보사업자등은 개인위치정보주체가 제1항에 따라 동의의 전부 또는 일부를 철회한 경우에는 지체없이 수집된 개인위치정보 및 위치정보 수집·이용·제공사실 확인자료(동의의 일부를 철회하는 경우에는 철회하는 부분의 개인위치정보 및 위치정보 이용·제공사실 확인자료로 한정한다)를 파기하여야 한다.

제25조(법정대리인의 권리) ① 위치정보사업자등이 14세 미만의 아동으로부터 제18조제1항, 제19조제1항·제2항 또는 제21조에 따라 개인위치정보를 수집·이용 또는 제공하고자 하는 경우에는 그 법정대리인의 동의를 얻어야 하고, 대통령령으로 정하는 바에 따라 법정대리인이 동의하였는지를 확인하여야 한다.

② 제18조제2항·제19조제5항 및 제24조의 규정은 제1항에 따라 법정대리인이 동의를 하는 경우에 이를 준용한다. 이 경우 "개인위치정보주체"는 "법정대리인"으로 본다.

제26조(8세 이하의 아동등의 보호를 위한 위치정보 이용) ① 다음 각 호의 어느 하나에 해당하는 사람(이하 "8세 이하의 아동등"이라 한다)의 보호의무자가 8세 이하의 아동등의 생명 또는 신체의 보호를 위하여 8세 이하의 아동등의 개인위치정보의 수집·이용 또는 제공에 동의하는 경우에는 본인의 동의가 있는 것으로 본다.

1. 8세 이하의 아동

2. 피성년후견인

3. 「장애인복지법」 제2조제2항제2호에 따른 정신적 장애를 가진 사람으로서 「장애인고용촉진 및 직업재활법」 제2조제2호에 따른 중증장애인에 해당하는 사람(「장애인복지법」 제32조에 따라 장애인 등록을 한 사람만 해당한다)

② 제1항에 따른 8세 이하의 아동등의 보호의무자는 8세 이하의 아동등을 사실상 보호하는 자로서 다음 각 호의 어느 하나에 해당하는 자를 말한다.

1. 8세 이하의 아동의 법정대리인 또는 「보호시설에 있는 미성년자의 후견 직무에 관한 법률」 제3조에 따른 후견인

2. 피성년후견인의 법정대리인

3. 제1항제3호의 자의 법정대리인 또는 「장애인복지법」 제58조제1항제1호에 따른 장애인 거주시설(국가 또는 지방자치단체가 설치·운영하는 시설로 한정한다)의 장, 「정신건강증진 및 정신질환자 복지서비스 지원에 관한 법률」 제22조에 따른 정신요양시설의 장 및 같은 법 제26조에 따른 정신재활시설(국가 또는 지방자치단체가 설치·운영하는 시설로 한정한다)의 장

③ 제1항에 따른 동의의 요건은 대통령령으로 정한다.

④ 제18조부터 제22조까지 및 제24조의 규정은 제2항에 따라 보호의무자가 동의를 하는 경우에 이를 준용한다. 이 경우 "개인위치정보주체"는 "보호의무자"로 본다.

제27조(손해배상) 개인위치정보주체는 위치정보사업자등의 제15조부터 제26조까지의

규정을 위반한 행위로 손해를 입은 경우에 그 위치정보사업자등에 대하여 손해배상을 청구할 수 있다. 이 경우 그 위치정보사업자등은 고의 또는 과실이 없음을 입증하지 아니하면 책임을 면할 수 없다.

제28조(분쟁의 조정 등) ① 위치정보사업자등은 위치정보와 관련된 분쟁에 대하여 당사자간 협의가 이루어지지 아니하거나 협의를 할 수 없는 경우에는 방송통신위원회에 재정을 신청할 수 있다.

② 위치정보사업자등과 이용자는 위치정보와 관련된 분쟁에 대하여 당사자간 협의가 이루어지지 아니하거나 협의를 할 수 없는 경우에는 「개인정보 보호법」 제40조에 따른 개인정보분쟁조정위원회에 조정을 신청할 수 있다.

제4장 긴급구조를 위한 개인위치정보 이용

제29조(긴급구조를 위한 개인위치정보의 이용) ① 「재난 및 안전관리 기본법」 제3조제7호에 따른 긴급구조기관(이하 "긴급구조기관"이라 한다)은 급박한 위험으로부터 생명·신체를 보호하기 위하여 개인위치정보주체, 개인위치정보주체의 배우자, 개인위치정보주체의 2촌 이내의 친족 또는 「민법」 제928조에 따른 미성년후견인(이하 "배우자등"이라 한다)의 긴급구조요청이 있는 경우 긴급구조 상황 여부를 판단하여 위치정보사업자에게 개인위치정보의 제공을 요청할 수 있다. 이 경우 배우자등은 긴급구조 외의 목적으로 긴급구조요청을 하여서는 아니 된다.

② 「경찰법」 제2조에 따른 경찰청·지방경찰청·경찰서(이하 "경찰관서"라 한다)는 위치정보사업자에게 다음 각 호의 어느 하나에 해당하는 개인위치정보의 제공을 요청할 수 있다. 다만, 제1호에 따라 경찰관서가 다른 사람의 생명·신체를 보호하기 위하여 구조를 요청한 자(이하 "목격자"라 한다)의 개인위치정보를 제공받으려면 목격자의 동의를 받아야 한다.

1. 생명·신체를 위협하는 급박한 위험으로부터 자신 또는 다른 사람 등 구조가 필요한 사람(이하 "구조받을 사람"이라 한다)을 보호하기 위하여 구조를 요청한 경우 구조를 요청한 자의 개인위치정보

2. 구조받을 사람이 다른 사람에게 구조를 요청한 경우 구조받을 사람의 개인위치
   정보

3. 「실종아동등의 보호 및 지원에 관한 법률」 제2조제2호에 따른 실종아동등(이하
   "실종아동등"이라 한다)의 생명·신체를 보호하기 위하여 같은 법 제2조제3호
   에 따른 보호자(이하 "보호자"라 한다)가 실종아동등에 대한 긴급구조를 요청
   한 경우 실종아동등의 개인위치정보

③ 제2항제2호에 따라 다른 사람이 경찰관서에 구조를 요청한 경우 경찰관서는
   구조받을 사람의 의사를 확인하여야 한다.

④ 제1항 및 제2항에 따른 긴급구조요청은 공공질서의 유지와 공익증진을 위하여
   부여된 대통령령으로 정하는 특수번호 전화서비스를 통한 호출로 한정한다.

⑤ 제1항 및 제2항에 따른 요청을 받은 위치정보사업자는 해당 개인위치정보주체
   의 동의 없이 개인위치정보를 수집할 수 있으며, 개인위치정보주체의 동의가
   없음을 이유로 긴급구조기관 또는 경찰관서의 요청을 거부하여서는 아니 된다.

⑥ 긴급구조기관, 경찰관서 및 위치정보사업자는 제1항 및 제2항에 따라 개인위
   치정보를 요청하거나 제공하는 경우 그 사실을 해당 개인위치정보주체에게 즉
   시 통보하여야 한다. 다만, 즉시 통보가 개인위치정보주체의 생명·신체에 대한
   뚜렷한 위험을 초래할 우려가 있는 경우에는 그 사유가 소멸한 후 지체 없이
   통보하여야 한다.

⑦ 긴급구조기관은 태풍, 호우, 화재, 화생방사고 등 재난 또는 재해의 위험지역
   에 위치한 개인위치정보주체에게 생명 또는 신체의 위험을 경보하기 위하여
   대통령령으로 정하는 바에 따라 위치정보사업자에게 경보발송을 요청할 수 있
   으며, 요청을 받은 위치정보사업자는 위험지역에 위치한 개인위치정보주체의
   동의가 없음을 이유로 경보발송을 거부하여서는 아니 된다.

⑧ 긴급구조기관 및 경찰관서와 긴급구조업무에 종사하거나 종사하였던 사람은
   긴급구조 목적으로 제공받은 개인위치정보를 긴급구조 외의 목적에 사용하여
   서는 아니 된다.

⑨ 경찰관서는 제2항에 따라 개인위치정보의 제공을 요청한 때에는 다음 각 호의
   사항을 대통령령으로 정하는 바에 따라 보관하여야 하며, 해당 개인위치정보주
   체가 수집된 개인위치정보에 대한 확인, 열람, 복사 등을 요청하는 경우에는
   지체 없이 그 요청에 따라야 한다.

1. 요청자
2. 요청 일시 및 목적
3. 위치정보사업자로부터 제공받은 내용
4. 개인위치정보 수집에 대한 동의(제2항 단서로 한정한다)

⑩ 제1항 및 제2항에 따른 긴급구조요청, 제3항에 따른 의사확인, 제7항에 따른 경보발송의 방법 및 절차에 필요한 사항은 대통령령으로 정한다.

⑪ 긴급구조기관 및 경찰관서는 제1항 및 제2항에 따라 제공받은 개인위치정보를 제3자에게 알려서는 아니 된다. 다만, 다음 각 호의 경우에는 그러하지 아니하다.

1. 개인위치정보주체의 동의가 있는 경우
2. 긴급구조 활동을 위하여 불가피한 상황에서 긴급구조기관 및 경찰관서에 제공하는 경우

제30조(개인위치정보의 요청 및 방식 등) ① 긴급구조기관 및 경찰관서는 제29조제1항 및 제2항에 따라 위치정보사업자에게 개인위치정보를 요청할 경우 위치정보시스템을 통한 방식으로 요청하여야 하며, 위치정보사업자는 긴급구조기관 및 경찰관서로부터 요청을 받아 개인위치정보를 제공하는 경우 위치정보시스템을 통한 방식으로 제공하여야 한다.

② 긴급구조기관 및 경찰관서는 국회 행정안전위원회에, 위치정보사업자는 국회 과학기술정보방송통신위원회에 제1항 및 제29조제11항에 따른 개인위치정보의 요청 및 제공에 관한 자료를 매 반기별로 보고하여야 한다. 다만, 제1항에 따른 요청 및 제공에 관한 자료와 제29조제11항에 따른 요청 및 제공에 관한 자료는 구분하여 보고하여야 한다.

③ 제1항에 따른 긴급구조기관 및 경찰관서의 요청과 제2항에 따른 보고에 필요한 사항은 대통령령으로 정한다.

제30조의2(가족관계 등록전산정보의 이용) 긴급구조기관은 제29조제1항에 따른 긴급구조요청을 받은 경우 긴급구조 요청자와 개인위치정보주체 간의 관계를 확인하기 위하여 「가족관계의 등록 등에 관한 법률」 제11조제6항에 따른 등록전산정보자료의 제공을 법원행정처장에게 요청할 수 있다.

제31조(비용의 감면) 위치정보사업자는 제29조제7항에 따라 경보발송을 하거나 제30조제1항에 따라 긴급구조기관 또는 경찰관서에 개인위치정보를 제공할 경우 비용을 감면할 수 있다.

제32조(통계자료의 제출 등) ① 위치정보사업자는 제29조제7항에 따른 경보발송 및 제30조제1항에 따른 개인위치정보의 제공에 관한 통계자료를 매 반기별로 국회 과학기술정보방송통신위원회와 방송통신위원회에 각각 제출하여야 한다.

② 제1항에 따른 통계자료의 제출 방법 등에 필요한 사항은 대통령령으로 정한다.

제5장 위치정보의 이용기반 조성 등

제33조(기술개발의 추진 등) ① 과학기술정보통신부장관 또는 방송통신위원회는 위치정보의 수집, 이용 또는 제공과 관련된 기술 및 기기의 개발을 효율적으로 추진하기 위하여 대통령령으로 정하는 관련 연구기관으로 하여금 연구개발, 기술협력, 기술이전 또는 기술지도 등(이하 이 조에서 "연구개발등"이라 한다)의 사업을 하게 할 수 있다. 이 경우 과학기술정보통신부장관 또는 방송통신위원회는 관계중앙행정기관의 장과 협의를 거쳐야 한다.

② 과학기술정보통신부장관 또는 방송통신위원회는 제1항에 따라 연구개발등의 사업을 실시하는 연구기관에 대하여 소요 비용의 전부 또는 일부를 지원할 수 있다.

제34조(표준화의 추진) ① 과학기술정보통신부장관과 방송통신위원회는 관계중앙행정기관의 장과 협의를 거쳐 위치정보의 보호 및 이용을 위한 위치정보의 수집·이용 또는 제공에 관한 표준을 정하여 고시할 수 있다. 다만, 「산업표준화법」제12조에 따른 한국산업표준이 제정되어 있는 사항에 대하여는 그 표준에 따른다.

② 과학기술정보통신부장관과 방송통신위원회는 위치정보사업자등 또는 위치정보와 관련된 제품을 제조하거나 공급하는 자에게 제1항에 따른 표준의 준수를

권고할 수 있다.

③ 제1항에 따른 표준화의 대상은 다음 각 호와 같다.

1. 위치정보의 보호 및 인증 관련 기술
2. 위치정보의 수집, 저장, 관리 및 제공 관련 기술
3. 긴급구조와 그 밖의 공공서비스 관련 기술
4. 그 밖에 위치정보의 보호 및 이용 관련 기반 기술

④ 제1항에 따른 표준화의 방법 및 절차 등에 관하여 필요한 사항은 대통령령으로 정한다.

⑤ 과학기술정보통신부장관과 방송통신위원회는 위치정보의 수집·이용 또는 제공에 관한 표준화 활동을 지원할 수 있다.

제35조(위치정보의 이용촉진) ① 방송통신위원회는 관계중앙행정기관의 장과 협의를 거쳐 위치정보의 보호 및 이용을 위하여 공공, 산업, 생활 및 복지 등 각 분야에서 관련 기술 및 응용서비스의 효율적인 활용과 보급을 촉진하기 위한 사업을 대통령령으로 정하는 바에 의하여 실시할 수 있다.

② 방송통신위원회는 제1항에 따른 사업에 참여하는 자에게 기술 및 재정 등에 관하여 필요한 지원을 할 수 있다.

제5장의2 보칙

제36조(자료제출 요구 및 검사) ① 방송통신위원회는 다음 각 호의 어느 하나에 해당하는 경우에는 위치정보사업자등에게 관계 물품·서류 등 필요한 자료의 제출을 요구할 수 있다.

1. 이 법에 위반되는 사항을 발견하거나 혐의가 있음을 알게 된 경우
2. 이 법 위반에 대한 신고를 받거나 민원이 접수된 경우
3. 그 밖에 위치정보의 보호를 위하여 필요한 경우로서 대통령령으로 정하는 경우

② 방송통신위원회는 위치정보사업자등이 제1항에 따른 자료를 제출하지 아니하거나 이 법을 위반한 사실이 있다고 인정되면 소속 공무원으로 하여금 위치정보사업자등의 사업장 등에 출입하여 업무상황, 관계 물품·서류 및 시설·장비

등을 검사하게 할 수 있다. 이 경우 제16조제4항을 준용한다.

제37조(청문) 방송통신위원회는 제13조에 따른 허가 또는 인가의 취소, 사업의 폐지 처분을 하고자 하는 경우에는 청문을 실시하여야 한다.

제38조(권한의 위임 및 위탁) ① 이 법에 따른 방송통신위원회의 권한은 그 일부를 대통령령으로 정하는 바에 따라 그 소속 기관의 장에게 위임할 수 있다.

② 이 법에 따른 방송통신위원회의 다음 각 호의 업무는 그 일부를 대통령령으로 정하는 바에 따라 「정보통신망 이용촉진 및 정보보호 등에 관한 법률」 제52조에 따른 한국인터넷진흥원 또는 「방송통신발전 기본법」 제34조에 따른 한국정보통신기술협회에 위탁할 수 있다.

1. 제16조제3항에 따른 기술적·관리적 조치의 내용 및 기록의 보존실태 점검에 관한 업무(기술적 지원업무로 한정한다)
2. 제34조에 따른 표준화의 추진에 관한 업무
3. 제36조제1항 및 제2항에 따른 자료제출 요구 및 검사에 관한 업무(기술적 지원 업무로 한정한다)

제38조의2(벌칙 적용에서 공무원 의제) 방송통신위원회가 제38조제2항에 따라 위탁한 업무에 종사하는 한국인터넷진흥원 또는 한국정보통신기술협회의 임직원은 「형법」 제129조부터 제132조까지의 규정에 따른 벌칙을 적용할 때에는 공무원으로 본다.

제38조의3(준용 규정) 개인위치정보를 대상으로 하지 아니하는 위치기반서비스사업을 하는 자에 관하여는 제16조제1항·제3항, 제17조, 제28조제1항, 제34조, 제35조 및 제36조를 준용한다.

제6장 벌칙

제39조(벌칙) 다음 각 호의 어느 하나에 해당하는 자는 5년 이하의 징역 또는 5천만

원 이하의 벌금에 처한다.

1. 제5조제1항의 규정을 위반하여 허가를 받지 아니하고 위치정보사업을 하는 자 또는 거짓이나 그 밖의 부정한 방법으로 허가를 받은 자
2. 제17조의 규정을 위반하여 개인위치정보를 누설·변조·훼손 또는 공개한 자
3. 제18조제1항·제2항 또는 제19조제1항·제2항·제5항을 위반하여 개인위치정보주체의 동의를 얻지 아니하거나 동의의 범위를 넘어 개인위치정보를 수집·이용 또는 제공한 자 및 그 정을 알고 영리 또는 부정한 목적으로 개인위치정보를 제공받은 자
4. 제21조의 규정을 위반하여 이용약관에 명시하거나 고지한 범위를 넘어 개인위치정보를 이용하거나 제3자에게 제공한 자
5. 제29조제8항을 위반하여 개인위치정보를 긴급구조 외의 목적에 사용한 자
6. 제29조제11항을 위반하여 개인위치정보주체의 동의를 받지 아니하거나 긴급구조 외의 목적으로 개인위치정보를 제공하거나 제공받은 자

제40조(벌칙) 다음 각 호의 어느 하나에 해당하는 자는 3년 이하의 징역 또는 3천만원 이하의 벌금에 처한다.

1. 제5조제7항의 규정을 위반하여 변경허가를 받지 아니하고 위치정보사업을 하는 자 또는 거짓이나 그 밖의 부정한 방법으로 변경허가를 받은 자
1의2. 제5조의2제1항을 위반하여 신고를 하지 아니하고 개인위치정보를 대상으로 하지 아니하는 위치정보사업을 하는 자 또는 거짓이나 그 밖의 부정한 방법으로 신고한 자
2. 제9조제1항, 제9조의2제1항 단서 또는 같은 조 제4항을 위반하여 신고를 하지 아니하고 위치기반서비스사업을 하는 자 또는 거짓이나 그 밖의 부정한 방법으로 신고한 자
3. 제13조제1항에 따른 사업의 폐지명령을 위반한 자
4. 제15조제1항을 위반하여 개인위치정보주체의 동의를 받지 아니하고 해당 개인위치정보를 수집·이용 또는 제공한 자
5. 제15조제2항을 위반하여 타인의 정보통신기기를 복제하거나 정보를 도용하는 등의 방법으로 개인위치정보사업자등을 속여 타인의 개인위치정보를 제공받은 자

제41조(벌칙) 다음 각 호의 어느 하나에 해당하는 자는 1년 이하의 징역 또는 2천만원 이하의 벌금에 처한다.

1. 제5조의2제3항제3호 또는 제9조제3항제3호를 위반하여 변경신고를 하지 아니하고 위치정보시스템을 변경한 자 또는 거짓이나 그 밖의 부정한 방법으로 위치정보시스템의 변경신고를 한 자

2. 제8조제4항 또는 제11조제1항·제2항을 위반하여 위치정보를 파기하지 아니한 자

3. 제13조제1항에 따른 사업의 정지명령을 위반한 자

4. 제16조제1항을 위반하여 기술적·관리적 조치를 하지 아니한 자(제38조의3에 따라 준용되는 자를 포함한다)

4의2. 제16조제2항을 위반하여 위치정보 수집·이용·제공사실 확인자료가 위치정보시스템에 자동으로 기록·보존되도록 하지 아니한 자

5. 제29조제5항을 위반하여 긴급구조기관 또는 경찰관서의 요청을 거부하거나 제29조제7항을 위반하여 경보발송을 거부한 자

제42조(양벌규정) 법인의 대표자나 법인 또는 개인의 대리인, 사용인, 그 밖의 종업원이 그 법인 또는 개인의 업무에 관하여 제39조부터 제41조까지의 어느 하나에 해당하는 위반행위를 하면 그 행위자를 벌하는 외에 그 법인 또는 개인에게도 해당 조문의 벌금형을 과(科)한다. 다만, 법인 또는 개인이 그 위반행위를 방지하기 위하여 해당 업무에 관하여 상당한 주의와 감독을 게을리하지 아니한 경우에는 그러하지 아니하다.

제43조(과태료) ① 다음 각 호의 어느 하나에 해당하는 자에게는 2천만원 이하의 과태료를 부과한다.

1. 제5조제4항에 따른 허가조건을 위반한 자

2. 제7조제1항을 위반하여 인가를 받지 아니하고 사업을 양수하거나 합병·분할한 자

3. 제8조제1항 또는 제2항을 위반하여 승인을 받지 아니하고 사업의 전부 또는 일부를 휴업하거나 폐업한 자

4. 제20조제1항의 규정을 위반하여 개인위치정보의 제공을 거절한 자

5. 제24조제2항의 규정을 위반하여 일시적인 중지 요구를 거절 또는 기술적 수단을 갖추지 아니한 자

② 다음 각 호의 어느 하나에 해당하는 자에게는 1천만원 이하의 과태료를 부과한다.

1. 제7조제4항 또는 제10조제1항을 위반하여 사업의 양수, 상속 또는 합병·분할의 신고를 하지 아니한 자 또는 거짓이나 그 밖의 부정한 방법으로 사업의 양수, 상속 또는 합병·분할의 신고를 한 자

2. 제8조제1항·제2항 또는 제11조제1항·제2항을 위반하여 사업의 전부 또는 일부의 휴업·폐업을 신고하지 아니한 자

3. 제12조제1항을 위반하여 이용약관을 공개하지 아니하거나 이용약관의 변경이유 및 변경내용을 공개하지 아니한 자

3의2. 제12조제2항에 따른 이용약관 변경명령을 위반한 자

4. 제15조제3항을 위반하여 위치정보 수집장치가 붙여진 사실을 알리지 아니한 자

5. 제18조제1항 또는 제19조제1항의 규정을 위반하여 이용약관명시의무를 다하지 아니한 자

6. 제18조제3항의 규정을 위반하여 개인위치정보를 수집한 자

7. 제19조제2항부터 제4항까지의 규정을 위반하여 고지 또는 통보를 하지 아니한 자

8. 제22조의 규정을 위반하여 사업의 양도등의 통지를 하지 아니한 자

9. 제24조제3항의 규정을 위반하여 열람, 고지 또는 정정요구를 거절한 자

10. 제25조제1항의 규정을 위반하여 법정대리인의 동의를 얻지 아니하거나 법정대리인이 동의하였는지를 확인하지 아니하고 개인위치정보를 수집·이용 또는 제공한 자

11. 제29조제1항 또는 제2항에 따른 긴급구조요청을 허위로 한 자

12. 제29조제6항을 위반하여 개인위치정보의 제공사실을 통보하지 아니한 자

13. 제36조제1항에 따른 관계 물품·서류 등을 제출하지 아니하거나 거짓으로 제출한 자(제38조의3에 따라 준용되는 자를 포함한다)

14. 제36조제2항에 따른 검사를 정당한 사유 없이 거부·방해 또는 기피한 자(제

38조의3에 따라 준용되는 자를 포함한다)

③ 다음 각 호의 어느 하나에 해당하는 자에게는 500만원 이하의 과태료를 부과한다.

1. 제5조제7항, 제5조의2제3항, 제9조제3항제1호·제2호 및 제9조의2제3항을 위반하여 변경신고를 하지 아니하고 상호나 주된 사무소의 소재지를 변경한 자 또는 거짓이나 그 밖의 부정한 방법으로 상호나 주된 사무소의 소재지의 변경신고를 한 자

2. 제32조를 위반하여 통계자료를 제출하지 아니한 자

④ 제1항, 제2항(제11호는 제외한다) 및 제3항에 따른 과태료는 대통령령으로 정하는 바에 따라 방송통신위원회가 부과·징수한다.

⑤ 삭제

⑥ 삭제

⑦ 삭제

⑧ 제2항제11호에 따른 과태료는 대통령령으로 정하는 바에 따라 긴급구조기관의 장 또는 경찰관서의 장이 부과·징수한다.

⑨ 삭제

참고문헌

Ⅰ. 단행본

강영규·박석·최성재·류재혁·강욱·윤성철, 『경찰경비론』 용인: 경찰대학, 2013.

강용길·김현정·이영돈·박종철, 『생활안전경찰론』 용인: 경찰대학출판부, 2018.

곽영길·김형섭 ·신현식·박종철, 『경찰학개론』 서울: 메티스, 2018.

경찰교육원, 『112신고센터운용요원과정』 2010.

경찰교육원, 『112종합상황실요원과정』 2014.

경찰청, 『112신고 접수·지령 매뉴얼』 2016.

경찰청, 『112허위신고·공무집행방해·모욕 등 관련 소 제기 매뉴얼』 2013.

경찰청, 『경범죄처벌법 해설서』 2018.

경찰청, 『경찰관직무집행법 해설서』 2013.

경찰청, 『경찰백서』 2018.

경찰청, 『사례로 배우는 112신고접수처리 매뉴얼』 2012.

경찰청, 『사례중심 지역경찰 실무 길라잡이』 2013.

경찰청, 『수배차량 등 검색시스템 매뉴얼』 2016.

경찰청, 『실종사건 수사 매뉴얼』 2009.

경찰청, 『외국의 치안동향과 범죄대응』 2006.

경찰청, 『위급상황시 가택 출입·확인 등 경찰활동 지침』 2013.

경찰청, 『지역경찰 실무 길라잡이』 2013.

경찰청, 『치안상황처리 매뉴얼』 2013.

경찰청, 『현장매뉴얼』 2009.

경찰청·한국형사정책연구원, 『범죄통계』 2013.

박종철, 『경찰긴급대응론』 서울: 대한피앤디, 2014.

박현호, 『범죄예방론』 용인: 경찰대학, 2008.

배종대, 『형사정책』 서울: 홍문사, 2011.

서울지방경찰청, 『서울경찰 주요업무계획』 2012.

서울지방경찰청, 『사례별 112 짚어주는 매뉴얼』 2012.

소방방재청, 『재난관리의 이해』, 2013.

소방청, 『소방청 통계연보』, 2018.

손재영, 『경찰법』, 박영사, 2018.

신현기 외, 『새경찰학개론』, 서울: 우공출판사, 2013.

울산지방경찰청, 『현장테마 22선』, 2018.

이상원, 『범죄예방론』, 서울: 대명출판사, 2007.

채경석, 『위기관리정책론』, 서울: 대왕사, 2004.

한국정보보호진흥원, 『위치정보의 보호 및 이용 등에 관한 법률 해설서』, 2006.

II. 논문

1. 국내문헌

감사원, "긴급출동·구조체계 구축·운영실태 감사보고서", 2015.

경찰대학, "선진국의 치안정책 사례 및 112 통합서비스센터 운영방안 연구", 제28기 치안정책과정 국외연수분임 보고서, 2013.

경찰청, "개인위치정보 제공 요청 및 관리 지침", 2014.

경찰청, "위급상황시 가택출입에 따른 손실보상 예산 집행 지침", 2012.

경찰청, "현장 수사경찰을 위한 수사지식 나눔트리", 제28호, 2015.

김남진, "해양에서의 긴급구조 서비스에 관한 연구 : 해양경찰 122서비스를 중심으로", 중앙대학교 석사논문, 2011.

김명려 외, "공무집행방해 등 피의자에 대한 손해배상 청구", 디딤돌 제29호, 2012.

김병기, "경찰상 권리구제 확대방안으로서의 손실보상제도의 법제화", 행정법연구 제22호, 행정법이론실무학회, 2008.

김용진, "112신고사건 초동수사에 관한 연구", 동국대학교 석사논문, 2006.

김종욱·조영준, "과거 재난사례에 기초한 국가차원의 재난관리체계 확립방향", 한국건설관리학회지, 제11권 제5호, 2010.

김형규·이진우, "112신고처리 시 위치정보 수집의 법적 근거에 대한 입법론적 고찰", 제2회 국제 치안 학술 대회 자료집, 경찰대학, 2016.

박광주, "경찰위치추적권 법적·기술적 개선 방안", 부산 발전과 시민 안전을 위한 치안학술세미나 자료집, 2015.

박원배, "112 범죄신고 제도의 개선방안에 관한 연구", 한국공안행정학회보, 제18권 제4호, 2009.

박종철, "강력범죄 대응력 강화를 위한 112신고제도 개선방안 연구", 경찰학연구, 제13권 제4호, 2013.

박종철, "과테말라 경찰기관 방문기", 경찰복지연구, 제5권 제1호, 2017.

박종철, "과테말라 경찰제도에 관한 연구", 자치경찰연구, 제10권 제1호, 2017.

박종철, "긴급신고의 효율적인 대응체제 구축에 관한 연구", 자치경찰연구, 제7권 제1호, 2014.

박종철, "성폭력 범죄 분석을 통한 112신고 접수 및 지령의 중요성 고찰", 자치경찰연구, 제6권 제2호, 2013.

박종철·우대식, "112신고 위치추적 운영 개선방안 연구", 자치경찰연구, 제7권 제4호, 2014.

방송통신위원회, "LBS 산업육성 및 사회안전망 고도화를 위한 위치정보 이용 활성화 계획", 2010.

방송통신위원회, "위치정보 관련 질의에 대한 회신", 2015.

배영선 외, "통합재난관리체계 구축 및 활성화를 위한 소방공무원 의식조사 연구", 한국재난정보학회 논문집, 제10권 제1호, 2014.

서울종합방재센터, "2015년 119신고·접수 현황 보고", 2016.

서울지방경찰청, "112신고 신속출동을 위한 112신고처리 체계 개선 계획", 2014.

석청호, "112신고에 대한 차별적 경찰 대응방안에 관한 연구", 한국공안행정학회보, 제17권 제4호, 2008.

우대식, "국민안전 확보를 위한 『위치정보법』의 합리적 개선방안에 관한 연구, 경찰학연구, 제18권 제2호, 2018.

유시형, "광역 소방행정체제의 개선방안에 관한 연구", 경기대학교 석사논문, 2013.

유영문, "유비쿼터스 기반의 119신고시스템 발전 방안에 관한 연구", 경기대학교 석사논문, 2010.

유인술, "한국의 재난관리대책", Hanyang Med Rev, 제35권 제3호, 2004.

윤성철, "경찰경호시스템의 발전방안에 관한 연구", 치안논총, 제21집, 2012.

이성용 외 4명, "긴급신고 통합방안 연구용역 보고서", 계명대학교 산학협력단, 2014.

이재삼, "경찰관직무집행법상 경찰관 직무행위의 구체화 방안", 경찰법연구, 제10권 제2호, 2012.

이정원, "112신고에 대한 경찰대응의 개선방안", 고려대학교 석사논문, 2013.

이지예, "119구급대의 운영방안 개선에 관한 고찰", 공주대학교 석사논문, 2009.

임유미, "경찰 112제도에 관한 연구", 한세대학교 석사논문, 2007.

심도영, "긴급구조상 위치추적제도의 법적 문제점과 개선방안", 충북대학교 석사논문, 2008.

정성훈, "긴급구조 목적의 위치정보 활용과 남은 과제", 통신연합(KTOA), 2012.

최석배, "USN을 이용한 무인기계경비 시스템 구현에 관한 연구", 광운대학교 석사논문, 2007.

최형우, "비전형적 112신고 전화번호에 대한 대응방안", 경찰교육원, 2016, p.5.

한상대, "지방자치단체 재난관리체제에 관한 연구", 아주대학교 석사논문, 2004.

황현락, "112 범죄신고체제에 관한 연구", 한국융합보안학회보, 제12권 제5호, 2012.

2. 국외문헌

Bracey, Dorothy H. (1996), "Assessing Alternative Response to Calls for Service" in Larry T. Hoover(eds), Quantifying Quality in Policing, p. 153−166, Washington, D.C.: Police Executive Research Forum, p. 153.

Eck, John E. & Spelman, William. (1987). "Who Ya Gonna Call? The Police as Problem− Busters", Crime & Eelinquency, 33(1), p. 35.

Jerry S. Rosenbloom, A Case Study in Risk Management, (New York: Application− Ceotury Crofts, 1972), p. 7.

Ole R. Holsti, "Limitation of Cognitive Ablities in the Face of Crisis", in C. F. Smart and W. T. Stanbury (eds), Studies in Crisis Management, (Tronto : Butterworth & Company, 1978), p. 41.

Wordon, Robert E. & Mastrofsky, Stephen D. (1998), "Differential Police Response: Evaluation" in Larry T. Hoover(Eds.), Police Program Evaluation, 167−218, Washington, D.C.: Police Executive Research Forum, p. 165.

찾 아 보 기

저자 프로필

박 종 철

- 한국방송통신대학교 법학·행정학·교육학·일본학과 졸업
- 한세대학교 경찰법무대학원 경찰학 석사
- 한세대학교 일반대학원 경찰학 박사
- 서울청 송파·광진경찰서 생활안전과·112종합상황실 근무
- 경기청 성남중원경찰서 생활안전과·112종합상황실 근무
- 현재 경찰대학 경찰학과 교수

▶ **주요저서 및 논문**

- 경찰학개론(메티스, 2020) 공저
- 생활안전경찰론(경찰대학 출판부, 2018) 공저
- 경찰관직무집행법(경찰대학, 2020) 공저
- 경찰관의 현장 출입 여부 판단의 문제점과 개선방안(2020)
- 112경찰의 직무성과 향상 요인 연구(2019)외 20편

개정3판
경찰긴급대응론

초 판 발행	2014년 5월 30일
개정2판 발행	2019년 3월 4일
개정3판 발행	2020년 8월 30일

지은이	박종철
펴낸이	안종만·안상준

편 집	이승현
기획/마케팅	오치웅
표지디자인	박현정
제 작	우인도·고철민

펴낸곳	(주) **박영사**
	서울특별시 종로구 새문안로3길 36, 1601
	등록 1959. 3. 11. 제300-1959-1호(倫)
전 화	02)733-6771
f a x	02)736-4818
e-mail	pys@pybook.co.kr
homepage	www.pybook.co.kr
ISBN	979-11-303-1112-8 (93350)

copyright©박종철, 2020, Printed in Korea

정 가	25,000원